TICINO DEL VINO
TESSIN – WEINE UND LANDSCHAFT

I legacci/Bindedrähte

Martin Kilchmann Jörg Wilczek

TICINO DEL VINO
TESSIN – WEINE UND LANDSCHAFT

Traduzione dal tedesco
di Waldo Morandi

KONTRAST

Ringraziamenti / Dank

EDIZIONI CASAGRANDE, BELLINZONA
MAMIYA CAMERAS, LÜBCO COMPANY AG
PRIVATBANK IHAG ZÜRICH AG
PROVITI – PROMOZIONE VITIVINICOLA TICINESE
VINI MONTI, CADEMARIO
TERRENI ALLA MAGGIA SA, ASCONA
VINATTIERI TICINESI, LIGORNETTO
VISECA CARD SERVICES

Le annate /Die Jahrgänge

1981,1982,1984,1987,1992,1993,1999
Annate da mediocri a cattive   Mittelmässige bis schlechte Jahre

1954,1966,1986,1994,1995,1998
Buone annate /Gute Jahre

1950,1952,1961,1971,1978,1980,1983,1985,1988,1989,1991,1996,1997
Ottime annate /Sehr gute Jahre

1945,1947,1959,1964,1969,1990
Annate eccezionali /Hervorragende Jahre

Se vinificati in maniera adeguata, i Merlot delle annate da ottime a buone
dovrebbero procurare ancora molte soddisfazioni dopo cinque-dieci
anni di invecchiamento.

Bei entsprechender Vinifikation sollten fünf- bis zehnjährige Merlots aus
sehr guten bis guten Jahren noch viel Trinkspass bereiten.

Ho intrapreso le valutazioni relative alle vecchie annate del Merlot, comprese tra la fine della Seconda guerra mondiale e il 1980, con l'aiuto di
Carlo Castagnola, per molti anni stimato direttore della Cantina Sociale di
Giubiasco, che le ha per così dire vissute sulla propria pelle. Esse sono
qui elencate in primo luogo per interesse storico in quanto, con l'eccezione
delle più giovani, praticamente tutte le scorte sono ormai state consumate.

Die Bewertung der alten Merlotjahrgänge seit dem Zweiten Weltkrieg bis
1980 habe ich unter Mithilfe von Carlo Castagnola vorgenommen, der als
langjähriger verdienter Direktor der Cantina Sociale Giubiasco jedes Rebjahr
gleichsam hautnah erlebte. Sie erfolgt primär aus historischem Interesse,
da bis auf die jüngsten Jahrgänge praktisch alle Bestände weggetrunken sind.

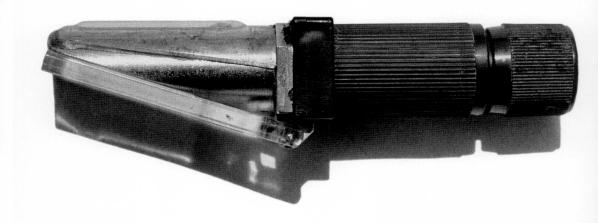

Il refrattometro /Refraktometer

La pipetta / Weinheber

Prefazione

Ricordo una vendemmia. Uomini in salopette e donne col fazzolettone in testa tra i vigneti. E le mie mani inesperte, le vesciche sulle mani che stringevano le cesoie a recidere i grappoli. Il paese scoperto in collina. La festa del sole d'ottobre vissuta da un ragazzo che filtrava la realtà con la letteratura: i colli di quel Mendrisiotto erano per lui terre di avventure come le Langhe per Pavese. Il vino, un mito.
Chi non ha sognato guardando in trasparenza il vino brillare in un bicchiere attraversato dall'ultimo sole quando il giorno declina?

Il vino unisce le zolle con il cielo, la luce con le radici, il mondo che vediamo con il sogno. Aiuta a sopportare la vita e ad amare il prossimo, racconta la storia della terra, di chi la abita e la lavora. E il vigneto è una componente importante del nostro paesaggio: io non saprei immaginare il mio paese senza un tralcio di vite che allunga le sue mani cordiali.

Credo che il vino corra nei rami del mio albero genealogico come una linfa. Del mio albero e degli alberi della gente di qui. Il vino spumeggia nelle storie che fino a poco fa si tramandavano in famiglia: gli uomini che andavano in una cantina «dalla parte di là» – per dire l'Italia – a comprare un certo vino da taglio che desse corpo ai vinelli nostrani; il nonno seduto in un cantone del fuoco con il fiasco a portata di mano; l'«aaarpa d'oor» del Nabucco che esplodeva all'osteria durante le grandi bevute domenicali dalle quali si tornava barcollanti; il ferroviere intento a spillare un assaggio dalle botti in transito alla stazione internazionale; la foto del militare gagliardo che alza una gavetta di vino, con i compagni d'arme, sotto il fogliame dei castagni durante un corso di ripetizione.

Per vino, un tempo, si intendeva vino rosso. «Un rosso» diceva l'uomo all'osteria. Non importavano il vitigno, la qualità, l'annata. Bastava che fosse rosso. Era il vino dei poveri. Oppure diceva: «Dammi un barbera». Barbera era sinonimo di vino. Forse nel rosso confluiscono i valori della virilità, della fraternità, della generosità. Con qualche eccesso: ricordo l'operaio che mi dava lezioni di guida con la sua Millecento e non mancava mai di fare tappa all'osteria per offrirmi un rosso…

La vecchia Europa è accompagnata dalla presenza del vino. Nel bene e nel male. Ci sono paesi in cui si entra nei bar la mattina presto e si attacca la giornata con il bianco o il rosé. Allora il vino diventa stordimento, ammazza la solitudine, fa dimenticare la disoccupazione. E si trasforma in un'insidia. Ma il vino buono, se lo si sa bere, è convivialità, allargamento della coscienza, gioia. Ci fa sentire parte di una comunità, fa risuscitare i morti, fa tornare al mondo i nostri antenati che come noi hanno amato queste terre. Il vino, allora, è nutrimento, nettare, nepente. Temporaneo oblio delle magagne e delle malagrazie, dei brutti tiri che ci gioca la vita. Alleanza contro il male. Illusione.

Per rubare l'immagine che Leopardi riserva alla poesia, il vino, come il sorriso, aggiunge un filo alla tela brevissima della nostra vita. Se non ce la stronca con qualche cattiva sbornia… E dunque brindiamo con moderazione.

Alberto Nessi

Ich erinnere mich an eine Weinlese. Männer im blauen Arbeitsgewand und Frauen mit Kopftuch in den Weinbergen. Und meine ungeübten Handgriffe, die Blasen an den Händen, welche die Schere umklammerten und die Trauben abschnitten. Das Dorf, das ich auf dem Hügel entdeckte. Das Spiel der Oktobersonne, beobachtet von einem jungen Mann, der die Realität durch den Filter Literatur erlebte: für ihn waren diese Hügelzüge des Mendrisiotto unerforschtes Gebiet wie für Pavese die Langhe. Der Wein, ein Mythos. Wer hat nicht angefangen zu träumen, wenn er im Glas den Wein im Gegenlicht schimmern sah, als der Tag zur Neige ging?

Der Wein vereinigt die Scholle mit dem Himmel, das Licht mit den Wurzeln, die Welt, die wir sehen, mit dem Traum. Er hilft uns, das Leben zu ertragen und den Nächsten zu lieben. Er erzählt die Geschichte des Bodens, der Menschen, die ihn bewohnen und ihn bearbeiten. Der Weinberg ist ein wichtiger Bestandteil unserer Gegend: ich kann mir diese Täler nicht vorstellen ohne einen Rebenschössling, der seine wohlwollenden Arme ausstreckt.

Ich glaube, dass der Wein wie der Saft durch die Verästelungen meines Stammbaums fliesst. In meinem Baum und in dem der Leute von hier. Der Wein schäumt durch die Geschichten, die bis vor kurzem in den Familien überliefert wurden: die Männer, die drüben – in Italien – einen Weinkeller aufsuchen, um einen Verschnittwein zu kaufen, der dem hiesigen leichten Wein Körper geben soll; der Grossvater, der in einer Kaminecke sitzt, die Flasche in Reichweite; der «Gefangenenchor» aus dem Nabucco, der bei den sonntäglichen Frühschoppen in der Osteria erschallt, aus der man torkelnd heimkehrt; der Eisenbahner, der auf dem Bahnhof versucht, eine Probe aus den Transitfässern abzuzapfen; das Foto des tapferen Soldaten, der mit einem Blechnapf voll Wein mit seinen Kameraden anstösst, unter dem Laubdach der Kastanien während eines Wiederholungskurses.

Wein war früher Rotwein. Einen «Roten», sagte der Gast in der Osteria. Die Rebe, die Sorte, der Jahrgang hatten keine Bedeutung. Nur rot musste er sein. Das war der Wein der Armen. Oder der Gast sagte: «Gib mir einen Barbera.» Barbera war gleichbedeutend wie Wein. Vielleicht fliessen im Roten die Manneskraft, die Brüderlichkeit und die Grossherzigkeit zusammen. Mit einigen Auswüchsen: Ich erinnere mich an den Arbeiter, der mir mit seinem Fiat 1100 Fahrstunden gab und mich jedes Mal bei der Osteria anhalten liess und zu einem Roten einlud …

Europas Geschichte wird von der Gegenwart des Weins begleitet. Im Guten wie im Schlechten. In einigen Regionen beginnt man den Morgen in der Bar mit einem Glas Weissen oder einem Rosé. Da wird der Wein Betäubung, vertreibt die Einsamkeit, lässt einen die Arbeitslosigkeit vergessen. Und der Wein verwandelt sich in eine Gefährdung. Aber guter Wein, wenn man ihn zu trinken weiss, ist behagliches Beisammensitzen, Anregung der Sinne, Wonne. Er lässt uns Teil einer Gemeinschaft fühlen, er lässt die Toten auferstehen, mit ihm kommen unsere Vorfahren auf diese Erde zurück, die sie geliebt haben wie wir. Dann ist der Wein Nektar und Ambrosia. Zeitweiliges Vergessen der Widerwärtigkeiten und der Grobheiten und der bösen Streiche, die uns das Leben spielt. Bündnis gegen das Böse. Illusion.

Um das Bild zu stehlen, das Leopardi der Poesie vorbehält: der Wein webt wie das Lächeln einen Faden in den Stoff unseres kurzen Lebens – wenn er ihn nicht mit einem bösen Rausch abreisst … Also, lasst uns massvoll miteinander anstossen.

Alberto Nessi

15 Feliciano Gialdi

1) Il triangolo alpino Giornico–Biasca–Malvaglia

La transizione al paesaggio meridionale ha luogo più lentamente di quanto molti viaggiatori si aspettino. Al portale sud della galleria del Gottardo il Ticino appare, con le sue vallate lunghe e rocciose, ancora del tutto simile a un Cantone di montagna. Tuttavia, già due terrazzi più in basso, a Giornico, incontriamo le prime vigne: uve a pergola sostenute da pilastri di granito o traversine della ferrovia, ambasciatrici della fertilità del paese. Giornico, caratteristico villaggio della Leventina con le sue tre famose chiese romaniche di San Nicolao, San Michele e Santa Maria di Castello, è sì il comune viticolo più settentrionale, ma di certo non il più piccolo del Ticino.

È vero che sui pendii non si vedono vigneti estesi e le vigne sono – non soltanto in Leventina – irregolari. Il Ticino non è ancora Italia, non è Oinotria, la patria del vino, come i Greci chiamavano appunto l'Italia. I vigneti ininterrotti di parecchi ettari si incontrano raramente. Tanto frammentati sono gli insediamenti delle valli principali, tanto spezzettati in innumerevoli, piccole e piccolissime parcelle si presentano i vigneti, simili a tessere di un mosaico sconnesso.

La Leventina tra Giornico e Biasca, luogo in cui il Ticino devia il suo corso verso meridione, e i villaggi più bassi della Valle di Blenio costituiscono la componente «alpina» della viticoltura ticinese. L'aggettivo non sta a indicare solo la quota elevata, poiché anche qui gran parte delle vigne mette le radici ad altitudini di tre-quattrocento metri. Il termine allude maggiormente alla vicinanza con le montagne, ai ghiacciai, alle nevi eterne. Qui, il clima è più rigido e il sole splende meno a lungo, anche se non per questo con minore intensità. D'estate, nella pietrosa Leventina scompare dietro i monti verso le cinque. In seguito, saranno le pietre che ha riscaldato a cedere il loro calore, compensando così eventuali perdite. E un pizzico più bruschi, energici, risultano perciò anche i vini.

clima
Riguardo al clima del Ticino occorre innanzitutto chiarire un malinteso: la favola del Cantone da cartolina. La realtà ticinese è per molti aspetti contraddittoria, e ciò vale anche per il tempo. Vi si incontrano un clima talvolta mite e talvolta più aspro, e chi nega quest'ultimo romanticizza le condizioni e defrauda la viticoltura ticinese della durezza che la caratterizza. Il cliché della «Sonnenstube», il salotto soleggiato della Svizzera, è certamente fondato: mentre a Locarno-Monti si misurano 2286 ore di insolazione, nel medesimo anno se ne contano 2054 a Sion e appena 1693 a Zurigo. Analogamente alte sono, a paragone con il versante nord delle Alpi, le temperature medie diurne. Ma altrettanto azzeccato sarebbe l'attributo di «salotto umido della Svizzera», poiché la quantità di precipitazioni registrata a Lugano (1800 mm) non si riscontra neppure a Lucerna, a dispetto della sua fama di «catino» del paese. Fortunatamente, le precipitazioni si concentrano in un breve intervallo di 110–120 giorni (167 a Zurigo) con dei picchi in primavera e in autunno. Se quindi in Ticino piove, lo fa con forza e costanza. Per il resto, il tempo rimane secco per settimane, particolarmente durante l'inverno che, senza nebbie, mite e soleggiato, attira i veri amatori del Ticino.

Sino alla regione di Biasca/Giornico vige il cosiddetto clima insubrico, che sta a significare forti precipitazioni, temperature equilibrate e alte, nuvolosità ridotta, lunga insolazione e grande irraggiamento. L'inverno è secco, la primavera è umida e si formano spesso violenti temporali con grandine, il cui impeto si riduce con il progredire verso nord.

1) Das alpine Dreieck Giornico–Biasca–Malvaglia

Der Übergang in die südliche Landschaft vollzieht sich langsamer, als die meisten Reisenden es erwarten. Am Südportal des Gotthardtunnels zeigt sich das Tessin mit seinen langen, felsigen Tälern noch ganz als Bergkanton. Doch schon zwei Talstufen tiefer, in Giornico, begegnen wir den ersten Reben: Traubenpergolen, von Granitpfeilern oder Bahnschwellen gestützt, sind Zeugnisse einer fruchtbareren Welt. Giornico, das markante Dorf in der Leventina mit seinen drei berühmten Kirchen romanischen Ursprungs; San Nicolao, San Michele und Santa Maria di Castello, ist die nördlichste, aber keineswegs die kleinste Rebbaugemeinde des Tessins.

Zwar finden sich keine weitläufigen Weinberge an den Hängen, die Reben stehen – nicht nur in der Leventina – unregelmässig. Das Tessin ist noch nicht Italien, nicht Oenotria, Heimat des Weins, wie die Griechen Italien nannten. Zusammenhängende Rebberge von mehreren Hektar Grösse kommen selten vor. So zersiedelt die Haupttäler, so zerstückelt in unzählige kleine und kleinste Parzellen präsentieren sich die Rebberge. Flicken in einem Flickenteppich.

Die Leventina zwischen Giornico und Biasca, in deren Talgrund der Ticino südwärts schäumt, sowie die unteren Dörfer des Bleniotals bilden den alpinen Teil des Tessiner Weinbaus. «Alpin» bezeichnet nicht die Höhenlage, denn die Reben wurzeln auch hier mehrheitlich auf einer Höhe von 300 bis 400 Metern. Das Wort beschreibt vielmehr die Nähe zu den Bergen, den Gletschern, dem ewigen Schnee. Das Klima hier ist rauer, und die Sonne scheint kürzer, doch nicht minder intensiv. In der steinigen Leventina verschwindet sie im Sommer gegen fünf Uhr hinter den Bergen. Danach geben die erhitzten Steine ihre Wärme ab und kompensieren dadurch einen allfälligen Verlust. Eine Spur rauer, kerniger sind deshalb auch die Weine.

Zum Klima im Tessin muss zuerst einmal ein Missverständnis ausgeräumt werden: das Märchen vom Postkartenwetterkanton. Die Tessiner Wirklichkeit ist in vielem widersprüchlich – so auch beim Wetter. Es herrscht ein ebenso sanftes wie auch ruppiges Klima. Wer Letzteres ausblendet, romantisiert die Verhältnisse und betrügt den Tessiner Weinbau um die Härte, die ihn charakterisiert. Das Klischee von der Sonnenstube der Schweiz ist zwar durchaus zutreffend: Während man in Locarno-Monti 2286 Sonnenstunden misst, sind es im selben Jahr in Sion 2054 und in Zürich gar nur 1693 Stunden. Entsprechend höher liegen, verglichen mit der Alpennordseite, die durchschnittlichen Tagestemperaturen. Klima

Ebenso wenig falsch wäre das Attribut «Regenstube der Schweiz». Denn die Niederschlagsmenge von Lugano (1800 mm) weist nicht einmal Luzern auf, das doch als schweizerisches Regenloch verrufen ist. Glücklicherweise konzentrieren sich die Regentage aber auf eine kleinere Zeitspanne von 110 bis 120 Tagen (Zürich 167 Tage) mit den Spitzen im Frühling und im Herbst. Wenn es also im Tessin einmal regnet, dann tut es das auch gleich kräftig und ausdauernd. Andererseits bleibt es dann wieder wochenlang trocken; besonders im Winter, der nebellos, mild und sonnig die wahren Tessinliebhaber anzieht.

Das Klima bis in die Gegend von Biasca/Giornico nennt man «insubrisch», was so viel bedeutet wie; starke Niederschläge, ausgeglichene und hohe Temperaturen, geringe Bewölkung, lange Sonnenscheindauer und grosse Strahlungsintensität. Im Winter ist es trocken, im Frühling nass, und es treten häufig starke Gewitter mit Hagel auf, deren Wucht gegen Norden hin abnimmt.

Per la viticoltura, simili condizioni climatiche non sono scevre da insidie. Certo, la durata dell'insolazione e il calore la favoriscono, così come i lunghi periodi di bel tempo dell'estate e del primo autunno e l'assenza di nebbie contribuiscono a una maturazione ottimale delle uve. Inconsuete, in modo particolare per una regione viticola, sono tuttavia le forti precipitazioni, che cadono in gran parte nel periodo di maturazione dei frutti, tra aprile e ottobre.

Ciò che sotto l'aspetto climatico vale per l'intero Ticino si applica in grandi linee anche alla Leventina e alla Valle di Blenio, dove tuttavia, dalle vicine montagne, spirano venti più freddi e forti che possono avere un duplice effetto. Da un canto, all'inizio le uve maturano più lentamente: sino a metà luglio, rispetto alle zone più temperate del Cantone, si osserva un ritardo nella vegetazione di circa due settimane. Dall'altro, però, negli anni più umidi la predisposizione alle micosi è ridotta, e occorre spruzzare meno pesticidi. Nel caso di anni secchi, come il 1989, il 1990 e il 1991, lo svantaggio della maturazione tardiva si trasforma in vantaggio. Le uve assumono un aroma più marcato, che favorisce soprattutto le varietà bianche, negli ultimi anni sempre di più coltivate in Valle di Blenio. Se per contro l'anno risulta maggiormente umido e termina con un autunno piovoso, come è successo nel 1999, ne risultano vini modesti, annacquati o addirittura ancora leggermente erbacei. Si può parlare allora di un colpo di fortuna se, all'ultimo momento, si mette a soffiare il favonio da nord, che condensa le uve e salva l'annata. È accaduto in Leventina negli anni 1996 e 1997.

La viticoltura tra Giornico, Biasca e Malvaglia, il triangolo vinicolo alpino del Ticino, è praticata nei tre distretti di Leventina, Riviera e Blenio. Ma le suddivisioni in capitoli di questo libro non corrispondono sempre a queste entità politiche. È più sensato stabilire dei confini che definiscano delle regioni vinicole caratterizzate da analogie geografiche, topografiche, climatiche o addirittura strutturali. Si ottiene così una carta vinicola del Ticino secondo il principio della plausibilità – proprio come quella desiderata dal viaggiatore che intendesse percorrerlo con gli occhi aperti e una sensibilità per le affinità.

La produzione vinicola in questo triangolo alpino è in pratica definita da un'unica azienda. Si tratta della GIALDI SA, con a capo l'affabile ed energico FELICIANO GIALDI. La sua sede di produzione si trova a Bodio; il domicilio aziendale, per contro, è nel più meridionale borgo di Mendrisio.

La famiglia di Feliciano Gialdi ha radici italiane. Suo padre era direttore dell'azienda luganese di commercio di vini Fabbroni. Nel 1984, Feliciano acquistò la cantina Roberti-Foc di Bodio, allora in vendita, non da ultimo per emanciparsi dalla dominante figura paterna.

La situazione era delicata: Gialdi assumeva la guida di un'azienda, un tempo famosa per i suoi rustici vini leventinesi, che rischiava di perdere il suo buon nome a causa di una qualità dubbia. A questo si aggiungevano differenze di mentalità: la visione del mondo della montagnosa Leventina differisce notevolmente dal senso della vita del più italico Mendrisiotto. Infine, Gialdi non possedeva vigneti e dipendeva interamente dai fornitori d'uva dell'alto Ticino.

Nella viticoltura leventinese, Gialdi incontrò due realtà: in primo luogo, un sistema di produzione antiquato; secondariamente, l'uva Merlot.

Derartige klimatische Verhältnisse haben für den Weinbau ihre Tücken. Sonnenscheindauer und Wärme sind ihm zwar förderlich, die langen Schönwetterperioden im Sommer und Frühherbst und das Fehlen von Nebel unterstützen eine optimale Traubenreife. Aussergewöhnlich, gerade für ein Weinbaugebiet, sind aber die starken Niederschläge, die zudem zu einem Grossteil in die Wachstumsperiode der Trauben zwischen April und Oktober fallen.

Was klimatisch fürs ganze Tessin gilt, stimmt im Grossen und Ganzen auch für die Leventina und das Bleniotal. Doch von den nahen Bergen wehen kühlere und stärkere Winde, was zwei Auswirkungen haben kann: Zum einen reifen die Trauben anfänglich langsamer. Bis Mitte Juli stellt sich, verglichen mit wärmeren Gebieten im Tessin, ein Vegetationsrückstand von rund zwei Wochen ein. Zum andern ist dafür in nassen Jahren die Anfälligkeit auf Pilzkrankheiten geringer, und es muss weniger gespritzt werden. Herrscht ein trockenes Jahr wie etwa 1989, 1990 und 1991, wandelt sich der Nachteil einer späten Reife zum Vorteil. Die Trauben besitzen eine ausgeprägtere Aromatik, was vor allem für die im Bleniotal in den letzten Jahren vermehrt angebauten weissen Sorten einen Gewinn darstellt. Ist das Jahr dagegen eher kühl und feucht und endet es mit einem nassen Herbst, führt es wie 1999 zu bescheidenen, verwässerten oder gar noch leicht grünen Weinen. Ein Glücksfall tritt ein, wenn im letzten Moment der Nordföhn einsetzt, der die Trauben konzentriert und den Jahrgang rettet. So geschehen in der Leventina in den Jahren 1996 und 1997.

Der Rebbau zwischen Giornico, Biasca und Malvaglia, jenem alpinen Dreieck des Weintessins, fällt in die drei Bezirke Leventina, Riviera und Blenio. Die Einteilung der Kapitel in diesem Buch decken sich nicht immer mit den Grenzen dieser politischen Gebilde. Sinnvoller ist, die Grenzen so zu setzen, dass Weinregionen entstehen, die geografische, topografische, klimatische oder auch strukturelle Ähnlichkeit besitzen. Dadurch entsteht eine Tessiner Weinkarte nach dem Plausibilitätsprinzip – ganz so, wie sie sich der Reisende schaffen würde, der das Tessin mit offenen Augen und einem Gespür für Zusammengehöriges durchstreift.

Die Weinerzeugung in diesem alpinen Dreieck wird praktisch von einer einzigen Firma bestimmt. Es ist die GIALDI SA mit dem umgänglichen und energischen FELICIANO GIALDI an der Spitze. Ihre Produktionsstätte befindet sich in Bodio, das geschäftliche Domizil hingegen liegt im südlichen Mendrisio.

Feliciano Gialdi stammt aus einer Familie mit italienischen Wurzeln. Sein Vater war Direktor der Luganeser Weinhandelsfirma Fabbroni. Im Jahr 1984 erwarb Feliciano die zum Verkauf stehende Weinkellerei Roberti Foc in Bodio – nicht zuletzt, um sich vom dominanten Papa zu emanzipieren.

Die Situation war delikat: Gialdi übernahm eine Firma, die – einst bekannt für ihre rustikalen Leventina-Weine – dabei war, mit zweifelhaften Qualitäten ihren guten Ruf zu verlieren. Dazu gesellten sich Mentalitätsunterschiede: Die Sicht auf die Welt in der gebirglerischen Leventina unterscheidet sich doch erheblich vom Lebensgefühl im fast schon italienisch geprägten Mendrisiotto. Und schliesslich hatte Gialdi keinen Rebbesitz. Er war von den Traubenlieferanten im oberen Tessin abhängig.

Gialdi traf im Weinbau der Leventina auf zwei Realitäten: erstens auf ein antiquiertes Erziehungssystem und zweitens auf die Rebsorte Merlot.

Di regola, in Ticino, l'uva è prodotta o coltivata mediante il metodo Guyot doppio o semplice, il metodo più diffuso nel mondo, secondo il quale uno o due tralci fruttiferi vengono fissati a dei fili tesi a 80–90 centimetri sopra il terreno. In questo modo, l'uva cresce a una considerevole distanza dal suolo. Il sistema garantisce una buona aerazione, le marcescenze sono ridotte e possono anche essere meglio curate.

Le cose sono diverse in molte zone della Leventina e della Valle di Blenio, dove le pergole imperano. Il 54 percento della superficie viticola leventinese, nonché un buon 34 percento di quella bleniese, è costituito da pergolati (15 anni or sono queste percentuali erano ancora maggiori). La viticoltura moderna si afferma dunque con difficoltà. Sostenute da piloni di granito o da traversine della ferrovia (a ricordare i molti ferrovieri tra i contadini di montagna dell'alto Ticino), le vigne, disposte in lungo e in largo, si crogiolano al sole. Il metodo è discutibile. In quota è probabilmente giustificato in quanto il vento può passare senza impedimenti e meglio essiccare gli acini. Di veri vantaggi ne porta ben pochi: il taglio dell'uva è lungo, il raccolto è più ricco e il rischio di colatura è maggiore. Tuttavia, in queste regioni, la viticoltura non è solitamente praticata come professione. La mentalità del viticoltore dilettante è diversa da quella del professionista: la sua motivazione primaria non è orientata al successo economico o – fatto ancora più importante – alla qualità. Qui, la tradizione è radicata nella roccia.

Merlot

Nell'alto Ticino, la varietà dominante è l'uva Merlot che, nel 1984, copriva circa l'80 percento delle superfici coltivate. Feliciano Gialdi dovette quindi fare i conti principalmente con questo vitigno.

Il nome Merlot si caratterizza per una circostanza curiosa: similmente all'italiano, anche nel dialetto bordolese indica il merlo (e, come è prevedibile, anche babbeo). Come quest'uva si sia guadagnata il suo nome lo possiamo solo supporre. Forse i suoi acini sono particolarmente graditi al merlo. Oppure il suo colore ricorda il nero-blu del piumaggio dell'uccello.

Certa è invece la provenienza dell'uva Merlot. La varietà è originaria del bordolese, dove era già di casa prima dell'epidemia di <u>fillossera</u> del 1850. È comunque probabile che allora non avesse quell'importanza che oggi le viene attribuita. La collezione del Jardin du Luxembourg la conosceva con la denominazione «Merlot» o «Bigney rouge» già prima della Rivoluzione francese. Lo studioso delle varietà viticole Rednu le dedica per primo una descrizione nell'anno 1854, nella quale menziona il fatto che essa è accettata nei grandi cru del Médoc.

Il vigoroso vitigno germoglia presto, il che, in un clima rigido come quello ticinese, lo espone al rischio di gelo. La maturazione giunge per contro relativamente tardi, più tardi rispetto allo Chasselas o al Pinot nero. Il Merlot presenta però altri lati scabrosi: se durante la fioritura primaverile il tempo è freddo e piovoso, le sue infruttescenze tendono a colare. Inoltre, non tutte le infiorescenze vengono fecondate e quindi scartate, il che ha come conseguenza una perdita di acini e grappoli talvolta drammatica. I rendimenti rimangono bassi, in singoli casi sino a 20–30 ettolitri per ettaro rispetto ai normali 50–60.

Le precipitazioni autunnali non annacquano solo i raccolti, ma gonfiano gli acini e ne riducono il tenore zuccherino. Crudelmente, esse

Im Tessin werden die Trauben in der Regel im einfachen oder doppelten Guyot-System (Streckbogen, wie es auf Deutsch heisst) erzogen oder kultiviert. Die Methode ist die am meisten verbreitete der Welt. Die Bögen werden dabei an 80 bis 90 Zentimeter über dem Boden gespannte Drähte gebunden. Die Trauben wachsen dadurch in beträchtlicher Entfernung vom Erdboden heran. Eine gute Durchlüftung ist gewährleistet. Fäulnis tritt weniger auf und lässt sich auch besser bekämpfen.

Anders in vielen Gebieten der Leventina und des Bleniotals; hier beherrschen noch die Pergolen die Matten. 54 Prozent Rebfläche in der Leventina und immerhin noch 34 Prozent im Bleniotal sind auch heute noch Pergolaland (vor 15 Jahren war der Anteil noch höher). Die Moderne im Weinbau hält also nur zaghaft Einzug. Gestützt von Granitpfeilern oder Bahnschwellen (eine Reminiszenz an die vielen Eisenbahner unter den Nebenerwerbbauern im oberen Tessin), baden die Trauben lang und breit hingestreckt an der Sonne. Die Methode ist umstritten. In höheren Lagen hat sie vielleicht ihre Berechtigung, da der Wind ungehinderter Zutritt findet und die Beeren besser zu trocknen vermag. Wahre Güte fördert sie allerdings kaum: Der Rebschnitt ist lang, der Ertrag reichlich und die Verrieselungsanfälligkeit grösser. Doch der Weinbau wird in diesen Gegenden in der Regel nicht als Beruf ausgeübt. Die Mentalität des Hobbywinzers unterscheidet sich von der eines Berufswinzers; sein Handlungsmotiv ist primär nicht erfolgs- oder – wichtiger noch – qualitätsorientiert. Überlieferungen haften da stärker.

Der Merlot ist im oberen Tessin die dominierende Rebsorte. 1984 bedeckte sie noch rund 80 Prozent der Anbaufläche. Feliciano Gialdi musste sich also hauptsächlich mit dem Merlot auseinander setzen.

Mit dem Namen Merlot hat es eine kuriose Bewandtnis. Im Dialekt der Bewohner des Bordeaux bezeichnet er eine junge Amsel und auch im Italienischen ist «merlo» die Bezeichnung dieses kleinen Vogels. (Dass sie auch noch Einfaltspinsel bedeutet, soll uns nicht weiter beunruhigen.) Wie die Traube zu dieser Bezeichnung gekommen ist, lässt sich nur mutmassen. Vielleicht schmecken ihre Beeren der Amsel ganz besonders. Oder ihre Farbe erinnert an das schwarzblaue Gefieder des Vogels.

Verbürgt ist indes die Herkunft des Merlot. Die Sorte stammt aus dem Bordeaux und war dort schon vor dem Einfall der Reblaus im Jahr 1850 heimisch. Freilich besass sie damals nicht die Bedeutung, die sie heute geniesst. Die Sammlung des Jardin du Luxembourg kannte die Sorte unter der Bezeichnung «Merlot» oder «Bigney rouge» bereits vor der Französischen Revolution. Der Rebsortenkundler Rednu widmete ihr im Jahr 1854 als Erster eine Beschreibung und erwähnte darin, dass die Sorte in den grossen Crus des Médoc zugelassen sei.

Die wuchskräftige Rebe treibt früh aus, was sie in einem raueren Klima als im Tessin rasch dem Frost ausliefert. Ihre Reife hingegen erfolgt relativ spät, später als beim Chasselas oder beim Pinot noir. Der Merlot besitzt durchaus noch weitere heikle Seiten: Ist es während der Blüte im Frühjahr kalt und regnerisch, neigen seine Fruchtansätze zum Verrieseln. Dabei werden nicht alle Blüten befruchtet und in der Folge abgestossen. Dies bewirkt einen manchmal dramatischen Verlust von Beeren und Trauben. Die Erträge bleiben gering; in Einzelfällen bis zu 20 bis 30 Hektoliter pro Hektar – normal wären 50 bis 60.

Merlot

rivelano anche la sensibilità del Merlot nei confronti della <u>muffa grigia</u>. Le uve danneggiate dalla <u>botrite</u> sono ad ogni modo di qualità inferiore oppure, quand'anche pressate entro breve, si prestano alla produzione di un rosato o bianco, prassi questa abbastanza consueta in Ticino.

Un'ulteriore caratteristica problematica dell'uva Merlot è la sua predisposizione alla peronospora, che a dire il vero non è una peculiarità tutta sua, ma è comune a tutte le varietà europee. Questo fungo parassita importato dall'America aggredisce tutti gli organi della vite ed è riconoscibile dalle cosiddette macchie oleose sulla superficie delle foglie e da un rivestimento biancastro del loro lato inferiore. Con il decorso della malattia, sia le foglie che gli acini assumono una colorazione bruna e infine seccano. Quale rimedio, al viticoltore non rimane che il trattamento profilattico.

Oggi, però, a dispetto di questi suoi svantaggi, il vitigno Merlot figura tra le uve di qualità più apprezzate al mondo. Nel bordolese risulta al primo posto tra le varietà rosse e, in generale, vi viene assemblato al Cabernet Sauvignon dando origine a un legame ideale per quella regione. Con il suo carattere più morbido, corposo, flessuoso, esso armonizza il vino cui il più duro, forte e robusto Cabernet ha in precedenza conferito struttura, finezza e durevolezza nel tempo.

Fuori dal bordolese, l'uva Merlot è conosciuta in numerose altre regioni viticole europee, inoltre tra i viticoltori del nuovo mondo vive un autentico boom. Ovunque è di solito vinificata in purezza. Con i suoi 3,2 milioni di ceppi di Merlot (censimento 1999), il Ticino non rappresenta alcuna eccezione.

Feliciano Gialdi produce i suoi Merlot più semplici sotto le denominazioni dei comuni di Giornico, Biasca e Malvaglia, fatto questo che gli ha permesso di conquistare rapidamente le simpatie dei viticoltori, lieti che le loro uve non finiscano semplicemente per perdersi in un anonimo taglio regionale. Unitamente ai modi accomodanti e generosi di Gialdi, questa è di certo una delle ragioni essenziali dell'ampliamento della sua rete di fornitori d'uva, dai 100 originali ai circa 280 attuali. L'orgoglio e vanto di questa cantina nel frattempo prospera, non è tuttavia un vino dichiaratamente «comunale», bensì il Merlot Sassi Grossi, coerentemente affinato in carati nuovi e prodotto per la prima volta nel 1986. Questo vino pieno e corposo possiede una nota tipicamente minerale, perfettamente in linea con il suo nome. Le sue uve provengono principalmente da tre o quattro minuscole parcelle di Giornico, tutte di ceppi vecchi. Gialdi ammette tuttavia che, solo se è comunque possibile garantire qualità e quantità, si utilizzano tranquillamente anche uve coltivate a Biasca. E alla domanda inerente la provenienza della sfaccettatura quasi italiana del vino, ci rimanda prontamente al suo enologo, Beppe Rattazzo, originario del Piemonte e formatosi alla scuola italiana.

Oltre a Rattazzo e all'affidabilissimo Nicola Pintus, pure appartenente all'inventario della cantina di Bodio, Feliciano Gialdi fa grande conto sul professionalissimo viticoltore MAURO GIUDICI che, assieme al fratello Noris, coltiva in Valle di Blenio – ma anche in Leventina – 7,5 ettari a vite e ne consegna ogni autunno il raccolto a Bodio. I fratelli Giudici sono i fornitori d'uva più importanti e professionalmente validi di Gialdi. Mauro Giudici – intelligente, ambizioso e viaggiatore – è stato anche il primo a riconoscere la situazione vantaggiosa della sua Valle

Regenfälle im Herbst verwässern nicht nur die Ernte, sie lassen die Beeren anschwellen und den Zuckergehalt sinken. Unbarmherzig decken sie auch des Merlots Empfindlichkeit gegen Graufäule auf. Von der Botrytis geschädigte Trauben taugen allenfalls noch für eine mindere Qualität oder, wenn sie gleich gepresst werden, zur Erzeugung eines Rosé oder Weissweins: im Tessin ein gängiger Weg.

Eine weitere problematische Eigenschaft des Merlot ist seine Anfälligkeit auf den Falschen Mehltau, was freilich nicht nur eine Eigenheit des Merlot ist, sondern allen europäischen Sorten gemein ist. Dieser aus Amerika importierte schmarotzende Pilz befällt alle Organe des Rebstocks. Erkennbar ist er an den so genannt öligen Flecken an der Blattoberfläche und an einer weisslichen Beschichtung der Blattunterseite. Blätter wie auch Beeren bräunen sich im Krankheitsverlauf und vertrocknen schliesslich. Dem Winzer bleibt zur Bekämpfung nur prophylaktisches Spritzen.

Nun zählt aber der Merlot trotz dieser Eigenschaften zu den weltweit am meisten geschätzten Qualitätsrebsorten. In Bordeaux rangiert er unter den roten Trauben an erster Stelle. Meist tritt er dort im Mischsatz mit dem Cabernet Sauvignon auf. Eine ideale Verbindung für dieses Gebiet. Mit seiner weicheren, fülligeren, geschmeidigeren Art rundet er den Wein ab, dem der härtere, strengere, robustere Cabernet zuvor Struktur, Finesse und Lagerfähigkeit unterlegt hat.

Ausserhalb des Bordeaux kennt man den Merlot in zahlreichen anderen europäischen Weingegenden, und in den Rebgärten der neuen Welt erlebt er einen wahren Boom. Überall wird er in der Regel reinsortig gekeltert. Das Tessin mit seinen 3,2 Millionen Merlotstöcken (Zählung 1999) bildet da keine Ausnahme.

Feliciano Gialdi erzeugt seine einfacheren Merlots unter der Bezeichnung der Gemeinden: Giornico, Biasca, Malvaglia. Dies trug ihm rasch das Wohlwollen der Traubenlieferanten ein, die es schätzten, dass ihre Ernte nicht in einem anonymen Gebietsverschnitt verschwindet – neben Gialdis einvernehmlicher, kulanter Art sicherlich ein wesentlicher Grund für die Vergrösserung seines Lieferantennetzes von anfänglich 100 auf heute rund 280 Traubenverkäufer. Der Stolz und das Flaggschiff der mittlerweile prosperierenden Kellerei ist allerdings kein deklarierter Gemeindewein, sondern der konsequent in neuen Barriques aufgezogene, 1986 erstmals erzeugte Merlot Sassi Grossi. Das satte, dichte Gewächs besitzt eine typische mineralische Note, was zu seinem Namen (grosse Steine) passt. Seine Trauben stammen zur Hauptsache aus drei, vier kleinen Parzellen in Giornico mit alten Rebstöcken. Gialdi räumt aber ein, dass durchaus auch Trauben aus Biasca Verwendung finden, wenn dadurch Qualität und Quantität sichergestellt werden können. Und auf die Frage, woher der geradezu italienische Schliff des Weines stamme, verweist er schlagfertig auf seinen Önologen Beppe Rattazzo, der aus dem Piemont stamme und durch die italienische Schule gegangen sei.

Neben Rattazzo und dem grundverlässlichen Nicola Pintus, der gleichfalls zum Inventar des Kellers in Bodio gehört, stützt sich Feliciano Gialdi vor allem auf den hauptberuflichen Winzer MAURO GIUDICI.

Giudici bewirtschaftet zusammen mit seinem Bruder Noris Guidici im Bleniotal – aber auch in der Leventina – 7,5 Hektar Reben und liefert die Ernte jeden Herbst in Bodio ab. Die Gebrüder Giudici sind Gialdis grösste und professionellste Traubenlieferanten. Mauro Giudici – intelligent, ehrgeizig und viel gereist – erkannte wohl als Erster den Standortvorteil seines

di Blenio per le varietà bianche: vendemmia tardiva, acidità più elevata e aromi più freschi. Al vitigno Merlot, Giudici dedica solo ancora il 40 percento: il rimanente 60 è suddiviso tra <u>Chardonnay</u>, Pinot grigio, Riesling-Sylvaner e altre varietà bianche con le quali Mauro si diletta a sperimentare. L'offerta di punta nel frattempo ampliata da Gialdi, con il Biancospino, di Chardonnay e Pinot nero, il Pinot grigio Ramolo e il nuovissimo Mino, un vino dolce fatto d'uve Riesling-Sylvaner e Chardonnay sottoposte a crioestrazione, non esisterebbe senza i Giudici. Ma ai fratelli non è mai passato per la testa di pigiare da sé le proprie uve e di applicare al vino la loro etichetta? Mauro risponde negativamente: la collaborazione con Feliciano Gialdi ha raggiunto un tale grado di parità da consentirgli di condividere la responsabilità delle decisioni senza doversi sobbarcare da sé i rischi legati alla commercializzazione.

Uno che invece questo rischio lo assume e con esso responsabilmente convive – pronto addirittura, nelle annate cattive, a bersi da sé il suo vino che, quale massimo contrassegno di qualità, reca il timbro dell'annata – è CORRADO BETTONI di Giornico. Persona sagace e matematico di formazione, Bettoni è un valoroso solitario spigolosamente tenace. A Giornico coltiva un ettaro a Merlot e Cabernet Franc, che vinifica nella propria cantina, mentre con l'amico e fratello nello spirito LORENZO OSTINI coltiva un altro ettaro e mezzo a Monticello, nel villaggio grigione italiano di Mesocco.

Bettoni e Gialdi: due caratteri opposti per i quali si potrebbe ricorrere alla metafora di Davide e Golia. Ma i due si rispettano e non ingaggiano neppure la minima scaramuccia. Bettoni si appoggia unicamente sulla sua indipendenza. La sua intenzione è nientemeno che quella di mettere nel vino il terreno pietroso della sua terra: senza artifici in cantina, accettando umilmente le imperscrutabili bizze del clima. Vorrebbe addirittura piantare dei ceppi ad Airolo, dove un toponimo – «I Vinoi» – starebbe ad indicare che, in tempi passati, qualcuno vi avrebbe già provato. Questo atteggiamento lo rende unico, e non soltanto in Leventina. Però sembra essere una buona musa: in annate riuscite e favorite dalle condizioni climatiche, come il 1997, Corrado Bettoni ha realizzato, con il suo rosso Rascana, un autentico vino di montagna, una pura variazione leventinese in forma vinicola. Con un frutto lineare, una tannicità incisiva e un carattere rustico.

I

Bleniotals für weisse Sorten: spätere Lese, höhere Säure, prägnantere und frischere Aromatik. Merlot nimmt bei ihm nur noch einen Anteil von 40 Prozent ein. Die restlichen 60 Prozent verteilen sich auf Chardonnay, Pinot grigio, Riesling x Sylvaner und andere weisse Varietäten, mit denen Giudici experimentiert. Gialdis erweiterte Spitzenpalette, den weissen Biancospino aus Chardonnay und Pinot noir; den Pinot grigio Ramolo und die Novität Mino – ein Süsswein aus gefrierextrahierten Riesling x Sylvaner- und Chardonnaytrauben – würde es ohne die Giudicis nicht geben. Ob es die Brüder nie reizt, ihre Trauben selber zu keltern und mit ihrem Namen auf dem Etikett des eigenen Weines zu zeichnen? Mauro verneint – die Zusammenarbeit mit Feliciano Gialdi habe einen Grad der Gleichberechtigung erreicht, die ihm erlaube, sich mitverantwortlich zu fühlen, ohne selber das Risiko der Vermarktung tragen zu müssen.

Einer, der dieses Risiko eingeht und auch selbstverantwortlich damit lebt – und bereit ist, in schlechten Jahren seinen Wein, der als oberstes Qualitätsmerkmal den Stempel des Jahrgangs zu tragen hat, alleine trinken zu müssen –, ist CORRADO BETTONI aus Giornico. Der scharfsinnige Mann, Mathematiker von Haus aus, ist ein tapferer Einzelgänger von kantiger Zähigkeit. Ein Hektar Merlot und Cabernet Franc bewirtschaftet er in Giornico und keltert die Trauben im eigenen Keller. 1,5 Hektar kultiviert er zusammen mit seinem Freund und Bruder im Geiste LORENZO OSTINI in Monticello, dem Südbündner Weinbaudorf im Missox, nah an der Tessiner Grenze.

Bettoni und Gialdi sind zwei völlig gegensätzliche Charaktere. Der Vergleich mit David und Goliath drängt sich auf. Doch die beiden respektieren sich und liefern sich auch keinerlei Scharmützel. Bettoni besteht einzig auf seiner Unabhängigkeit. Er strebt nichts Geringeres an, als den steinigen Boden seiner Heimat in den Wein zu bringen – ohne Kunstgriffe im Keller, demütig die unberechenbaren Klimalaunen akzeptierend. Am liebsten würde er gar Reben in Airolo setzen. Dort gebe es einen Flurnamen «I Vinoi», was doch heisse, dass es in der Vergangenheit da oben schon mal jemand versucht habe. Diese Einstellung macht ihn zum Unikum, nicht nur in der Leventina. Sie scheint aber inspirierend zu wirken: In gelungenen, vom Wetterverlauf begünstigten Jahren wie 1997 erzeugt Corrado Bettoni deshalb mit seinem Rotwein Rascana einen authentischen Bergwein, eine reine Leventina-Variation in Weinform – mit geradliniger Frucht, kernigem Tannin und rustikalem Charakter.

28 Il Castel Grande di Bellinzona

Gian Piero Carlevaro

II) I vini della capitale e i vinai cittadini

Biasca è il punto di congiunzione tra la Val Leventina e la Valle di Blenio. In seguito, la vallata si allarga, pur ancora fiancheggiata da ripide pendici, e ben presto ecco apparire i tre castelli simboli di Bellinzona, il Castel Grande, quello di Montebello e quello del Sasso Corbaro. Le fortificazioni furono erette dai Milanesi nel XIII secolo e costantemente trasformate e ampliate sino al 1500. Nell'anno 1501 passarono ai Confederati. Ora sono da annoverare tra i più importanti impianti difensivi medievali della Svizzera e sono iscritti nell'inventario del patrimonio culturale mondiale dell'UNESCO.

E al più tardi a Bellinzona inizia la tipica edificazione frammentata. Un tempo, i castelli rappresentavano un segno visibile di un confine paesaggistico e culturale; oggi sono circondati da edifici commerciali e residenziali. La regione di Bellinzona e Giubiasco pullula di costruzioni in cemento a più piani. Ci si sente accerchiati da quella che, nel loro libro «Architektur des Aufbegehrens» (Architettura dell'insurrezione), Dieter Bachmann e Gerardo Zanetti chiamano la «spietatezza mitteleuropea di calcestruzzo e vetro». Dov'è qui, il Ticino?, viene spontaneo chiedersi. Al massimo, forse, negli innumerevoli piccoli e piccolissimi vigneti, che anche nella zona urbana di Bellinzona si aggrappano sparsi alle pendici delle colline.

Bellinzona, capitale politica e amministrativa del Cantone, è sede di due importanti case vinicole, quelle di CARLEVARO e CHIERICATI. I due possono essere definiti «vinai» per altrettante ragioni: da un canto, trattano vini forestieri, di provenienza Svizzera ed estera; dall'altro, vendono anche vino di produzione propria, in gran parte Merlot, le cui uve sono fornite loro da viticoltori, quasi tutti dilettanti, della regione. Contrariamente ad altre cantine private, che nel corso degli ultimi dieci o quindici anni si sono intensamente impegnate nella gestione di vigneti propri – sia in qualità di proprietari che come fittavoli – Carlevaro e Chiericati non coltivano, ma fanno affidamento su uve altrui che, a seconda dello stato di salute e della gradazione zuccherina, pagano sino a sei franchi al chilo.

Carlevaro è attivo da più tempo. GIAN PIERO CARLEVARO, titolare della cantina, iniziò con la vinificazione del Merlot nel 1970. All'inizio vendeva il suo vino sfuso e talvolta ne riempiva delle bottiglie che commercializzava con una sua etichetta. La casa vanta comunque una più antica tradizione nella produzione di vino Barbera: il padre di Gian Piero – la famiglia Carlevaro ha origini piemontesi – produceva Barbera nel Monferrato, e lo stesso Gian Piero ha frequentato l'istituto enotecnico di Alba. E in Piemonte torna regolarmente, soprattutto all'epoca della vendemmia. Ogni anno produce infatti circa 200 000 litri di Barbera del Monferrato, gran parte del quale viene importato in Ticino.

I Ticinesi sono in effetti degli appassionati bevitori di Barbera. Nei grotti si sorseggia ancora diffusamente il Barbera dal tazzín, la tradizionale tazza di ceramica, che nell'uso di molti continua sorprendentemente a resistere al bicchiere. Nei gusti di questi bevitori quotidiani, per i quali il vino è più un nutrimento che non un piacere, il Merlot passa volentieri in secondo piano, dietro il semplice, rustico e acidulo Barbera. Il fatto è confermato anche dalle cifre: in Ticino, ogni anno, si importano e consumano circa un milione di litri di Barbera. A questi si oppongono circa quattro milioni di litri di Merlot, nelle varianti rosso, bianco e anche rosato, una parte considerevole dei quali viene consum-

In Biasca kommen die Leventina und das Val di Blenio zusammen. Danach weitet sich das Tal, noch immer von steil aufsteigenden Bergwänden flankiert, und bald geraten Bellinzonas Wahrzeichen ins Blickfeld: Die drei Burgen Castel Grande, Castello di Montebello und Castello di Sasso Corbaro. Die Befestigungsanlagen wurden von den Mailändern im 13. Jahrhundert angelegt und bis 1500 laufend ausgebaut und erweitert. Im Jahr 1501 gingen sie an die Eidgenossen über. Heute gehören sie zu den herausragenden mittelalterlichen Wehranlagen der Schweiz und sind fürs Unesco-Inventar der Weltdenkmäler angemeldet.

Spätestens in Bellinzona beginnt die typische Zersiedelung. Die Burgen standen einst als sichtbares Zeichen einer landschaftlichen und kulturellen Grenze. Heute sind sie umbaut von Geschäftshäusern und Wohnblocks. Das Gebiet um Bellinzona und Giubiasco ist mit vielgeschossigen Flachbetonbauten zugewachsen. Man fühlt sich umzingelt von jener «mitteleuropäischen Erbarmungslosigkeit in Beton und Glas», wie Dieter Bachmann und Gerardo Zanetti die Bandstadt zwischen Chiasso und Bellinzona, zwischen Bellinzona und Ascona in ihrem Buch «Architektur des Aufbegehrens» nennen. «Wo ist hier das Tessin?», ist man geneigt zu fragen. Am ehesten vielleicht in den unzähligen kleinen und kleinsten Weingärten, die auch im Stadtgebiet von Bellinzona versprengt an den Hügellagen kleben.

Bellinzona, Haupt- und Verwaltungsort des Kantons, ist Sitz zweier bedeutender Weinhändler: CARLEVARO und CHIERICATI. Als «Weinhändler» werden Carlevaro und Chiericati aus zweierlei Gründen bezeichnet. Sie handeln mit fremden Weinen, schweizerischer oder ausländischer Provenienz. Sie verkaufen aber auch selbst produzierten Wein, Merlot zur Hauptsache, dessen Trauben ihnen die Winzer der Region, Freizeitwinzer zumeist, liefern. Im Gegensatz zu anderen privaten Weinkellereien, die sich in den letzten zehn bis 15 Jahren intensiv um eigene Rebberge bemüht haben – sei es als Besitzer oder als Pächter –, bewirtschaften Carlevaro und Chiericati keine Weinberge. Sie sind auf fremde Trauben angewiesen, für die sie je nach Gesundheitszustand und Höhe der Zuckergrade bis zu sechs Franken das Kilo bezahlen.

Carlevaro ist schon länger im Geschäft. Kellereiinhaber GIAN PIERO CARLEVARO begann 1970 mit der Merlotkelterung. Anfänglich verkaufte er den Wein offen, erst allmählich füllte er ihn in Flaschen und vermarktete ihn unter eigenem Etikett. Das Haus besitzt allerdings eine ältere Tradition in der Barberaherstellung. Gian Pieros Vater – Carlevaros Familie hat Piemonteser Wurzeln – kelterte im Monferrato Barbera. Gian Piero selber absolvierte die Weinfachschule in Alba. Und noch heute zieht es ihn, vor allem zur Erntezeit, regelmässig ins Piemont. Er erzeugt jährlich rund 200 000 Liter Barbera del Monferrato und importiert einen Grossteil davon ins Tessin.

Die Tessiner gehören nämlich zu den passionierten Barberatrinkern. In den Grotti schlürfen die Einheimischen noch verbreitet Barbera aus den «tazzi», den traditionellen Keramiktassen, die sich erstaunlich zäh gegen die Gläser zu behaupten wissen. Der Merlot kommt in der Gunst dieser Alltagstrinker, für die Wein ein Nahrungs- und kein Genussmittel ist, vielfach erst an zweiter Stelle – hinter dem einfachen, rustikalen, säurebetonten Barbera. Das verdeutlichen auch Zahlen: Rund eine Million Liter Barbera werden jährlich ins Tessin importiert und da auch konsumiert. Dagegen stehen rund vier Millionen Liter Merlot, in roter und weisser und als Rosato-Variante, wovon ein beträchtlicher Teil von Touristen

ata dai turisti o trova la sua via oltre il Gottardo sino alle tavole della Svizzera tedesca.

Il suo nome come produttore di vini, però, Gian Piero Carlevaro non lo deve al Barbera. Una reputazione affidabile se l'è costruita con i vini ottenuti dalle uve Merlot. Cira 200 viticoltori gli forniscono l'uva necessaria a produrre in media 120 000 litri. Di questi, dalle 70 alle 80 000 bottiglie sono di Merlot La Murata, la solida qualità quotidiana di Carlevaro, per così dire il suo «vino da battaglia». Le bottiglie portano il distintivo rosso-blu Viti, un'etichetta mirante a garantire un minimo livello qualitativo. Attualmente è assegnata al 15–20 percento del vendemmiato, cioè a circa 800 000 bottiglie: un motivo valido per ripercorrere brevemente la storia di questo marchio di qualità.

Viti

La denominazione Viti (Vini ticinesi) entrò in vigore il 1 giugno 1948 sulla base di un decreto governativo e, sin dall'inizio, si applicò esclusivamente al Merlot. Il momento della sua introduzione fu scelto con cognizione di causa: con il 1947 giaceva nelle cantine un'annata d'eccezione, che si adattava perfettamente ad avvicinare all'allora ampiamente sconosciuto vitigno Merlot un'importante fetta di consumatori. Oltre all'intento di promozione delle vendite, altri interessi stavano però dietro l'introduzione del marchio Viti, che sarebbe dovuto servire da stimolo per una migliore qualità. Inizialmente, una commissione di nomina statale lo assegnava mediante una pratica di aggiudicazione ai Merlot realmente migliori. Ai consumatori, il sigillo garantiva autenticità e correttezza del prodotto.

Il concetto Viti si rivelò adatto e ispirò i funzionari di altre regioni vinicole della Svizzera a creare denominazioni di qualità analoghe. La sua perfetta idoneità quale strumento di marketing si dimostrò poi nei tardi anni Sessanta e negli anni Settanta con il cambiamento stilistico del Merlot dettato dalla politica di vendita, cioè la sostituzione di un vino robusto, fortemente strutturato e difficile da smerciare con uno più idoneo al consumo, morbido e adatto alle maggioranze. Sin dall'inizio esso accompagnò questa graduale trasformazione della vinificazione del Merlot attraverso la pratica dell'assegnazione del marchio Viti. I Merlot altamente tannici si ritrovarono sempre più penalizzati dalla mancata considerazione e, con il passare del tempo, finirono per rinunciare a questo esame.

Oggi, dunque, il Merlot Viti non rappresenta ormai più la migliore qualità di una cantina e, in molti casi, neppure la seconda. E al marchio, nel frattempo assegnato da una giuria privata, aspirano quasi solo aziende con un determinato volume produttivo. Di recente, però, una piccola ma significativa modifica alle modalità di assegnazione ha ridato al marchio Viti una certa credibilità. Ogni produttore può annunciare ancora ogni anno una o più botti di Merlot per la qualificazione, ogni botte che supera l'esame analitico e organolettico seguita ad ottenere esattamente il numero di marchi Viti corrispondente al vino per bottiglie da 7 decilitri (o 3/8 di litro o 1,5 litri) che contiene. Tuttavia, al più tardi tre mesi dopo, il vino deve essere imbottigliato senza subire modifiche. Prima non veniva stabilito alcun termine e i controlli successivi erano ampiamente insufficienti. Grazie a dei controlli maggiormente severi, al marchio Viti si schiude forse l'opportunità di poter diventare sinonimo di un vino ticinese semplice, tipico e pulito.

La Murata di Carlevaro corrisponde esattamente a questo profilo. La solidità qualitativa e l'affidabilità ne hanno fatto un valore rispettato

getrunken wird oder den Weg über den Gotthard auf Deutschschweizer Tische findet.

Seinen Namen als Weinproduzent machte sich Gian Piero Carlevaro freilich nicht mit dem Barbera. Einen verlässlichen Ruf schuf er sich mit den Weinen aus der Merlottraube. Rund 200 Winzer liefern ihm die Trauben für durchschnittlich 120 000 Liter Wein. 70 000 bis 80 000 Flaschen entfallen davon auf den Merlot La Murata – Carlevaros solides Alltagsgewächs, sein «Brotwein» sozusagen. Der Wein trägt das blaurote «Viti»-Abzeichen. Das Label soll eine Mindestqualität garantieren. Es wird zurzeit an 15 bis 20 Prozent der Ernte, das sind rund 800 000 Flaschen, vergeben. Grund genug also, die Geschichte dieses Qualitätssiegels zu skizzieren:

Das Abzeichen Viti (Vini Ticinesi) wurde am 1. Juni 1948 durch ein staatliches Dekret in Kraft gesetzt und galt von Anfang an ausschliesslich für den Merlot. Der Zeitpunkt für die Einführung war bewusst gewählt worden: Mit dem 1947er lag ein Ausnahmejahrgang im Keller, der sich vorzüglich eignete, den damals noch eher unbekannten Merlot einer grösseren Konsumentenschicht näher zu bringen. Neben dieser Absicht einer Verkaufsförderung standen noch andere Interessen hinter der Einführung der Viti-Marke: Es sollte ein Qualitätsanreiz geschaffen werden. Eine staatlich eingesetzte Kommission zeichnete anfänglich mittels einer selektiven Vergabepraxis die wirklich besten Merlots aus. Dem Konsumenten garantierte das Siegel die Echtheit und Korrektheit des Produkts.

Das Viti-Prinzip erwies sich als tauglich und inspirierte die Funktionäre in anderen Schweizer Weinbaugebieten, ähnliche Qualitätsabzeichen zu schaffen. Seine perfekte Eignung als Marketinginstrument bewies es in den späten Sechziger- und Siebzigerjahren bei der absatzpolitisch bedingten Änderung des Merlotstils – der Ablösung des robusten, kräftig strukturierten, schwer verkäuflichen Merlot durch einen konsumfreundlichen, weichen, mehrheitsfähigen Typ. Von Anfang an begleitete und förderte es diese allmähliche Wandlung der Merlotvinifikation durch die Abgabepraxis der Viti-Marke. Tanninreiche Merlots wurden mehr und mehr durch Nichtberücksichtigung bestraft und stellten sich mit der Zeit dieser Prüfung gar nicht mehr.

Viti-Merlot bezeichnet heute also längst nicht mehr die beste Qualität eines Kellers, ja in vielen Fällen nicht einmal mehr die zweitbeste. Es bemühen sich auch nur Betriebe mit einem gewissen Produktionsvolumen um das inzwischen von einer privaten Jury vergebene Siegel. Eine kleine, nicht unwesentliche Änderung in der Vergabepraxis schenkte der Viti-Marke aber in jüngster Zeit doch wieder mehr Glaubwürdigkeit. Jeder Produzent darf zwar auch heute noch alljährlich ein oder auch mehrere Fässer Merlot zur Auszeichnung anmelden. Jedes Fass erhält noch immer nach bestandener analytischer und degustativer Prüfung exakt so viele Viti-Abzeichen, wie es Wein für 7-dl-Flaschen (oder 3/8-l- oder 1,5-l-Flaschen) enthält. Doch spätestens drei Monate danach muss der Wein unverändert abgefüllt sein. Früher bestand da keine Frist, und die Nachkontrolle war höchst mangelhaft. Bei strenger Kontrolle winkt heute dem Viti-Label also vielleicht die Chance, zum Synonym eines einfachen, sauberen, typischen Tessiner Weins zu werden.

Carlevaros La Murata entspricht präzise diesem Profil. Qualitative Solidität und Verlässlichkeit haben ihn in der alltäglichen Gastronomie zum respektierten Wert gemacht. Wird nach Carlevaros bestem Wein gefragt,

nella gastronomia quotidiana. Quando si chiede il miglior vino di Carlevaro, il cantiniere raccomanda ad ogni modo l'Ampelio, il vino affinato in barrique di Gian Piero, che si presenta esattamente con le caratteristiche che contraddistinguono anche il suo produttore: è lineare e onesto. Poco spettacolare al primo sorso, rivela le proprie qualità solo al secondo, al terzo approccio – e anche solo dopo una certa maturazione. È un vino signorile, distinto, come si possono immaginare i cittadini di Bellinzona. Un po' ritroso e non senza orgoglio. Adeguato al magro terreno sotto i cui sottili strati di humus già si avverte il granito. Gian Piero Carlevaro ha la fama di essere un degustatore eccellente. Come descrive lui stesso l'unicità del Merlot bellinzonese? Tipiche le sue note speziate – ritiene – aromi che richiamano il tabacco e la cannella. Inoltre, i vini di Bellinzona presentano regolarmente anche un'acidità superiore rispetto a quelli del vicino Locarnese. Sono vini adatti a una conservazione prolungata. E Carlevaro rispetta anche questa caratteristica, immettendo l'Ampelio sul mercato solo dopo tre-quattro anni.

Anche ANGELO CAVALLI, della pure bellinzonese cantina Chiericati, mette in vendita il suo migliore Merlot, il Sinfonia Barrique, con un certo ritardo rispetto ad altri vini di pregio. La presentazione dell'annata corrente ha luogo ogni anno a inizio settembre, organizzata dalla Proviti, l'ente di propaganda del vino ticinese, è dunque per lui un po' precoce. Cavalli ritiene che a quel punto quel vino fine, sottile, finisca per avere la peggio a paragone dei vini più possenti e tannici. «Il vino deve piacere sulla tavola, non brillare temporaneamente nelle degustazioni», afferma. Si tratta forse dei vecchi ceppi, parchi per natura, usati per il Sinfonia? Oppure è la vinificazione, con la macerazione limitata a 12–15 giorni a temperature realmente basse? Sono i carati dei bottai Vicard? O ancora è il fatto che il vino giovane arriva pulito al legno solo dopo la fermentazione malolattica, così che Cavalli si allinea nell'elaborazione più all'«affinamento» italiano che non all'«élévage» francese? Con la dolcezza del suo frutto e la testura morbida, il suo Sinfonia si distingue comunque regolarmente nei concorsi comparativi. E accanto ai cibi, diventa gradevolmente carezzevole.

Il 1987 è stato per Cavalli l'anno della svolta. In precedenza, il commercio di vini fondato dal suocero Bruno Chiericati si era specializzato nell'introduzione di vini italiani preferibilmente della classe superiore. L'intenzione era ora di allentare la dipendenza dall'importazione e creare un ulteriore punto d'appoggio attraverso la produzione di vini indigeni. In quell'anno pure climaticamente difficile, il suo Merlot tradizionale, l'Enoteca del Convento, gli riuscì eccellente di primo acchito. Nel corso degli anni, la produzione di Merlot è cresciuta sino a raguardevoli 150 000 litri nelle varianti rossa, bianca e rosata. 160 viticoltori forniscono a Cavalli le loro vendemmie e con la maggior parte di essi questo affabile personaggio intrattiene rapporti d'amicizia. Visita regolarmente i loro vigneti, tutti quanti situati in zone collinari talvolta spettacolari tutt'intorno alla capitale cantonale. A volte, sono curati con la minuzia di stupendi giardini, e non ci vuole una grande immaginazione per concepire che vi maturano delle uve d'eccezione.

Tanto relativamente giovane è la storia della Chiericati quanto più vecchia – e turbolenta – è quella della CAGI, LA CANTINA GIUBIASCO, la terza e più importante per quantità tra le cantine della regione di

so empfiehlt der Kellner allerdings den Ampelio – Gian Pieros Barrique-
wein. Den Merlot zieren genau jene Eigenschaften, die auch auf seinen
Erzeuger zutreffen: Er ist gradlinig und rechtschaffen. Auf den ersten
Schluck wenig spektakulär, enthüllt er seine Qualitäten erst im zweiten,
dritten Anlauf – und auch erst nach einiger Zeit der Reife. Es ist ein vor-
nehmer Wein, so distuingiert, wie man sich die Bewohner Bellinzonas vor-
stellt. Etwas spröd und nicht ohne Stolz. Passend zum armen und mageren Terroir, unter dessen dünner Humusschicht schon bald Granit zum
Vorschein kommt. Gian Piero Carlevaro geht der Ruf nach, ein ausgezeich-
neter Degustator zu sein. Wie beschreibt er selber die Eigenart des Merlot
aus dem Bellinzonese? Typisch seien würzige Noten, meint er, Aromen,
die an Tabak und Zimt erinnerten. Zudem würden die Weine aus Bellinzona regelmässig eine höhere Säure aufweisen als jene im benachbarten
Locarnese. Es seien Weine für eine längere Lagerung. Carlevaro respektiert
denn auch diese Eigenart und bringt den Ampelio erst nach drei bis vier
Jahren auf den Markt.

Auch ANGELO CAVALLI von der ebenfalls in Bellinzona domizilierten Kellerei Chiericati bringt seinen schönsten Merlot, den Sinfonia Barrique, mit
einer zeitlichen Verzögerung gegenüber anderen Premiumweinen in den
Verkauf. Die jeweilige Präsentation des aktuellen Jahrgangs Anfang September, organisiert durch die Proviti, die Propagandastelle des Tessiner
Weins, kommt für ihn aus diesem Grund etwas früh. Er glaubt, dass der
feine, subtile Tropfen im Vergleich mit kraftvolleren, tanninbetonteren
Weinen zu diesem Zeitpunkt den Kürzeren ziehe. Auch in Weintests sei
der Sinfonia deshalb handicapiert und würde regelmässig unter seinem
Wert geschlagen. «Der Wein muss am Tisch gefallen und nicht vorrangig
in Degustationen brillieren», meint er. Sind es die alten Weinstöcke, deren
Ertrag von Natur aus tief ist und die für den Sinfonia verwendet werden?
Ist es die Vinifikation mit einer Maischegärung von nicht allzu langen
zwölf bis 15 Tagen bei eher niedrigen Gärtemperaturen? Sind es die Barriques aus der Küferei Vicard? Oder ist es der Umstand, dass der Jungwein
erst nach dem Säureabbau sauber ins Holz kommt und sich Cavalli damit
beim Ausbau nach dem italienischen Prinzip des «affinamento» und nicht
nach dem französischen der «élévage» richtet? Seine Sinfonia tanzt mit
ihrer süssen Frucht und der sanften Textur bei Vergleichswettbewerben
jedenfalls regelmässig aus der Reihe. Beim Essen entwickelt sie dann eine
nicht unangenehme Anschmiegsamkeit.

1987 war Cavallis Jungfernjahrgang. Vorher hatte sich die von Schwie-
gervater Bruno Chiericati gegründete Weinhandlung auf die Einfuhr von
vorzugsweise italienischen Weinen der Topklasse spezialisiert. Nun wollte man die Abhängigkeit vom Weinimport lockern und sich mit der Her-
stellung einheimischer Gewächse ein zweites Standbein schaffen. Sein
traditioneller Merlot Enoteca Convento geriet ihm in diesem klimatisch
schwierigen Jahr auf Anhieb vorzüglich. Durch die Jahre steigerte sich die
Merlotproduktion auf stolze 150 000 Liter – weisse, rote und Rosé-Va-
rianten. 160 Lieferanten verkaufen Cavalli ihre Ernte. Zu den meisten
pflegt der leutselige Mann ein freundschaftliches Verhältnis. Regelmässig
besucht er ihre Rebberge, die sich allesamt in teilweise spektakulären
Hügellagen rund um den Kantonshauptort befinden. Die Rebberge sind
mitunter mit einer Akkuratesse gepflegt wie ein schöner Garten. Es
braucht keine grosse Vorstellungskraft, um zu ahnen, dass darin vorzügli-
che Trauben wachsen.

Bellinzona. La Cantina Giubiasco fu fondata nel 1929 come cantina sociale e, nei suoi momenti migliori, contava 900 iscritti. Negli anni Sessanta e Settanta i suoi Merlot, Alba e Riserva Speciale, avevano raggiunto una reputazione eccellente. Poi, all'inizio degli anni Ottanta, il disastro: dei contenitori contaminati da batteri, situati in una cantina bisognosa di risanamenti, rovinarono le vendemmie del 1982 e 1983. Di 1,8 milioni di litri di Merlot, 600 000 dovettero essere ceduti a produttori d'aceto e altrettanti furono venduti come comune «vino da pasto». La cooperativa, che negli anni precedenti aveva sempre conseguito ottimi risultati economici, chiuse l'esercizio 1984–85 con una perdita di 2,5 milioni di franchi. Il risanamento ormai fattosi necessario, che dopo un ammortamento volontario prevedeva un aumento di capitale da parte dei membri, naufragò di misura per il mancato raggiungimento della maggioranza dei tre quarti. La ripresa della struttura da parte dell'associazione dei produttori di latte mise poi la parola fine a questo triste capitolo. Sotto la nuova proprietà, la cantina venne quindi privatizzata e sottoposta a un rinnovamento radicale. Nel corso del processo, il numero dei fornitori d'uva è sceso a 550.

Il maggiore artefice dei successivi sviluppi è ADRIANO PETRALLI, che ne ha assunto la direzione nel 1986. Risoluto e consapevole, assieme alla sua squadra ben motivata ha imboccato la via della diversificazione, suddividendo la produzione in due segmenti. Da un canto ha spinto dei Merlot giovani e freschi di frutto – bianchi, rosati e rossi – da mettere in commercio poco dopo la vendemmia, realizzando tra l'altro con il Bucaneve il primo Merlot bianco del Cantone. Dall'altro, questi vini commercializzati giovani forniscono i mezzi per realizzare i rossi da invecchiamento ed affinarli senza fretta né pressioni in legni piccoli o grandi. Piatto forte di questa linea prestigiosa è il Riserva Speciale, prodotto con le migliori uve del Bellinzonese, già portato agli onori e alla fama con diverse annate leggendarie dal meritorio predecessore di Petralli, Carlo Castagnola. Attualmente, ne vengono prodotte grosso modo 45 000 bottiglie. Devono invece la paternità a Petralli i tre aromatici Merlot di Camorino, Monte Carasso e Sementina, provenienti da parcelle selezionate dei tre comuni e – similmente al Riserva – immessi sul mercato dopo uno o più anni di invecchiamento.

Una specialità e una rarità tra le 400–500 000 bottiglie prodotte ogni anno è costituita dalla Bondola, una varietà autoctona ticinese da cui si deriva un vino dal profumo di ciliegia, rustico, ricco di acidità, ma spiccatamente autonomo, che sa nostalgicamente di grotto del tempo che fu. Ancora negli anni Cinquanta, a Giubiasco, il suo volume di produzione superava quello del Merlot. Solo nel 1958 dall'allora Cantina sociale uscì una quantità di Merlot che superava quella della Bondola. Da allora in poi, sia le superfici coltivate che il numero di bottiglie di Bondola subirono una costante riduzione e oggi, nei vigneti del Sopraceneri, se ne contano ancora 55 000 ceppi (a titolo di confronto, con il Merlot si arriva a 3,2 milioni di piante). Dall'altro versante del Monte Ceneri, nel Luganese e nel Mendrisiotto, la Bondola è completamente assente.

Oltre alle cantine leader Carlevaro, Chiericati e Cantina Giubiasco, a Bellinzona imbottigliano il loro prodotto anche altri vinificatori, come ad esempio LA MINERVA a Camorino o NEVIO CREMETTI a Pianezzo. Contrariamente ai tre grandi, essi dispongono di vigneti propri e così

Bondola

So vergleichsweise jung die Geschichte von Chiericati ist, so alt schon und turbulent auch ist jene der CAGI CANTINA GIUBIASCO, der dritten und mengenmässig bedeutendsten Kellerei der Gegend um Bellinzona. Die Cantina Giubiasco wurde 1929 als Kellereigenossenschaft gegründet. Sie zählte in ihren besten Zeiten 900 Genossenschafter. Ihr Merlot Alba und die Merlot Riserva Speciale genossen in den Sechziger- und Siebzigerjahren einen ausgezeichneten Ruf. Anfang der Achtzigerjahre passierte dann das Unglück: Bakterienverseuchte Lagerbehälter, die in einem erneuerungsbedürftigen Keller standen, hatten die Ernten von 1982 und 1983 in Mitleidenschaft gezogen. Von 1,8 Millionen Liter Merlot mussten 600 000 Liter an Essigfabriken veräussert werden, weitere 600 000 wurden als gewöhnlicher «Vino da pasto» verkauft. Die Genossenschaft, die in den Jahren zuvor gute Abschlüsse erzielt hatte, erlitt im Geschäftsjahr 1984/85 einen Verlust von 2,5 Millionen Franken. Die nötig gewordene Sanierung, die nach einer freiwilligen Abschreibung eine erneute Kapitalaufstockung seitens der Mitglieder vorsah, scheiterte schliesslich knapp an der geforderten Dreiviertelmehrheit. Die Übernahme durch den kantonalen Milchproduzentenverband setzte den Schlusspunkt hinter das traurige Kapitel. Unter dem neuen Besitzer wurde die Kellerei privatisiert und einer gründlichen Renovation unterzogen. Die Zahl der Traubenlieferanten schrumpfte im Verlaufe des Sanierungsprozesses auf 550.

Massgeblichen Anteil am darauf folgenden Aufschwung trägt ADRIANO PETRALLI. 1986 kam er als neuer Direktor. Forsch und selbstbewusst ging er mit seiner motivierten Crew den Weg der Diversifizierung. Er teilte die Produktion in zwei Segmente. Zum einen forcierte er junge, frischfruchtige Merlotweine – weiss, rosé oder rot –, die bald nach der Ernte vermarktet werden. Mit dem weiss gekelterten Merlot Bucaneve etwa schuf er den ersten Merlot bianco des Kantons. Diese jung vermarkteten Weine bringen die Mittel, um die roten Lagerweine zu erzeugen und ohne Hast und Zeitdruck im grossen oder kleinen Holz auszubauen. Pièce de résistance dieser anspruchsvolleren Linie ist die Riserva Speciale aus den besten Trauben des Bellinzonese, die ja schon Petrallis verdienstvoller Vorgänger Carlo Castagnola mit verschiedenen legendären Jahrgängen zu Ruhm und Ehre gebracht hatte. Rund 45 000 Flaschen werden davon heute erzeugt. Petrallis Kinder sind die drei kräuterwürzigen Merlots aus Carmorino, Monte Carasso und Sementina, die von ausgesuchten Parzellen der drei Gemeinden stammen und wie auch die Riserva erst mit ein- oder mehrjähriger Verspätung in den Verkauf gelangen.

Eine Spezialität und Rarität unter den rund 400 000 bis 500 000 jährlich erzeugten Flaschen stellt der Bondola dar. Die autochthone Tessiner Sorte ergibt einen kirschenduftigen, rustikalen, säurereichen, aber ausgesprochen eigenständigen Tropfen, der herbe Grotto-Romantik versprüht. Noch in den Fünfzigerjahren überstieg in Giubiasco das Produktionsvolumen dasjenige des Merlot. Erst 1958 erzeugte die damalige Genossenschaft mehr Merlot als Bondola. Seither gingen Anbaufläche und Flaschenzahlen überall ständig zurück. Heute stehen in den Weinbergen des Sopraceneri noch 55 000 Bondolastöcke (zum Vergleich: der Merlot bringt es auf 3,2 Millionen Pflanzen). Jenseits des Monte Ceneri, im Luganese und im Mendrisiotto, fehlt die Bondola völlig.

Neben den marktbeherrschenden Kellereien Carlevaro, Chiericati, Cantina Giubiasco füllen um Bellinzona natürlich auch andere Erzeuger wie etwa LA MINERVA in Camorino oder NEVIO CREMETTI in Pianezzo ihren Wein

Bondola

della possibilità di crescere le uve secondo le personali aspettative. LORENZO MINA coltiva i suoi cinque ettari d'uva alla Minerva in maniera biologica. Circa la metà della produzione media di 40 000 bottiglie reca sull'etichetta la gemma del marchio Bio Suisse. La posizione unica e bene arieggiata su una collina morenica, soleggiata sino al cadere della notte, crea secondo lui una delle premesse necessarie per la viticoltura biologica, altrimenti inconsueta in Ticino. Un'altra è costituita dal proprietario, FRANCESCO MICHELI, un facoltoso investitore milanese che garantisce a Mina una produzione che non deve temere perdite. Infatti, negli autunni umidi e piovosi, il solo trattamento al rame non permette di cavarsela contro le putrescenze. Quantità e qualità delle uve Merlot vendemmiate scendono allora rapidamente. Ciò nonostante, nelle annate buone e asciutte, come ad esempio il 1997, Lorenzo Mina ha saputo realizzare dei vini originali e degni di nota, tra cui spicca sempre il Riserva, maturato in carati e composto per il 60 percento di Merlot e per il 40 di Cabernet Sauvignon. La sua tannicità è sì un po' rustica, ma il vino compensa con il suo carattere l'esiguità della sua finezza.

Il miglior vino di NEVIO CREMETTI è il Falco, affinato in barrique da 18 a 24 mesi. Tra i produttori ticinesi di Merlot, Cremetti rappresenta un caso particolare: cresciuto a Bellinzona, ha studiato architettura presso il Politecnico di Zurigo, ha lavorato in Finlandia e in California e attualmente gestisce un fiorente studio nella nidvaldese Stansstad. La nostalgia per il Ticino e il gusto del vino lo hanno spinto nel magico paesaggio della Valle Morobbia, dove attualmente coltiva circa due ettari a Merlot, da cui ricava grosso modo 15 000 bottiglie. Il suo modello sono i vini del Pomerol: ad essi costantemente aspira e, nelle annate con autunni caldi e asciutti, ottiene un Falco che non deve temere il confronto.

in die Flasche. Im Gegensatz zu den drei Grossen verfügen sie über eigene Weingärten und damit über die Möglichkeit, die Reben exakt nach ihren Vorstellungen zu pflegen. LORENZO MINA bewirtschaftet seine fünf Hektar Reben auf La Minerva kontrolliert biologisch. Rund die Hälfte der durchschnittlichen Produktion von 40 000 Flaschen trägt das Label von Bio Suisse, die Knospe, auf dem Etikett. Die einzigartige, gut durchlüftete Lage auf dem Moränenhügel mit Sonnenschein bis zum Einbruch der Nacht schaffe die eine Voraussetzung für den im Tessin unüblichen Bioweinbau, sagt Mina. Die andere stellt Besitzer FRANCESCO MICHELI dar: Der schwerreiche Mailänder Investor garantiert Mina eine Produktion ohne Rücksicht auf Verluste. Denn in feuchten und regnerischen Herbsten lässt sich allein mit Kupferspritzungen gegen die Fäulnis wenig ausrichten. Menge und Qualität der geernteten Merlottrauben sinken dann rapide. Doch in guten und trockenen Jahren wie etwa 1997 gelingen Lorenzo Mina bemerkenswerte, eigenwillige Weine. Das schönste Gewächs ist dann jeweils die barriquegereifte Riserva aus 60 Prozent Merlot und 40 Prozent Cabernet Sauvignon. Etwas rustikal sind zwar ihre Tannine, doch der Wein macht mit Charakter wett, was ihm an Feinheit abgeht.

Der beste Wein von NEVIO CREMETTI ist der 18 bis 24 Monate im Barrique ausgebaute Falco. Cremetti stellt eine Besonderheit dar unter den Tessiner Merloterzeugern: Aufgewachsen in Bellinzona, studierte er an der ETH Zürich Architektur, arbeitete in Finnland und Kalifornien und führt heute ein florierendes Büro im nidwaldnischen Stansstad. Heimweh nach dem Tessin und die Freude am Wein führten ihn ins landschaftlich zauberhafte Morobbiatal, wo er heute auf rund zwei Hektar Merlot anbaut und daraus rund 15 000 Flaschen keltert. Sein Vorbild sind die Weine aus Pomerol. Ihnen eifert er nach, und in Jahren mit warmen, trockenen Herbsten gelingt ihm ein Falco, der den Vergleich nicht zu scheuen braucht.

III) L'altro stile del Merlot

Oltre Bellinzona, il corso del Ticino svolta definitivamente a occidente e, prima di sfociare nel Lago Maggiore, attraversa il piano di Magadino. Il viaggiatore che percorre la sua sponda destra passa per Monte Carasso – un nucleo interessante, ristrutturato e restaurato in modo esemplare dall'architetto ticinese Luigi Snozzi – e attraversa quindi i ripidi pendii che declinano verso la pianura del fondovalle tra Monte Carasso, appunto, e Locarno. Un tempo qui si stendeva una striscia di 20 chilometri di bosco e vigne; oggi, all'occhio si offre un'unica proliferazione residenziale, e i vigneti costretti tra cemento, strade, alberi e rocce conducono una strenua lotta per la sopravvivenza. Innumerevoli ceppi sono già caduti vittima dell'edificazione e altrettanti sono destinati a condividerne la sorte. Nel Locarnese, circa il 35 percento delle zone viticole si trova pur sempre in zone edificabili e si può dire che in Ticino, ai tre grandi nemici della vite – la fillossera, la peronospora e l'oidio – si aggiunge la furia edilizia.

Per abitare e per coltivare la vigna si cercano in effetti luoghi simili. Così, sui pendii della sponda destra del fiume Ticino crescono delle uve particolarmente sane, mature e con valori di acidità realmente bassi. Nelle giornate di sole, il sottostante piano di Magadino riscalda l'aria e la maturazione inizia presto. Qui la vendemmia ha luogo da 10 a 15 giorni prima che nel Sottoceneri: un vantaggio enorme quando le famigerate piogge autunnali ticinesi giungono premature. Chi ha lavorato bene nel vigneto, con un rendimento non eccessivamente elevato, porta le sue uve alla cantina, dove vengono tramutate in un bel Merlot. Come questo verrà infine imbottigliato – quale vino leggero, morbido, di pronta beva, oppure come prodotto strutturato, tannico e bisognoso di maturazione – è una questione di stile e di gusto, alla quale associano naturalmente il loro ruolo anche le considerazioni di tipo commerciale. I Merlot della MATASCI VINI e di WERNER STUCKY, pure con le loro peculiarità del tutto diverse, caratterizzano la regione e rappresentano un veicolo eccellente per illustrare le possibilità del vitigno e anche per narrare un ulteriore capitolo della più recente storia del Merlot.

storia del Merlot

L'azienda MATASCI è la maggiore produttrice di Merlot del Sopraceneri e, unitamente alla Cantina Sociale di Mendrisio, anche la più importante del Cantone. Le sue cifre sono impressionanti: a seconda dell'annata, l'enologa Fabiana Matasci vinifica da 8000 a 12 000 quintali d'uva, corrispondenti a 6000–9000 ettolitri di vino. Oltre 1500 viticoltori portano ogni anno il proprio raccolto a Tenero, consegnando per la gran parte dai 3 ai 6 quintali d'uva. La capacità della cantina è grande, ciò nonostante non illimitata: ogni giorno, possono essere diraspati, pigiati e messi a fermentare al massimo 2000 quintali. In questi giorni febbrili è quindi richiesta un'organizzazione perfetta, e l'efficienza e la pulizia nel lavoro costituiscono le premesse essenziali per la riuscita dell'annata.

Quella dei Matasci è un'autentica azienda di famiglia. Fu fondata nel 1921 da Giuseppe Matasci e dal suo socio Carlo Balemi. In precedenza Matasci era segretario della Cantina sociale di Gordola, che nel 1918 dovette dichiarare fallimento. All'inizio si vinificava soprattutto la Bondola: il Merlot si fece gradualmente strada solo in seguito. Il primo Merlot Viti della Matasci fu prodotto nel 1949. Nel 1956, dopo la morte di Giuseppe e l'uscita di scena di Carlo Balemi, l'azienda fu ripresa dai figli del defunto, Peppino, Lino e Mario. La loro epoca segnò il lancio di rossi famosi: la Selezione d'Ottobre (1964), la Villa Jelmini (1974), il

Nach Bellinzona fliesst der Ticino endgültig Richtung Westen, durchquert die Magadinoebene, bevor er in den Lago Maggiore mündet. Der Reisende, der dem rechten Ufer folgt, passiert Monte Carasso mit seinem sehenswerten Dorfkern, vom Tessiner Architekten Luigi Snozzi vorbildlich restrukturiert und restauriert. Er bewegt sich entlang der Sponda destra, jener steilen Hanglage, die sich oberhalb der Magadinoebene von Monte Carasso bis Locarno hinzieht. Früher spannte sich da ein 20 Kilometer langes Band von Wald und Reben. Heute bietet sich dem Auge eine einzige Siedlungswucherung. Die zwischen Beton, Strassen, Bäumen und Fels gezwängten Weinberge führen einen verzweifelten Überlebenskampf. Unzählige Rebstöcke sind der Bauerei schon zum Opfer gefallen, zahllose weitere werden wohl in Zukunft dasselbe Schicksal erleiden: Rund 35 Prozent Rebland befindet sich im Locarnese noch immer in der Bauzone. Im Tessin gesellt sich zu den drei grossen Plagen des Weinbaus – Phylloxera, Peronospora, Oidium (Reblaus, Falscher und Echter Mehltau) – auch noch die Bauwut.

Zum Wohnen und zum Traubenanbauen sucht man sich tatsächlich ähnliche Standorte. So wachsen denn auch besonders gesunde, reife Trauben mit eher tiefen Säurewerten an den Südhängen der Sponda destra. Die vorgelagerte Magadinoebene heizt an sonnigen Tagen die Luft auf. Die Reife setzt früher ein. Die Weinlese findet um zehn bis 15 Tage vor der Ernte im Sottoceneri statt – ein enormer Vorteil, wenn der berüchtigte Tessiner Herbstregen früh einsetzt. Wer da im Rebberg gut arbeitet und im Ertrag nicht zu hoch liegt, fährt Trauben in den Keller, aus denen sich ein schöner Merlot keltern lässt. Wie er denn schliesslich in die Flasche gefüllt wird – als leichter, geschmeidiger, süffiger Tropfen oder als kräftig strukturiertes, tanninbetontes, reifebedürftiges Gewächs –, ist eine Stil- und Geschmacksfrage, und natürlich spielen dabei Marketingüberlegungen auch eine Rolle. Mit den Merlots von MATASCI VINI und den Weinen von WERNER STUCKY bringt das Gebiet Gewächse hervor, wie sie gegensätzlicher nicht sein könnten. Trefflich lassen sich daran die Möglichkeiten der Sorte aufzeigen und auch ein Stück weit die jüngere Merlotgeschichte darstellen.

Die Firma MATASCI ist der grösste Merloterzeuger des Sopraceneri. Zusammen mit der Cantina Sociale Mendrisio ist sie die bedeutendste Produzentin des Kantons. Die Zahlen sind beeindruckend: Je nach Jahrgang vinifiziert Kellermeisterin Fabiana Matasci 800 000 bis 1,2 Millionen Kilogramm Trauben, was rund 600 000 bis 900 000 Liter Wein ergibt. Über 1500 Winzer liefern ihre Trauben alljährlich in Tenero ab. Die meisten bringen 300 bis 600 Kilogramm. Die Kapazität der Kellerei ist gross, doch nicht unbegrenzt: Maximal 200 000 Kilogramm können täglich entrappt, gemahlen und vergoren werden. Perfekte Organisation ist also in diesen hektischen Tagen gefordert, effizientes, sauberes Arbeiten die Voraussetzung für einen gelungenen Jahrgang.

Matasci ist ein reiner Familienbetrieb. Gegründet wurde er im Jahr 1921 von Giuseppe Matasci und seinem Partner Carlo Balemi. Matasci war zuvor Direktor der Genossenschaft Gordola, die 1918 Konkurs anmelden musste. Gekeltert wurde anfänglich hauptsächlich Bondola. Erst allmählich kam der Merlot hinzu. 1949 erzeugte Matasci seinen ersten Viti-Merlot. Nach dem Tode von Giuseppe im Jahr 1956 und dem Austritt von Carlo Balemi übernahmen Giuseppes Söhne Peppino, Lino und Mario die Firma. In ihre Zeit fiel die Lancierung der bekannten Rotweine: Selezione

Merlotgeschichte

Vino Generoso (1975) e il Sassariente (1988). Sebbene i tre fratelli siano ancora attivi in seno all'azienda, con i cugini FABIANA e CLAUDIO MATASCI e il genero di Mario, PIER MARAN, in prima linea è oggi subentrata la terza generazione della famiglia.

La famiglia Matasci ha conseguito qualcosa di assolutamente raro per la scena vitivinicola: ogni anno produce un'enorme quantità di vino esclusivamente da uve acquistate e i suoi prodotti sono sempre puliti ed esenti da difetti. Non conosce problemi di smercio, la sua cartoteca clienti consta di 15 000 indirizzi, 8000 dei quali nella Svizzera tedesca. Di grande importanza è anche la gastronomia ticinese, soprattutto quella del Sopraceneri, dove i turisti prediligono e onorano i vini Matasci. Talvolta, perciò, l'azienda esaurisce le sue riserve più rapidamente di quanto vorrebbe.

Questo successo unico poggia naturalmente su un concetto ragionato e orientato alla quantità sui piani della vinificazione e del marketing. La vinificazione è adeguata al gusto medio del bevitore non smaliziato. Dopo una fermentazione di 40–60 ore, il mosto viene già pressato e in seguito lavorato in vasca sino all'imbottigliamento precoce nell'anno successivo. I Matasci rinunciano all'impiego di botti di legno: la tipicità dei loro Merlot ne risulterebbe confusa, sostiene Claudio Matasci. I vini hanno pochi tannini, mentre il colore è conferito loro da un taglio (autorizzato). Sono vini da bere giovani, solo limitatamente invecchiabili, senza pretese; ciò nonostante armoniosi e morbidi, e richiedono a chi li consuma solo la disponibilità a berli. Considerata una tale quantità, un buon marketing esige sicuramente un'offerta diversificata. Nei rossi, ecco quindi a disposizione quattro etichette, tutte realizzate da un maestro della psicologia delle vendite. Rappresentano una precisa suddivisione qualitativa e sono associate a prezzi similmente scalati, ma in generale calcolati con un occhio di riguardo per il cliente. In cima troviamo il Sassariente Classico, seguito dal Vino Generoso che, con il suo affinamento del tipo Lafite-Rotschild, colloquia perfettamente con i conoscitori clienti dei Matasci. Viene quindi l'Enoteca Villa Jelmini e infine la fenomenale e centomila volte diffusa Selezione d'Ottobre, con il suo indovinatissimo nome che suggerisce: ma cosa ci sarà di meglio da bere? E proprio al suo nome questo Merlot deve, unitamente al «vino della lucertola» – l'Aigle Les Murailles di Henri Badoux –, la sua fama di vino più noto della Svizzera.

Sotto l'aspetto organolettico, i quattro vini non si distinguono chiaramente. Il Sassariente Classico e il Vino Generoso hanno più contenuto e profondità, mentre l'Enoteca Villa Jelmini e la Selezione d'Ottobre sono molto simili e ricordano in modo singolare un vino leggero della Svizzera orientale o un'innocente Dôle vallesano. Rappresentano in generale quel tipo di Merlot morbido e abboccato che si è andato affermando nel corso dei tardi anni Sessanta e dei primi anni Settanta.

In origine, infatti, il Merlot non corrispondeva in alcun modo al tipo qui descritto. Sino agli anni Sessanta inoltrati, il Merlot era eminentemente un vino scuro, robusto, tannico e acido, bisognoso di invecchiamento. I Merlot del '64 o del '61 della cantina Daldini, oppure il cru Roncobello di Valsangiacomo, ne sono esempi tanto leggendari da presentarsi ancora in condizioni eccellenti dopo decenni. Poi, ecco il cambiamento di tendenza: il Merlot, diventato importante anche sotto l'aspetto quantitativo, doveva conquistarsi definitivamente un mercato.

d'Ottobre (1964), Villa Jelmini (1974), Vino Generoso (1975) und Sassariente (1988). Die Brüder sind auch heute noch aktiv im Betrieb tätig, wenngleich im zweiten Glied. In der ersten Reihe steht heute mit FABIANA und CLAUDIO MATASCI und dem Schwager PIER MARAN die dritte Generation.

Die Familie Matasci hat etwas erreicht, was in der Weinszene höchst selten ist: Sie erzeugt jedes Jahr eine riesige Menge aus ausschliesslich zugekauften Trauben, und ihre Abfüllungen sind stets sauber und nie fehlerhaft. Absatzprobleme kennt sie keine. 15 000 Adressen umfasst ihre Kundenkartei; 8000 stammen aus der Deutschschweiz. Eminent wichtig ist die Tessiner Gastronomie, vor allem jene des Sopraceneri, wo die Touristen mit Vorliebe Matasci-Weinen zusprechen. Die Firma ist deshalb manchmal schneller ausverkauft, als ihr lieb ist.

Dieser einzigartige Erfolg beruht natürlich auf einem ausgeklügelten Konzept, das sich auf der Ebene der Vinifikation wie des Marketings an einem grossen Umsatz orientiert. Die Kelterung ist auf den Durchschnittsgeschmack des eher unbedarften Weintrinkers zugeschnitten. Nach 40 bis 60 Stunden Maischegärung wird der Most bereits gepresst und anschliessend im Tank bis zur frühen Flaschenabfüllung im darauf folgenden Jahr ausgebaut. Matasci lehnt den Einsatz von Holzfässern ab. Die Typizität ihrer Merlots würde dadurch verwischt, meint Claudio Matasci. Tannin besitzen die Weine wenig, Farbe schenkt ihnen wohl ein (erlaubter) Verschnitt. Jung trinkbar, nur beschränkt lagerfähig, anspruchslos, aber dennoch harmonisch und geschmeidig, verlangen sie von ihren Konsumenten nichts als das bereitwillige Trinken. Angesichts einer solchen Menge fordert kluges Marketingdenken freilich eine gewisse Angebotsvielfalt. Und so stehen bei den Rotweinen vier Etiketts – allesamt von einem Meister der Verkaufspsychologie geschaffen – zur Verfügung. Sie sollen für eine gewisse Qualitätsabstufung stehen und werden von unterschiedlich hohen, insgesamt aber sehr kundenfreundlich kalkulierten Preisen begleitet: An der Spitze steht der Sassariente Classico, dann kommt der Vino Generoso, der mit seiner Lafite-Rothschild-ähnlichen Aufmachung den Weinkenner unter den Matasci-Kunden anspricht. Es folgen Enoteca Villa Jelmini und schliesslich die phänomenale, hunderttausendfach verbreitete Selezione d'Ottobre; ein Wurf von einem Namen, der suggeriert: Was gibt es daneben überhaupt Besseres zu trinken? Dem Namen verdankt dieser Merlot, dass er neben dem «Eidechsli-Wy» – dem Aigle Les Mureilles von Henri Badoux – wohl zum bekanntesten Schweizer Wein avancierte.

Degustativ lassen sich die vier Weine nicht klar unterscheiden. Der Sassariente Classico und der Vino Generoso besitzen mehr Gehalt und Tiefe. Enoteca Villa Jelmini und Selezione d'Ottobre sind sich sehr ähnlich, erinnern merkwürdig an einen leichten Ostschweizer Landwein oder an einen harmlosen Walliser Dôle. Sie stehen allesamt für einen weichen, süffigen Merlottyp, wie er im Verlaufe der späten Sechziger- und frühen Siebzigerjahre aufgekommen ist.

In seiner Frühzeit entsprach der Merlot keineswegs dem hier beschriebenen Typ. Bis weit in die Sechzigerjahre hinein war der Merlot ein zumeist dunkler, robuster, tannin- und säurehaltiger, lagerrungsbedürftiger Wein. Der 64er- oder 61er-Merlot der Weinhandlung Daldini etwa oder der Cru Roncobello von Valsangiacomo waren solche legendäre Exemplare, die sich Jahrzehnte später noch in vorzüglicher Verfassung präsentierten. Dann freilich kam die Trendwende. Der Merlot, auch von der Menge

In Ticino questo non era possibile. Gli indigeni non intendevano modificare le loro consuetudini beverecce e preferivano comunque il più a buon mercato Barbera italiano. Il mercato mirato stava dall'altra parte del Gottardo, nella Svizzera tedesca. Lì si bevevano Dôle poveri di tannini, vini leggeri, non complicati, Blauburgunder abboccati o Kalterersee altoatesini. Cosa c'era di meglio di un po' di cosmetica? Gli istituti enologici svizzeri stilisticamente determinanti fornirono il loro contributo e Changins, il centro di formazione romando maggiormente rilevante per il Ticino, proclamò il cambiamento di dottrina. Il nuovo Merlot ebbe successo e ottenne sostegno anche dalla commissione statale Viti.

Oggi, la cantina Matasci va annoverata tra i custodi di questa variante morbida, delicata di Merlot. E un significativo motto commerciale afferma che una ricetta di successo non va cambiata senza necessità. A causa della quantità d'uva che ogni anno meritoriamente acquista agli innumerevoli viticoltori dilettanti, l'azienda familiare non ha neppure la possibilità di passare improvvisamente a dei Merlot a fermentazione più lunga, affinati nel legno secondo il metodo bordolese: in autunno, una simile opzione porterebbe al collasso totale della cantina. Tuttavia, alcuni amanti dei Merlot ticinesi forti e ricchi di carattere non comprendono come mai la famiglia non voglia dimostrare ai suoi critici di avere qualcosa di importante da dire anche in questo interessante segmento, almeno una piccola produzione accuratamente selezionata: di certo, non le manca la materia prima adeguata.

Di fattura del tutto diversa sono i vini di WERNER STUCKY. Se si volesse tracciare un paragone con il mondo animale, li si potrebbe associare alla lepre, mentre i Merlot di Matasci prenderebbero il posto del coniglio. Quantitativamente più modesto rispetto ai Matasci, il robusto e solido Werner Stucky coltiva 3,5 ettari di vigneti, principalmente a Gudo, a Sementina e ad Agarone, sulle ripide pendici della sponda destra del Ticino. A dipendenza del rendimento dell'annata, nella sua cantina modello di Rivera, sul versante meridionale del Monte Ceneri, produce da 15 000 a 20 000 bottiglie. Se i Matasci hanno svolto un ruolo da pionieri nella realizzazione di un tipo di Merlot morbido, a Stucky spetta la palma per la riscoperta del Merlot dallo stile robusto. Nel 1983, Stucky è stato probabilmente il primo vitivinicoltore ticinese a ottenere un classico Merlot affinato in barrique. Ed è stato l'antesignano di un movimento di giovani vitivinicoltori indipendenti, in gran parte svizzero tedeschi, che, a partire dalla metà degli anni Ottanta, hanno iniziato a turbare la quiete del Ticino vinicolo – non tanto per il loro numero quanto per la fattura dei loro vini.

Da un canto, Werner Stucky deve il suo ruolo di pioniere al suo background professionale: prima che l'allora ventottenne nativo dell'Oberland zurighese lasciasse assieme alla famiglia la Svizzera tedesca per trasferirsi a Capidogno, un minuscolo villaggio presso Rivera, ai piedi del Monte Tamaro, aveva frequentato la scuola enotecnica di Wädenswil e quindi lavorato come capo viticoltore e capo cantiniere presso lo «Sternen-Würenlingen» di Toni Meier, noto per i suoi eccellenti vini argoviesi. Lì conobbe i vini di campagna leggeri, fruttati e abboccati, che non corrispondevano alla sua idea di un vino rosso robusto e altamente tannico. La formazione di Stucky era superiore alla media e le esigenze che motivarono il suo trasferimento trovarono soddisfazione nelle uve Merlot ticinesi: la varietà disponeva del potenziale per un vino alta-

her bedeutend geworden, musste sich definitv einen Markt schaffen. Im Tessin gefiel er nicht. Die Einheimischen wollten ihre Trinkgewohnheiten nicht ändern. Sie bevorzugten den billigeren Barbera aus Italien. Der anvisierte Markt lag jenseits des Gotthards, in der Deutschschweiz. Dort trank man tanninarmen Dôle, leichtere, unkompliziertere Weine, süffige Blauburgunder oder Kalterersee aus Südtirol. Was lag also näher als etwas Kosmetik? Die stilbestimmenden Schweizer Weintechniken machten mit. Changins, die fürs Tessin relevante Westschweizer Ausbildungsstätte, verkündete die veränderte Doktrin. Der neue Merlot hatte Erfolg und erhielt auch durch die staatliche Viti-Kommission Unterstützung.

Matasci gehört heute zu den Hütern dieser weichen, geschmeidigen Merlotvariante. Ein Erfolgsrezept soll nicht ohne Not geändert werden, heisst eine wichtige Geschäftsdevise. Die Familienfirma hat angesichts der Traubenmenge, die sie den zahllosen Hobbywinzern verdienstvollerweise jedes Jahr abnimmt, auch gar nicht die Möglichkeit, plötzlich auf lange vergorene, im Holz ausgebaute Merlots im Bordeaux-Stil umzusteigen. Das würde wohl in ihrem Gärkeller im Herbst zum totalen Zusammenbruch führen. Doch mancher Liebhaber des kräftigen, charaktervollen Tessiner Merlots versteht nicht, warum die Familie nicht wenigstens mit einer kleinen, sorgfältig selektionierten Partie – über die dafür geeignete «Materia Prima» verfügt sie ja zweifellos –, ihren Kritikern beweisen will, dass sie auch in diesem interessantesten Merlotsegment ein gewichtiges Wort mitzureden hat.

Von ganz anderer Machart sind die Weine von WERNER STUCKY. Wollte man einen Vergleich aus der Tierwelt heranziehen, so könnte man sie als Wildhasen bezeichnen, während die Matasci-Merlots eher einem Kaninchen entsprächen. Im Vergleich zu Matasci bescheidene 3,5 Hektar Rebfläche bewirtschaftet der grosse, kräftig gebaute Werner Stucky – hauptsächlich in Gudo, Sementina und Agarone an den Steilhängen der Sponda destra. Je nach Ergiebigkeit des Jahrgangs keltert er in seinem kleinen Bilderbuchkeller in Rivera auf der unteren Seite des Monte Ceneri 15 000 bis 20 000 Flaschen. Kommt Matasci eine Pionierolle bei der Produktion eines weichen Merlottyps zu, so wäre Stucky ähnlich zu würdigen bei der Wiederentdeckung des robusten Merlotstils. Stucky war 1983 vermutlich der erste Tessiner Winzer, der einen klassischen Barriquemerlot erzeugte. Er war der Anführer einer Bewegung von jungen, zumeist aus der Deutschschweiz stammenden Selbstkelterern, die ab Mitte der Achtzigerjahre die Ruhe im Weinkanton zu stören begannen – weniger durch die Menge als durch die Machart ihrer Weine.

Seine Pionierrolle verdankt Werner Stucky zum einen seinem beruflichen Hintergrund: Bevor der damals 28-jährige Zürcher Oberländer der Deutschschweiz den Rücken kehrte und mit seiner Familie nach Rivera-Capidogno, ein verwinkeltes Dörfchen am Fusse des Monte Tamaro, zog, hatte er in Wädenswil das Weintechnikum besucht und anschliessend als Reb- und Kellermeister bei Toni Meier im für seine ausgezeichneten Aargauer Weine bekannten «Sternen-Würenlingen» gearbeitet. Dort hat er den leichtgewichtigen, fruchtigen, süffigen Landwein kennen gelernt, der nicht seinen Vorstellungen eines robusten und tanninreichen Rotweins entsprach. Stuckys Ausbildung war überdurchschnittlich gut, und die Bedürfnisse, die der Übersiedelung zugrunde lagen, liessen sich im Tessin befriedigen: Die Sorte besitzt das Potenzial für einen strukturreichen Wein, und gute Reblagen waren damals noch einfacher zu pachten.

mente strutturato e allora i buoni vigneti si affittavano ancora facilmente. La fortuna affidò a Stucky gli 1,2 ettari del vigneto «Casa Cima» della ex Tenuta Spörri di Gudo che, con i suoi vecchi ceppi, rappresenta una delle migliori parcelle della sponda destra.

Al suo ruolo di guida lo predestinava la consapevolezza di sé – che egli tende a celare con i suoi modi schivi – nonché la sua maniera di ripensare continuamente al suo lavoro e di allargare queste riflessioni al di là della sua esistenza di viticoltore.

Nel frattempo, attorno a Werner Stucky c'è più tranquillità. I suoi compagni di lotta hanno tutti imparato e si sono emancipati. L'onda dei viticoltori-vinificatori si è appianata ed è stata a sua volta scossa dalla più grande ondata oggi scatenata da singoli commercianti di vini motivati e disposti a investire. Lo stesso Stucky si vede oggi nuovamente nel posto che gli compete: ai margini come piccolo produttore.

Una serie di annate mediocri lo aveva reso pensieroso. Negli anni tra il 1993 e il 1995 non tutti i vini erano convincenti. Stucky sviluppò la gamma di vini della sua cantina e modificò le modalità della loro vinificazione. Non è in assoluto il tipo di persona che si aggrappa ottusamente a un concetto, per quanto valido. Secondo lui, il tempo di dimezzamento delle conoscenze enologiche sarebbe di otto anni: qua o là qualcosa certamente cambia.

Ma l'assioma rimane naturalmente invariato: l'uva Merlot proviene dal bordolese dove genera – sola o assemblata al Cabernet Sauvignon o ad altre varietà – dei vini forti, ricchi di estratto secco e lungamente affinabili. Il ticinese deve prendere questa tipologia di vino come modello per sfruttare sino in fondo tutte le possibilità in esso riposte. Quali basi, si osservino una lunga vinificazione e la maturazione (ossidativa) in piccole botti di legno.

Questo modello guida Werner Stucky dal 1981. Egli lo ha continuamente rielaborato e adattato nei dettagli alle circostanze specifiche del Ticino e alle proprie preferenze, diventando in questo – come egli stesso afferma – sempre più classico. Oggi produce tre vini: il forte, pungente bianco Temenos, fatto in parti uguali di uve Completer e Sauvignon blanc; il Tracce di Sassi, Merlot in purezza con uve di Gudo (Casa Cima) e Sementina, e, dal 1989, il Conte di Luna, un assemblaggio al 50 percento di Merlot e Cabernet Sauvignon. Una qualità possente, cresciuta ad Agarone, che dopo alcuni anni di maturazione emana un bouquet con accenti di legno e di ribes nero come un Bordeaux e si vanta con forza, concentrazione e complessità come non molti altri vini rossi svizzeri. Tutti i vini beneficiano di un affinamento diversificato nel tempo in carati di rovere di Limousin o Never. I vini rossi fermentano da 30 a 40 giorni in vasche di acciaio inossidabile. Per evitare fastidiose note riduttive, da qualche tempo Stucky dà più ossigeno e lascia riposare i vini sulla feccia per soli tre mesi invece dei nove precedenti. Infine, dall'autunno 1996, nelle annate umide utilizza un cosiddetto concentratore, che estrae sotto vuoto dal mosto non fermentato l'acqua indesiderata. Da allora, in settembre, Werner Stucky dorme sonni migliori. Di queste modifiche i suoi vini non hanno sofferto. Anzi, con l'annata 1998 ha addirittura prodotto due rossi che vanno annoverati senz'altro tra i più puri e meglio strutturati della sua presto ventennale carriera di viticoltore.

Werner Stucky non è il solo svizzero tedesco attivo sui ripidi pendii della sponda destra del Ticino. PETER GAUCH vi era arrivato prima di

Mit Glück kam Stucky zu dem 1,2 Hektar grossen Rebberg Casa Cima der ehemaligen Tenuta Spörri in Gudo, der mit seinen alten Stöcken zu den besten Parzellen der Sponda destra gehört.

Zur Rolle des Anführers prädestinierte ihn sein Selbstbewusstsein – das er durch seine eher zurückhaltende Art kaschiert – sowie seine Art, stets über seine Arbeit nachzudenken und dieses Reflektieren über die eigene Weinbauernexistenz hinauszutreiben.

Inzwischen ist es um Werner Stucky ruhiger geworden. Seine Mitstreiter haben alle dazugelernt und sich emanzipiert. Die Weinbauer- und Selbst-keltererwelle ist abgeflacht und wurde ihrerseits von den weit grösseren Wellen überrollt, welche heute einzelne motivierte und investitionsbereite Weinhändler schlagen. Stucky selbst sieht sich wieder dort, wo er hinge-höre: am Rande als Kleinproduzent.

Eine Reihe mittelmässiger Jahrgänge brachten ihn ins Grübeln. Es über-zeugten in den Jahrgängen 1993 bis 1995 nicht immer alle Weine. Stucky entwickelte die Weinpalette seines Kellers und modifiziert die Art und Weise des Vinifizierens. Er ist ohnehin keiner, der stur an einem einmal als stim-mig erkannten Konzept festhält. Die Halbwertszeit des Önologiewissens betrage acht Jahre, meint er. Da dürfe man schon ab und zu was ändern.

Das Axiom heisst natürlich immer noch: Der Merlot stammt aus dem Bordelais und ergibt dort, alleine oder im Mischsatz mit dem Cabernet Sauvignon und anderen Sorten, kräftige, extraktreiche, lange ausbaubare Weine. Der Tessiner muss diesen Weintyp zum Vorbild nehmen, um die Möglichkeiten, die er in sich birgt, vollständig auszuschöpfen. Als Grund-lage dienen eine lange Kelterung und die (oxydative) Reifung im kleinen Holzfass.

Dieses Modell leitet Werner Stucky seit 1981. Im Detail hat er es immer wieder überarbeitet, an die spezifischen Tessiner Bedingungen und seine eigenen Vorlieben angepasst und ist dabei, wie er selber sagt, wohl immer klassischer geworden. Drei Weine erzeugt er heute: den kräftigen, bissigen Weissen Temenos aus je hälftig Completer- und Sauvignon-blanc-Trauben, den reinsortigen Merlot Tracce di Sassi mit Trauben aus Gudo (Casa Cima) und Sementina, und, seit dem Jahrgang 1989, den Conte di Luna aus je 50 Prozent Merlot und Cabernet Sauvignon. Ein mächtiges Gewächs – gewachsen in Agarone – das nach einigen Jahren der Reife ein holz- und cassisbetontes Bouquet wie ein Bordeaux verströmt und mit Kraft, Kon-zentration und Komplexität auftrumpft wie nicht viele andere Schweizer Rotweine. Alle Weine profitieren vom unterschiedlich langen Ausbau in Barriques aus Limousin- und Nevereiche. Die Rotweine vergären 30 bis 40 Tage im Chromstahltank. Um störende Reduktionsnoten zu verhindern, gibt Stucky dabei neuerdings mehr Sauerstoff zu und lässt die Weine nur noch drei Monate auf der Hefe liegen statt neun Monate wie früher. Seit dem Jahrgang 1996 schliesslich benutzt er in nassen Herbsten einen so genannten Konzentrator, der dem unvergorenen Most unter Vakuum das unerwünschte Wasser wieder entzieht. Gelitten haben seine Weine unter den Änderungen nicht. Mit dem Jahrgang 1998 hat er gar zwei Rotweine abgeliefert, die zu den reintönigsten und am präzisesten strukturierten in seiner bald 20-jährigen Karriere als Winzer gehören.

Werner Stucky müht sich freilich nicht als einziger Deutschschweizer an den Steilhängen der Sponda destra ab. PETER GAUCH war schon vor ihm da, verstand sich aber lange Zeit mehr als Bauer denn als Weinerzeuger. Er eifert auch nicht unbedingt den Gewächsen aus Bordeaux nach, sondern

lui, anche se da tempo si ritiene più un contadino che un viticoltore. E neppure persegue ad ogni costo la tipologia dei vini bordolesi; anzi, è felice quando le sue uve Merlot gli danno un vino onesto e conforme alle origini. Note di finocchio e anice, con un certo carattere erbaceo, caratterizzano per lui il vino di Sementina. Se il suo vino fosse un pane, non sarebbe sicuramente bianco: il Merlot ticinese sarebbe pane nero; alla finezza affiancherebbe anche delle grossolanità.

Peter Gauch vive in Ticino dal 1972. Sua nonna, una contadina bernese, possedeva a Sementina 700 ceppi di Merlot, <u>Bondola</u> e Freisa che egli poté rilevare. Gauch sbarcava allora il lunario come viticoltore e assistente sociale. In seguito fu raggiunto dalla moglie, Bernadette Good. Poi arrivarono i figli e, per garantire il pur modesto sostentamento, fu necessario prendere in affitto innumerevoli altre piccole e piccolissime parcelle. I due formano una coppia smaliziata, sempre pronti a troncarsi la parola in bocca. Sono quattro e mezzo o sei, gli ettari coltivati? Si trovano comunque d'accordo sul fatto che oggi, tra Monte Carasso est e Sementina coltivano 40 parcelle per un totale di 15 000 ceppi. È vero che in linea d'aria i vigneti più distanti si trovano a soli quattro chilometri l'uno dall'altro, ma il percorso che Gauch deve compiere quotidianamente lungo le intricate vie di collegamento è di gran lunga maggiore. Il suo raccolto medio è di 250 quintali, 100 dei quali sono venduti ai <u>vinai</u>. Il resto viene vinificato in proprio nella nuova e funzionale cantina situata sopra Sementina. Chardonnay, Freisa, Bondola e Merlot: qual è, sinora, il miglior vino di Peter Gauch? Lui giura sul Merlot Riserva del 1997; lei sul Merlot del 1988. Ma forse non è nessuno dei due e lo sarà tra qualche anno il Riserva Barrique del '97, un assemblaggio di Merlot e Cabernet – quando il tempo gli avrà smussato spigoli e angoli.

Sarebbe però errato dedurre da quanto descritto fin qui che, tra Monte Carasso e Locarno, solo i viticoltori svizzero tedeschi vinificherebbero le loro uve, mentre quelli ticinesi le consegnerebbero alle grandi cantine. L'AZIENDA MONDÒ di Sementina, FLAVIO RAMELLI a Gudo e DANIELE POROLI di Arcegno, con la sua cantina a Minusio, sono pronti a scendere in campo per tenere alto l'onore vitivinicolo cantonale. Anche la CANTINA PIAN MARNINO di Gudo è saldamente in mani ticinesi. Il suo proprietario, TIZIANO TETTAMANTI, di professione gioielliere, coltiva l'ettaro e mezzo del suo vigneto familiare sulla strada che porta a Locarno con il sostegno attivo e altamente competente di MIRTO FERRETTI. Mirto è impiegato presso la Sottostazione di ricerche agronomiche di Cadenazzo, dove si occupa a livello scientifico dei problemi della viticoltura ticinese. A Gudo, sul lato opposto del Piano di Magadino, ha la possibilità di verificare nella pratica quanto escogita come ricercatore. I risultati parlano da sé, con dei Bondola e dei Merlot fruttati e odorosi di ciliegia, susina e prugna. Il migliore è il Merlot Oro, affinato in barrique. E una vinificazione un po' più pacata, intuitiva e meno determinata da parametri scientifici darebbe ulteriore merito a tutti questi vini.

Sebbene il nome Haldemann suoni decisamente tedesco e – quando non usa l'italiano – dalla bocca di STEFANO HALDEMANN esca un purissimo e arcaico dialetto solettese, questo spigoloso viticoltore di Minusio preferisce considerarsi ticinese e, con questo, differenziarsi dai suoi colleghi svizzero tedeschi residenti nel Cantone. Haldemann è nato e cresciuto in

ist zufrieden, wenn seine Merlottrauben einen ehrlichen, herkunftstypischen Wein ergeben. Noten von Fenchel und Anis und ein gewisser krautiger Charakter bezeichnen für ihn den Wein aus Sementina. Wäre sein Wein ein Brot, dann gewiss kein feines weisses. Der Tessiner Merlot sei ein Schwarzbrot, neben Feinheiten besitze er auch Grobheiten.

Peter Gauch lebt seit 1972 im Tessin. Seine Grossmutter, eine Berner Bäuerin, besass in Sementina 700 Stöcke Merlot, Bondola und Freisa, die er übernehmen konnte. Gauch schlug sich als Winzer und Sozialarbeiter durch. Später stiess seine Frau Bernadette Good zu ihm, Kinder stellten sich ein. Unzählige kleine und kleinste Parzellen mussten hinzugepachtet werden, um den bescheidenen Lebensunterhalt sicherzustellen. Die beiden bilden ein gewitztes Paar, das sich ständig ins Wort fällt. Werden nun 4,5 oder sechs Hektar bewirtschaftet? Einig ist man sich, dass heute zwischen Monte Carasso Ost und Sementina West 40 Parzellen mit insgesamt 15 000 Stöcken bewirtschaftet werden. In der Luftlinie liegen die entferntesten Rebberge zwar nur vier Kilometer auseinander. Ein Vielfaches länger ist jedoch die Strecke, die Gauch täglich auf den verschlungenen Verbindungswegen zurücklegt. 25 000 Kilogramm beträgt eine durchschnittliche Ernte, davon werden 10 000 Kilogramm Trauben an Weinhändler verkauft. Der Rest wird in der neuen, funktionellen Kellerei hoch über Sementina zu eigenem Wein gekeltert – Chardonnay, Freisa, Bondola und Merlot. Welches ist bisher Peter Gauchs bester Wein? Er selbst tippt auf den 1997er-Merlot-Riserva; sie auf den Merlot 1988. Vielleicht ist es auch keiner von beiden. Vielleicht wird es in einigen Jahren der 1997er-Riserva-Barrique aus Merlot und Cabernet sein – wenn ihm die Zeit Ecken und Kanten abgeschliffen haben wird.

Es wäre allerdings falsch, wenn nach dem bisher Geschriebenen der Eindruck entstünde, nur Deutschschweizer würden zwischen Monte Carasso und Locarno ihre Trauben zu Wein keltern; die Tessiner dagegen würden diese zur Verarbeitung an die grossen Kellereien verkaufen. Die AZIENDA MONDÒ in Sementina etwa oder FLAVIO RAMELLI in Gudo sowie DANIELE POROLI aus Arcegno mit seinem Keller in Minusio können rasch zur Tessiner Ehrrettung ins Feld geführt werden. Auch die CANTINA PIAN MARNINO in Gudo ist fest in Tessiner Hand. Besitzer TIZIANO TETTAMANTI ist von Haus aus Bijoutier und führt das feine 1,5 Hektar kleine Familienweingut an der Strasse nach Locarno mit tatkräftiger und enorm kenntnisreicher Unterstützung durch MIRTO FERRETTI. Mirto ist beim Weinbauforschungsinstitut in Cadenazzo angestellt und kümmert sich dort als Wissenschafter um die Probleme des Tessiner Weinbaus. In Gudo auf der gegenüberliegenden Seite der Magadinoebene kann er in der Praxis erproben, was er als Forscher im Kopf wälzt. Die Resultate können sich sehen lassen: fruchtbetonte, nach Kirschen, Pflaumen und Zwetschgen duftende Bondolas und Merlots. Bester Wein ist der barriquegereifte Merlot Oro. Die Weine könnten bei einer etwas gelasseneren, intuitiveren und weniger von wissenschaftlichen Parametern bestimmten Vinifikation bestimmt noch zulegen.

Obwohl der Name Haldemann deutsch klingt, STEFANO HALDEMANN tatsächlich Deutschschweizer Wurzeln hat und, wenn er nicht italienisch redet, einen eigentümlichen Solothurner Dialekt wie aus alter Zeit spricht, versteht sich der kantige Winzer aus Minusio erklärtermassen als Tessiner Selbstkelterer und will sich dadurch von seinen im Kanton ansässigen

Ticino e ha frequentato la scuola di Changins. È però stato influenzato da entrambe le culture e le mentalità, come già si può osservare nella sua professione di viticoltore. È ticinese nella sua contenuta politica dei prezzi, che continua a considerare il vino anche come un alimento tradizionale e quindi a volerlo accessibile a tutti. E lo è anche nella qualità che persegue: è vero che cerca la migliore, ma in un certo qual modo tende a rapportarla ad altre. Per lui, il vino non è solo un genere voluttuario – ed è forse ticinese anche per il suo modo di mettere la propria fiaccola sotto il moggio.

Svizzero tedesca è per contro l'ostinazione – quando non la caparbietà – con la quale si dedica al lavoro. Lavora 15 parcelle, parzialmente in zone estremamente ripide e in mezzo ad agglomerati di case unifamiliari. È difficile dire se oggi coltivi solo tre ettari e mezzo o quattro e mezzo, soprattutto a causa dell'impianto in parte molto estensivo. E l'approccio più naturale possibile è per lui un affare di cuore. In Ticino, Stefano Haldemann è tra i pionieri del marchio <u>Vinatura</u>, quello che contraddistingue i vigneti improntati ai criteri della <u>produzione integrata</u> (PI), ed è presidente di «Vitiswiss», l'associazione svizzera per la produzione vitivinicola naturale. Una visita ai suoi vigneti non lascia dubbi: qui opera qualcuno di estremamente generoso con i diritti di Madre Natura.

Un vecchio rustico a Gudo funge da cantina. La sua modestia è notoria e vien da chiedersi come il nostro riesca a imbottigliare tutti i suoi nove vini diversi – tra cui la sua passione segreta: una Bondola tipica, dal profumo di amarena. I tre Merlot, Fattoria San Martino e Vigneti ai Ronchetti di Minusio, e La Carrà delle tre parcelle di Gordola, Gudo e Cugnasco, li vinifica e li affina in maniera assolutamente separata in grandi fusti di legno. Tre vini energici, caratterizzati da note acide diverse e fortemente strutturati, che lasciano chiaramente trasparire la rispettiva provenienza e corrispondono alla definizione di Haldemann di un vino pesante, non tanto in relazione alla gradazione alcolica – i vini fortemente alcolici non lo impressionano – quanto al suo contenuto tannico marcato.

Deutschschweizer Kollegen abheben. Haldemann ist im Tessin geboren, aufgewachsen und holte sich sein Fachwissen in Changins. Geprägt wurde er aber doch von beiden Kulturen und Mentalitäten. Gerade in seinem Beruf als Winzer lässt sich das schön verfolgen. Tessiner ist er in seiner bescheidenen Preispolitik, die den Wein immer auch als traditionelles Nahrungsmittel mitrechnet, weshalb der Preis für alle erschwinglich sein soll. Tessiner ist er auch in der angestrebten Qualität; er sucht zwar die bestmögliche, misst sie aber auch an einer gewissen Verhältnismässigkeit. Wein ist ihm nicht nur Genussmittel – und Tessiner ist er vielleicht auch in der Art, sein Licht stets ein bisschen unter den Scheffel zu stellen.

Deutschschweizerisch hingegen ist seine Eigenwilligkeit, ja die Sturheit, mit der er zu Werk geht. Er bearbeitet 15 Parzellen, teilweise in steilsten Lagen und inmitten von Einfamilienhaussiedlungen. Ob er nun 3,5 Hektar oder 4,5 Hektar bearbeitet; die Frage ist angesichts des teilweise sehr extensiven Anbaus schwer zu beantworten. Eine Herzensangelegenheit ist ihm die möglichst naturnahe Bewirtschaftung. Stefano Haldemann gehört im Tessin zu den Pionieren des Vinatura-Labels, jenes Abzeichens, das für einen Rebbau nach den Kriterien der Integrierten Produktion (IP) steht. Er ist Präsident von «Vitiswiss», dem Schweizerischen Verband für naturnahe Produktion im Weinbau. Eine Begehung seiner Rebberge lässt denn auch keinen Zweifel aufkommen, dass da einer der Natur grosszügig ihr Recht lässt.

Ein altes Rustico in Gudo dient als Keller. Notorisch ist die Platzarmut, und man wundert sich, wie der Mann es schafft, seine neun verschiedenen Weine – darunter Haldemanns geheime Passion: ein sehr sortentypischer, sauerkirschenduftiger Bondola – alle in die Flasche zu bringen. Die drei Merlots Fattoria San Martino und Vigneti ai Ronchetti aus Minusio sowie La Carrà aus drei Parzellen in Gordola, Gudo und Cugnasco keltert und baut er im grossen Holzfass gar einzeln aus. Die drei straffen, unterschiedlich säurebetonten, kräftig strukturierten Weine, die die jeweilige Lage deutlich zum Ausdruck bringen, entsprechen Haldemanns Definition eines schweren Weins: Schwer nicht in Bezug auf die Alkoholgradation – alkoholreiche Weine lassen ihn unbeeindruckt –, schwer indes in Bezug auf einen markanten Tanningehalt.

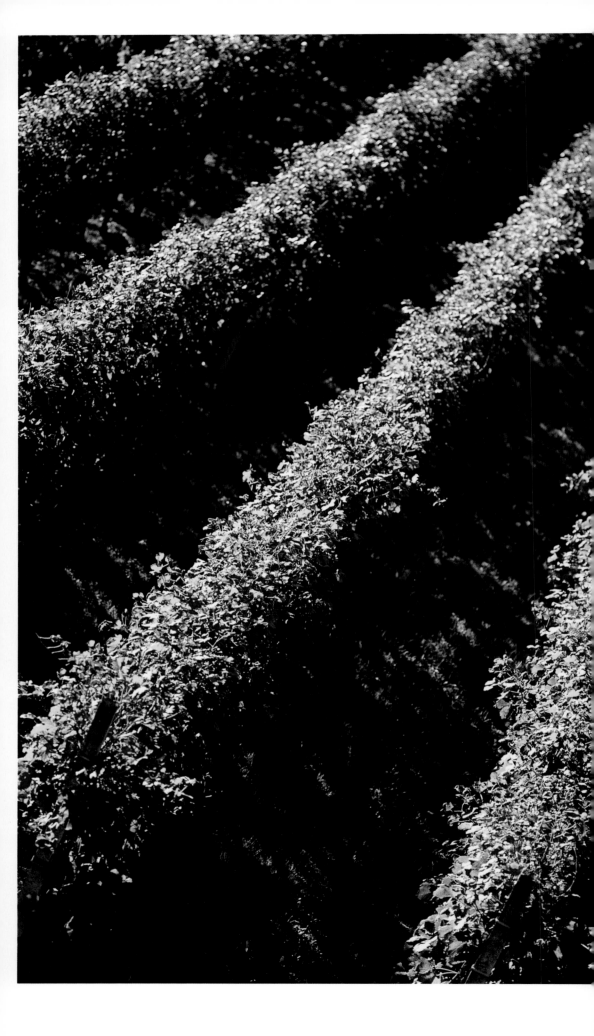

IV

iv) La fertilità imbrigliata

Tra Locarno e Ascona, la Maggia sfocia nel Lago Maggiore. Dopo essersi unita alle acque di numerose altre vallate alpine è ora diventata un fiume e, ai piedi delle montagne, ha generato una pianura particolarmente fertile e un delta, che si distinguono dal resto del Ticino per il loro terreno alluvionale sabbioso.

terroir

Ad ogni modo, qualsiasi affermazione relativa al suolo ticinese, alla sua composizione, al terroir, non è altro che un'indicazione approssimativa. Chiunque osservi una carta geologica del Cantone sa perché: il Ticino è suddiviso in nicchie. Ogni due passi, dietro ogni svolta di una valle, mutano le condizioni pedologiche e la composizione del tipo di roccia. L'intera regione è caratterizzata da mesoclimi e tipi di terreno differenziati.

Considerati i periodi di pioggia diluviale, la natura del suolo ticinese è di estrema importanza. La sua struttura deve consentire all'acqua di scaricarsi rapidamente. Dei terreni più pesanti e ricchi di argilla tenderebbero per contro a trattenerla e inoltre la fertilità risulterebbe maggiore. Ma una vendemmia più ricca significherebbe una qualità modesta, le cui conseguenze sarebbero dei vini piatti, poveri di estratto secco, di contenuti e di espressione.

I terreni ticinesi sono in gran parte permeabili. Nel Sopraceneri poggiano su rocce primitive di granito o gneiss; nel Sottoceneri la situazione è invece più complessa. Li si trovano depositi glaciali; inoltre, attorno al San Salvatore vi sono delle rocce di origine vulcanica, mentre nel Mendrisiotto dei sedimenti calcarei. La molteplicità delle rocce conferirebbe al vino più contenuti minerali: in altre parole, maggiore complessità.

A nord del Monte Ceneri predomina un terreno ghiaioso e sabbioso, più leggero. Lo strato di humus è meno profondo e, sulle zone collinose, le vigne crescono con minore opulenza. È solo nelle pianure del delta e della valle della Maggia che trovano condizioni migliori. Lì la terra è più ricca di sostanze organiche, la vite riesce a dare più frutti, e di solito lo fa con soddisfazione dei molti viticoltori dilettanti.

Nel Sottoceneri, in particolare a sud, nel Mendrisiotto, il suolo contiene più argilla, è più pesante e perciò leggermente più fertile. Anche qui le vendemmie sono solitamente più ricche, e dei Merlot si dice che diventino maggiormente compiuti rispetto alle altre regioni del Cantone. Perciò, come si è detto, la convenzionale suddivisione del Ticino nelle due regioni, una a settentrione e l'altra a meridione del Ceneri, corrisponde nel migliore dei casi a una mera approssimazione. Come esempio ulteriore, anche il Malcantone costituisce una regione a sé stante: il suo suolo è più povero, il suo clima è più aspro; i suoi vini, un po' più esili e struggenti.

I terreni magri e permeabili costituiscono i presupposti della viticoltura di qualità in Ticino, altrimenti minacciata dalla bizzosità meteorologica che, in determinati anni, oscilla al limite della capacità di sopportazione di un buon vino. I capricci del tempo favoriscono le malattie, provocano perdite nei raccolti e spiegano le grandi differenze tra le annate. Non bisogna tuttavia dimenticare una cosa: per la singola vigna, per il singolo vino, la situazione concreta, costituita dall'insieme di molti e diversificati elementi, è più importante di ogni indicazione climatica e territoriale generalizzata. Ad influire finalmente sulla bontà e la tipicità delle uve e del vino saranno un particolare mesoclima, le specificità del suolo, le particolarità topografiche e – naturalmente –

iv) Die gezügelte Fruchtbarkeit

Zwischen Locarno und Ascona fliesst die Maggia in den Lago Maggiore. Zuvor hat sie sich mit anderen aus den Alpentälern niederschiessenden Bächen vereint. Sie ist ein Fluss geworden und hat am Fuss der Berge eine besonders fruchtbare Ebene und ein Delta gebildet. Dieses unterscheidet sich mit seinem sandigen Schwemmlandboden von den Bodentypen des übrigen Tessins.

Aussagen über den Boden im Tessin, über seine Zusammensetzung, über das Terroir taugen allerdings lediglich als grobe Orientierungshilfe. Wer eine geologische Karte des Tessins studiert, weiss warum: Das Tessin gliedert sich in Nischen. Alle paar Meter, nach jeder Talwindung ändern sich die pedologischen Verhältnisse, die Zusammensetzung der Gesteinsarten. Der ganze Kanton wird von unterschiedlichen Kleinklima- und Bodentypen geprägt.

Terroir

Angesichts der sintflutartigen Regenperioden ist die Beschaffenheit des Tessiner Bodens von eminenter Bedeutung. Seine Struktur muss es dem Wasser ermöglichen, rasch abzulaufen. Schwere, ton- und lehmhaltige Böden würden es hingegen speichern, und die Fruchtbarkeit wäre grösser. Einer reichlichen Ernte stünde eine bescheidene Qualität gegenüber. Extraktarme, flache Weine ohne Gehalt und Ausdruck wären die Folge.

Die Tessiner Böden sind zumeist durchlässig. Sie liegen im Sopraceneri auf Urgestein aus Granit und Gneis, im Sottoceneri ist die Situation komplexer. Dort finden sich Gletscherablagerungen, daneben gibt es um den San Salvatore herum Gesteine vulkanischen Ursprungs und im Mendrisiotto Kalksedimente. Die Gesteinsvielfalt schenkt dem Wein mehr mineralischen Gehalt – kurz: grössere Komplexität.

Nördlich des Monte Ceneri herrscht leichter, sandiger Kiesboden vor. Die Humusschicht ist weniger mächtig, und die Reben wachsen an den Hügellagen weniger üppig. Einzig in den Ebenen des Maggiadeltas und des Maggiatals finden sie bessere Bedingungen vor. Die Erde dort ist reicher an organischen Materialien. Der Rebstock vermag mehr zu tragen – und tut es zur Freude der vielen Freizeitwinzer in der Regel auch.

Im Sottoceneri, vor allem unten im Mendrisiotto, enthalten die Böden mehr Ton, sind schwerer und damit etwas fruchtbarer. Auch liegen hier die Erträge in der Regel höher, und den Merlotweinen sagt man nach, dass sie molliger werden als in anderen Gebieten des Kantons. Doch die übliche Teilung des Tessins in nördlich und südlich des Ceneri eignet sich, wie erwähnt, bestenfalls für eine Grobgliederung. So ist beispielsweise das Malcantone ein Gebiet für sich: die Böden sind ärmer, das Klima rauer, etwas schlanker und sehniger die Weine.

Die mageren, durchlässigen Böden bilden die Voraussetzung für den Qualitätsrebbau im Tessin; die meteorologischen Kapriolen gefährden ihn. Diese bewegen sich in gewissen Jahren an der Grenze des für einen guten Wein Erträglichen. Sie begünstigen Krankheiten, bewirken Ernteausfälle und erklären die grossen Jahrgangsunterschiede. Dennoch soll eines nicht vergessen werden: Für den einzelnen Rebberg, den einzelnen Wein ist der konkrete Standort, der sich aus der Gesamtheit vieler verschiedener Elemente zusammensetzt, wichtiger als verallgemeinernde Klima- und Bodenangaben. Ein spezielles Mesoklima, die Bodeneigenart, topografische Besonderheiten – und selbstverständlich die Arbeit des Winzers, der mit diesen natürlichen Bedingungen eine wechselseitige Beziehung eingeht, – prägen schliesslich die Güte und Typizität von Trauben und Wein.

l'opera del viticoltore, che con queste circostanze naturali coltiva un rapporto di reciprocità.

Oltre al tipo di terreno leggermente diverso, la Valle Maggia, il più piccolo distretto politico del Ticino, possiede un'altra particolarità: vi trovano rifugio le varietà d'uva americane. Circa il 27 percento della superficie viticola è ancora oggi piantata con le americane meno sensibili alle malattie crittogamiche, quali l'Isabella, la Cataubia o la York-Madeira. A causa del loro invadente gusto volpino, queste uve poco si adattano alla produzione di vino e da esse si ricava per contro una grappa eccellente e molto aromatica – non un distillato di vinacce, quanto piuttosto di vino. La varietà è tuttavia minacciata: in Valle Maggia, l'Americana diminuisce. Se nel 1988 nel distretto se ne contavano 40 000 ceppi, nel 1999 non ne rimanevano che 8000.

Ci si può chiedere se questa diminuzione avrà effetto anche sulla quantità del cosiddetto vino nostrano. Se per questo vino rustico e contadino ci si attiene alla composizione tramandata, la risposta è no. Con «nostrano» si intende un vino grezzo, prodotto in maniera tradizionale: di fatto si tratterebbe di un vino composto di vecchie varietà, in parte autoctone, come la Bondola, la Freisa e altre uve, sopravvissute solitarie in singoli vigneti e il cui vero nome è caduto nel dimenticatoio. Con il nostrano autentico, l'uva «americana» non ha nulla a che fare, sebbene sia spesso menzionata in tal senso. L'aggettivo nostrano sta dunque a significare un vino rosso che può essere tutto, tranne che Merlot in purezza. Un miscuglio di <u>Americana</u> e <u>Francese</u> – un'uva da un incrocio di varietà europee e americane resistenti alla fillossera –, di Merlot declassato o altri rimasugli di un antico caos di generi. Con la diminuzione dell'Americana, questo «falso» nostrano si farà comunque sempre più raro. Sul mercato, di tutto ciò non v'è alcun segno. È raro che i vini di questa fattura raggiungano i canali di smercio regolari. Sono di solito bevuti dai viticoltori stessi, oppure passano di mano e finiscono sui tavoli del grotto, come grezzo quanto ingenuo accompagnamento di salumi e formaggini. I vinificatori professionisti delle terre di Pedemonte si concentrano sulla coltivazione del Merlot e la produzione di vini bianchi. Nella regione compresa tra Locarno e Ascona, tra il Lago Maggiore e le vicine montagne, i vigneti e le cantine importanti sono tre.

I TERRENI ALLA MAGGIA hanno svolto opera di pionieri sotto molti aspetti. Accanto al cinque stelle Castello del Sole, la proprietà di 130 ettari nel delta della Maggia comprende un'azienda agricola – l'unica in Svizzera che coltivi con successo il riso – e delle vigne. Fondati nel 1910, i Terreni alla Maggia sono di proprietà della dinastia industriale svizzero tedesca dei Bührle. La coltivazione della vite nel terreno fertile e sabbioso del delta e la vinificazione in proprio delle uve iniziarono nel 1946–47. La vinificazione per il consumo proprio è notoriamente radicata da tempo in Ticino; per contro, il Cantone non conosce una lunga tradizione di aziende che si finanziano esclusivamente con la vendita del vino che esse stesse producono. I Terreni alla Maggia rappresentano, assieme alla Tenuta Bally di Breganzona, le sole aziende che sin dagli inizi della coltivazione dell'uva Merlot hanno partecipato e tutt'ora partecipano al mercato con quantità rispettabili.

E i Terreni alla Maggia si guadagnano una seconda iscrizione nel libro della storia cantonale del vino per il loro rosato. Infatti, già una cinquantina di anni or sono, con La Pernice veniva prodotto il primo rosato

Neben dem etwas anderen Bodentypus besitzt die Valle Maggia, der politisch kleinste Tessiner Bezirk, eine zweite Besonderheit: Die amerikanischen Rebsorten haben hier ihr Refugium. Rund 27 Prozent der Rebbaufläche sind heute noch mit Americane wie Isabella, Catauba oder York-Madeira bestockt, die gegen Pilzkrankheiten nicht so empfindlich sind. Die Trauben eignen sich wegen ihres aufdringlichen Foxtons («Chatzeseicher») weniger zur Weinproduktion. Sie ergeben vielmehr einen ausgezeichneten, sehr aromatischen Grappa – kein Tresterdestillat freilich, sondern einen Weinbrand. Die Sorte ist allerdings gefährdet. Die Americane gehen im Maggiatal zurück. Wurden 1988 im Bezirk 40 000 Stöcke gezählt, so waren es 1999 noch ganze 8000.

Ob sich die rückläufige Produktion auch auf die erzeugte Menge von so genanntem Vino Nostrano auswirken wird? Hält man sich bei diesem bäuerlich-rustikalen Wein an die überlieferte Sortenzusammensetzung, lautet die Antwort: nein. Nostrano heisst wörtlich «der Unsrige», was so viel wie Landwein bedeutet, und bezieht sich auf etwas traditionell handwerklich Hergestelltes. Als Vino Nostrano wird korrekt ein Wein bezeichnet, der aus alten, teilweise autochthonen Tessiner Sorten wie Bondola, Freisa oder anderen Trauben, die praktisch als Solitäre in einzelnen Rebbergen überlebt haben und deren Namen in Vergessenheit geraten sind, hergestellt wird. Americana-Trauben haben im echten Nostrano nichts verloren, sie werden allerdings häufig mit gemeint. «Vino Nostrano» steht dann für einen Rotwein, der eigentlich alles ist, nur kein reinsortiger Merlot. Ein Gemisch aus <u>Americane</u>, <u>Francese</u> – zwei Traubensorten aus einer Kreuzung von europäischen und reblausresistenten amerikanischen Reben –, aus deklassiertem Merlot oder anderen Überresten eines einstigen Sortenchaos. Mit dem Rückgang der Americane wird dieser «falsche» Nostrano in Zukunft wohl immer seltener.

Vino Nostrano

Auf dem Markt ist davon nichts zu spüren. Weine dieser Machart gelangen selten in den regulären Verkauf. Sie werden vom Winzer selbst getrunken. Oder sie gehen unter der Hand weg und landen in einem Grotto – als ebenso unzimperliche wie unbedarfte Begleiter von Salami und Formaggini. Die professionellen Weinerzeuger des Pedemonte konzentrieren sich auf die Merlotproduktion und die Erzeugung von Weissweinen. Im Gebiet zwischen Locarno und Ascona, zwischen dem Lago Maggiore und den nahen Bergen sind drei bedeutende Weingüter und Kellereien zu Hause.

Die TERRENI ALLA MAGGIA haben in vielerlei Hinsicht Pionierarbeit geleistet. Zu dem 130 Hektar grossen Anwesen im Maggiadelta gehören das Fünfsternehotel Castello del Sole, ein Landwirtschaftsbetrieb – der als einziges Unternehmen in der Schweiz erfolgreich Reis anbaut – und ein Weingut. Die Terreni alla Maggia wurden 1910 gegründet und befinden sich im Besitz der Deutschschweizer Industriellendynastie Bührle. In den Jahren 1946/47 wurde auf den sandigen, fruchtbaren Böden des Deltas mit dem Rebbau und der Kelterung eigener Trauben begonnen. Die Selbstkelterung zum Eigengebrauch ist im Tessin bekanntlich schon lange verwurzelt. Es gibt im Kanton aber keine lange Tradition bei Betrieben, die sich allein durch den Verkauf von selbst produzierten Weinen finanzieren. Die Terreni alla Maggia bilden mit der Tenuta Bally in Breganzona den einzigen Betrieb, der von der Frühzeit des Merlotanbaus bis heute mit respektablen Mengen am Markt partizipiert.

Einen zweiten Eintrag ins kantonale Weingeschichtsbuch verdienen sich die Terreni alla Maggia ihres Rosato wegen. Sie erzeugten bereits vor

di uve Merlot, seguito solo molto più tardi – negli anni Settanta – dalla Cantina sociale di Mendrisio con il Gemmarosa e da Matasci con il Tre Fratelli.

Il principio alla base di un vino rosso classico poggia su una fermentazione più o meno lunga del pigiato. A questo scopo gli acini vengono schiacciati solo leggermente e, durante la fermentazione alcolica e spesso anche oltre, il mosto rimane a contatto con la buccia. Il vino acquisisce in tal modo il suo colore e la sua struttura, caratterizzati dal tannini rilasciati nel corso dei lunghi tempi di <u>macerazione</u>. Nel caso dei rosati, questo contatto è drasticamente ridotto e, a seconda delle varietà e del grado di colorazione desiderato, va dalle due alle 12 ore. In seguito, gli acini vengono torchiati e il mosto fermenta sino alla fine come un vino bianco. Nel migliore dei casi, il rosato collega la freschezza e il frutto di un bianco con i contenuti di un rosso. Va allora bevuto giovane e fresco e non necessita di invecchiamento; anzi, in generale non lo regge. Nei casi peggiori, invece, unisce la scarsa acidità di taluni bianchi con la dominante alcolica di certi rossi. Appare qui piatto e flaccido, come una bizzarria enologica – un vino rosso castrato.

In Ticino si incontrano entrambe le versioni. Fortunatamente, l'ultima mi sembra più rara ed è stata sostituita da un vino dall'effetto neutro, clinicamente puro e finalmente non molto espressivo. Risulta evidente che il Merlot rosato è un vino realizzato con interventi tecnici in cantina. E neppure la sua materia prima deve sottostare ai medesimi rigidi criteri: grazie alla spremitura rapida, le uve danneggiate dalla botrite sono ancora diffusamente utilizzate.

Il boom del rosato raggiunse l'apice a metà degli anni Ottanta. La ragione della sua gloria poco longeva va ricercata nella congiuntura. Negli anni 1985–86, le cantine ticinesi traboccavano ed era necessario trovare rapidamente dei canali di smercio per la sovrapproduzione di Merlot. Il rosato, che poteva essere bevuto già l'anno successivo alla vendemmia, sembrò la soluzione ideale. Oggi, l'uva Merlot è nuovamente più rara, perciò maggiormente interessante. Inoltre, il <u>rosato</u> doveva successivamente essere superato dal Merlot bianco, e la via già tracciata con il primo fu spinta coerentemente all'estremo con il secondo: si evita ogni contatto con la buccia degli acini e un collaggio al carbone elimina il colore. La varietà rossa Merlot viene lavorata come una bianca. Le ragioni di questo genere di produzione sono da ritenere analoghe a quelle dei rosati: la possibilità di trarre un reddito anche da un'annata cattiva, la carenza di vino bianco, le richieste della gastronomia, le mode.

I più recenti sviluppi hanno trovato conferma anche presso i Terreni alla Maggia: la produzione di rosato, un tempo il cavallo di battaglia dei 10,5 ettari di vigne, si è dimezzata. Il direttore RENATO ALTROCCHI e il capo cantiniere MARKUS VON DACH hanno quindi creato il Merlot bianco La Lepre. I Terreni alla Maggia producono oggi 12 000 bottiglie di Merlot bianco, una quantità uguale al rosato. Con questo, La Lepre fa anche concorrenza al Bianco d'Oro, un bianco di uve Kerner, un incrocio tra Riesling e Schiava, grazie al quale i Terreni alla Maggia si fregiano di una terza impresa pionieristica: vinificato per la prima volta all'inizio degli anni Settanta, fu il primo vino bianco messo in vendita nel Ticino dei vini rossi.

rund 50 Jahren mit dem La Pernice den ersten Rosato aus Merlottrauben; lange bevor in den Siebzigerjahren die Genossenschaft Mendrisio mit dem Gemmarosa und Matasci mit dem Tre Fratelli folgten.

Das Prinzip eines klassischen Rotweins beruht auf einer mehr oder weniger langen Maischegärung. Die Beeren werden dabei nur leicht gequetscht, der Most bleibt während der alkoholischen Fermentation und oftmals darüber hinaus mit den Häuten in Berührung. Der Wein kommt dadurch zu seiner Farbe und Struktur, die durch die während dieser langen Mazeration herausgelösten Gerbstoffe geprägt sind. Beim Rosato (oder Rosé) wird dieser Hautkontakt drastisch verkürzt. Je nach Sorte und gewünschter Farbintensität beträgt er etwa zwei bis zwölf Stunden. Danach werden die Beeren gepresst, und der Most gärt wie ein Weisswein zu Ende. Im besten Fall verbindet der Rosé die Frische und Fruchtigkeit eines Weissweins mit dem Gehalt eines Rotweins. Er muss jung und kühl getrunken werden, bedarf keiner Lagerung, verträgt diese zumeist auch nicht. Im schlechtesten Fall vereinigt er die Säurearmut mancher Weissweine mit der Alkoholdominanz gewisser Rotweine. Er wirkt dann flach und plump, wie eine bizarre Laune der Önologie: ein kastrierter Rotwein.

Im Tessin finden sich beide Rosato-Versionen. Die letztere scheint mir glücklicherweise seltener. Sie wurde durch einen fast neutral wirkenden, klinisch sauberen, letztlich aber nicht viel ausdrucksstärkeren Wein ersetzt. Dabei wird deutlich, dass der Merlot rosato ein Wein ist, der mit Kellertechnik gemacht wird. An sein Ausgangsmaterial müssen auch nicht dieselben rigiden Ansprüche gestellt werden: Botrytisgeschädigte Trauben finden wegen der zügigen Pressung durchaus noch Verwendung.

Seinen Höhepunkt erfuhr der Rosato-Boom Mitte der Achtzigerjahre. Der Grund für seine kurzzeitige Hausse lag in der Konjunktur. In den Jahren 1985/86 waren die Weinlager im Tessin randvoll, es mussten rasch Absatzmärkte für den an Überproduktion leidenden Merlot gefunden werden. Rosato, der bereits im Jahr nach der Ernte getrunken wird, schien die ideale Lösung. Heute ist der Merlot wieder rarer und damit interessanter. Zudem musste sich der Rosato auch vom Merlot bianco überrunden lassen. Der bereits beim Rosato eingeschlagene Weg wird beim weissen Merlot konsequent zu Ende gegangen: Jeder Kontakt mit den Traubenhäuten wird vermieden, mittels einer Kohlenschönung wird die Farbe eliminiert, die rote Sorte Merlot wird wie die weisse verarbeitet. Der Grund für diese Art der Produktion dürfte ähnlich liegen wie beim Rosato: die Möglichkeit, einen schlechteren Jahrgang gewinnbringend zu verarbeiten, Weissweinmangel, Nachfrage aus der Gastronomie, Trinkmoden.

Die jüngste Entwicklung findet ihre Entsprechung auch auf den Terreni alla Maggia: Die Produktion des Rosato, einst der Umsatzrenner des 10,5 Hektar grossen Weinguts, halbierte sich. Dafür kreierten Direktor RENATO ALTROCCHI und Kellermeister MARKUS VON DACH neu den Merlot bianco La Lepre. 12 000 Flaschen weissen Merlot erzeugen die Terreni alla Maggia heute – gleich viel wie Rosato. Der La Lepre macht damit auch dem Bianco d'Oro Konkurrenz – ein Weisser aus der Rebsorte Kerner, einer Kreuzung von Riesling mit Trollinger. Mit dem Bianco d'Oro können die Terreni alla Maggia eine dritte Pionierleistung beanspruchen: Anfang der Siebzigerjahre erstmals erzeugt, war er der erste in den Verkauf gebrachte Weisswein im Rotweinland Tessin.

Sarebbe comunque errato credere che ai Terreni alla Maggia ci si concentri esclusivamente su rosati e bianchi. Negli ultimi anni, l'azienda ha compiuto grandi passi proprio con i suoi Merlot in purezza. L'Usignolo, proveniente da un vigneto ghiaioso e situato in alto nella Valle Maggia, e il Castello, di uve del delta, rappresentano due versioni base leggere e gradevoli, vinificate in tini d'acciaio. L'affidabile e robusto Merlot standard si chiama invece Barbarossa, e matura in botti di legno tradizionali. Il Querceto, infine, è il vino più ambizioso e migliore dei Terreni alla Maggia. Con questo vino sorprendentemente profondo, Markus von Dach ha superato i suoi precedenti timori nei confronti della barrique. Il Querceto proviene dai ceppi più vecchi del vigneto, che – per loro stessa natura – tendono a un rendimento inferiore e danno vini maggiormente ricchi di estratto secco rispetto a quelli più giovani. La concentrazione, ma anche l'eleganza del Querceto, con il suo discreto aroma di rovere, dimostrano che, con una fertilità contenuta, anche da un terreno medio è possibile ricavare vini di prima classe.

Ancora leggermente più ricco di carattere, autonomo e inconfondibile del Querceto è il Merlot Rompidee della cantina Chiodi di Ascona, la seconda azienda per importanza delle terre di Pedemonte. Quella di CHIODI è in primo luogo una ditta importatrice ricca di tradizione che tratta i migliori vini italiani e francesi. Il suo titolare, FABIO ARNABOLDI, è ritenuto un avveduto conoscitore dell'economia vinicola europea e un eccellente degustatore. Accanto al suo commercio di vini, che gli assicura il pane, egli si interessa però soprattutto alla produzione e – come ticinese – il suo cuore batte per il Merlot.

In GIOVANNI CAVERZASIO, perciò, Arnaboldi ha trovato il partner ideale. Caverzasio, un viticoltore impegnato ed eccentrico, lavora tra Verscio e Cavigliano quattro ettari di vigne e, dal caldo e sabbioso terreno del fondovalle, fornisce ad Arnaboldi le uve Merlot che questi vinifica, assieme a una piccola quantità di uve acquistate, in una minuscola cantina di Verscio e successivamente affina nello stabilimento Chiodi di Ascona. La riuscita collaborazione tra i due ebbe inizio nel 1979 e la prima vendemmia fruttò 20 ettolitri. Il loro standard, il Tre Terre, divenne ben presto sinonimo di un Merlot tipico, pulito e non eccessivamente esigente.

Se il Tre Terre fosse il biglietto di visita di Chiodi, Arnaboldi non avrebbe la fama di vinificatore di cui oggi gode. Il suo buon nome lo deve piuttosto al Rompidee, realizzato con i frutti di vecchi ceppi di Merlot. Un nome, il suo, che bene si adatta alla sua concezione: come contrazione di «rompere le idee» – quindi la tradizione – chiarisce la volontà di Arnaboldi di non produrre un Merlot convenzionale, bensì un vino in puro stile bordolese. Questa creazione possente e sostanziosa fece il suo debutto sul mercato nel 1985 come risultato di una lunga fermentazione e macerazione e di una maturazione in carati in gran parte nuovi. Con questo vino, Arnaboldi giunge sul mercato con un certo ritardo rispetto ai suoi amici concorrenti, ma questo non ha di certo impedito al Rompidee di figurare ai primi posti tra i vini ticinesi. È un valore sicuro. Non è mai bluffatore, quanto piuttosto del genere riservato, rassicurante. Per la vinificazione, Arnaboldi beneficia di contatti con alcuni capi cantinieri bordolesi e immette le conoscenze così apprese nel Rompidee senza tradire l'origine delle sue uve pedemontane.

Falsch wäre allerdings der Eindruck, die Terreni alla Maggia würden sich auf Rosato und Weissen konzentrieren. Das Weingut hat in den letzten Jahren gerade mit seinen reinsortigen Merlots grosse Fortschritte erzielt. Usignolo aus einem höher gelegenen, kieshaltigen Rebberg im Maggiatal und der Castello vom Maggiadelta sind zwei leichtgewichtige, süffige, im Stahltank ausgebaute Basisversionen. Barbarossa heisst der robuste, verlässliche Standardmerlot. Er reift in traditionellen Holzfässern. Il Querceto schliesslich ist der ambitionierteste und beste Merlot von Terreni alla Maggia. Markus von Dach hat mit diesem erstaunlich tiefgründigen Wein seine anfänglichen Berührungsängste vor dem Barrique überwunden. Il Querceto stammt aus den ältesten Rebstöcken des Weinguts. Alte Stöcke neigen von Natur aus zu niedrigem Ertrag und geben extraktreichere Weine als junge Rebstöcke. Die Konzentration, aber auch die Eleganz des dezent eichenwürzigen Querceto beweisen, dass sich bei gezügelter Fruchtbarkeit auch aus einem durchschnittlichen Terroir durchaus erstklassige Weine erzeugen lassen.

Eine Spur charaktervoller, eigenständiger, unverwechselbarer noch als der Querceto ist der Merlot Rompidee aus der Weinkellerei Chiodi in Ascona, dem zweiten bedeutenden Betrieb im Pedemonte. CHIODI ist zunächst einmal eine traditionsreiche Weinimportfirma, die mit italienischen und französischen Spitzenweinen handelt. Firmeninhaber FABIO ARNABOLDI gilt als versierter Kenner der europäischen Weinwirtschaft und als hervorragender Degustator. Neben dem Brotberuf als Weinhändler interessiert ihn aber hauptsächlich die Weinerzeugung, und als Tessiner hängt sein Herz am Merlot.

Mit GIOVANNI CAVERZASIO fand Arnaboldi dafür den richtigen Partner. Caverzasio, ein engagierter, eigenwilliger Winzer, bewirtschaftet um Verscio und Cavigliano vier Hektar Reben und liefert Arnaboldi aus den sandigen Böden des heissen Talkessels den Merlot, der dann zusammen mit einem kleineren Teil zugekaufter Trauben in einem winzigen Keller in Verscio vinifiziert und anschliessend im Betriebsgebäude von Chiodi in Ascona ausgebaut wird. Im Jahr 1979 starteten die beiden ihre erfolgreiche Zusammenarbeit. 2000 Liter betrug die erste Ernte. Ihr Standardwein Tre Terre wurde rasch zum Inbegriff eines sortentypischen, sauberen, nicht allzu anspruchsvollen Merlot.

Wäre der Tre Terre Chiodis Visitenkarte, hätte Arnaboldi nicht das Renommee, das er heute als Weinmacher geniesst. Sein guter Ruf liegt in dem aus den Früchten alter Merlotstöcke gekelterten Rompidee begründet. Mit dem kuriosen Namen hat es eine spezielle Bewandtnis: Er leitet sich von «rompere le idee» (aufbrechen von Ideen, von Traditionen) ab und verdeutlicht Arnaboldis Absicht, mit dem Wein keinen herkömmlichen Merlot zu erzeugen, sondern einen Wein im Bordelaiser Stil. Auf dem Markt debütierte das kräftige, stoffige Gewächs 1985 als Resultat einer langen Maischegärung und Reifung in zum grossen Teil neuen Barriques. Arnaboldi kommt mit diesem Wein immer etwas später als die meisten seiner ihm freundschaftlich verbundenen Konkurrenten auf den Markt. Das hat den Rompidee freilich nicht daran gehindert, zur Spitze der Tessiner Weine vorzustossen. Er ist ein sicherer Wert. Kein Bluffer und Blender, sondern von zurückhaltender, sehr vertrauenerweckender Art. Arnaboldi profitiert bei dessen Kelterung vom Kontakt zu einigen Kellermeistern im Bordelais und lässt sein so gewonnenes Wissen in den Rompidee einfliessen, ohne die Herkunft der Trauben aus dem Pedemonte zu verwischen.

Fabio Arnaboldi non è tuttavia la figura più appariscente del Pedemonte – né lo è Markus von Dach. L'attenzione maggiore la attira su di sé ANGELO DELEA di Losone, e non certo per il suo modo di vestire inconsueto, fatto di giacche a grossi quadri multicolori e di lunghi e fluttuanti mantelli. Sulla scena vitivinicola ticinese nessuno ha mai fatto una partenza analoga alla sua: lanciatosi senza rete, si è costruito in brevissimo tempo un piccolo impero vinicolo, con tanto di cantina nuova, vigneti ragguardevoli e una grande produzione di bottiglie. A questo scopo, è uscito dai propri confini, spaziando al di sopra del Piano di Magadino, sui ripidi pendii della Sponda destra, fin giù nel Mendrisiotto.

Nel bagaglio di Angelo Delea non c'è alcuna relazione con la viticoltura. Dopo aver frequentato la scuola di commercio si dedicò alla ristorazione, acquistando a Losone una vecchia casa che, assieme alla moglie, trasformò con fine gusto in ristorante – l'Osteria Delea, appunto – e in breve si fece un buon nome grazie all'ottima cucina ticinese. Scoprì il vino nelle sue vesti di gastronomo. Visite e corsi a Bordeaux gli fecero poi nascere il desiderio di realizzare, con le uve Merlot indigene pure originarie della Gironda, un vino dalla struttura analoga. La prima annata reca l'etichetta del 1983. L'uva Merlot proveniva dal piccolo vigneto di uno zio. La vinificazione era ancora precaria, tuttavia Delea affinava in carati sin dall'inizio.

Le cose partirono però sul serio solo nel 1988, quando Delea decise di puntare tutto sulla carta del vino. Assieme al fratello Leopoldo iniziò a impiantare vigneti nel Sopraceneri e, parallelamente, si interessò ai raccolti dei molti viticoltori del tempo libero. L'Osteria Delea fu venduta e, un paio d'anni più tardi, i fratelli si separarono: Leopoldo si concentrò sulla viticoltura, Angelo sulla lavorazione delle uve. Nel 1993 fu costruita la nuova cantina di Losone. Con orgoglio Angelo Delea mostra il suo luccicante impianto di vinificazione in acciaio inossidabile nel quale, attraverso una centralina computerizzata, è possibile intervenire singolarmente su ogni tino. E passa poi alla cantina sotterranea che, con la sua architettura di colonne e archi e le numerose botti di rovere, ricorda lo chai di uno château francese.

La carriera di vinificatore di Angelo Delea è atipica per il Ticino. Mentre i ticinesi mirano soprattutto a coltivare il proprio orticello, nello stile di un avventuriero, Delea ha cercato la novità. Molti suoi colleghi vinai ticinesi producono i loro vini principalmente da uve acquistate, operano sulle certezze di una tradizione vecchia di generazioni e riducono ulteriormente i rischi mediante l'importazione del tanto amato vino Barbera. Delea, invece, è partito come autodidatta e oggi produce da 200 a 250 000 bottiglie di quelli che egli chiama «vini importanti»: Merlot bianco, Chardonnay, Sauvignon, rosato, Pinot nero e otto diversi Merlot rossi; a cui si aggiungono 100 000 bottiglie di un vino frizzante dal nome affascinante: Charme. I suoi Merlot recano una firma autonoma, di ispirazione bordolese, il frutto caratterizzato dal legno, la struttura forte e con accenti tannici marcati. A dispetto della nota di barrique talvolta eccessiva, il Carato è quello che attualmente possiede più espressione e spessore. Nella versione Riserva, fatto con vecchi ceppi di Gordola, si annovera, sia per il prezzo che per la qualità, tra i vini ticinesi di punta.

Delea ritiene che il Merlot sarà la più importante varietà ticinese anche in futuro? «La gente vuole dei vini di stile internazionale, vini

Fabio Arnaboldi ist allerdings nicht die auffälligste Figur des Pedemonte – und auch nicht Markus von Dach. Die grösste Aufmerksamkeit zieht ANGELO DELEA aus Losone auf sich. Nicht allein wegen seiner unkonventionellen Art, sich zu kleiden, seiner gross karierten, farbenfrohen Vestons und der langen, wallenden Mäntel. Rasanter als Delea ist in der Tessiner Weinszene noch keiner gestartet. Ohne Sicherheitsnetz baute er sich in kurzer Zeit ein kleines Weinimperium mit neuem Keller, ansehnlicher Rebfläche und grosser Flaschenproduktion auf. Er drängte dabei über die engen Grenzen hinaus: in die Magadinoebene hinüber, an die Steilhänge der Sponda destra, ins Mendrisiotto hinunter.

Angelo Delea besitzt von Haus aus keine Beziehung zum Weinbau. Er besuchte die Handelsschule und stieg dann ins Gastgewerbe ein. In Losone übernahm er ein altes Haus, baute es zusammen mit seiner Frau mit viel Geschmack zu einem Restaurant um, das sich als «Osteria Delea» mit feiner Tessiner Küche rasch einen guten Namen schuf. Als Gastronom entdeckte er den Wein. Besuche und Kurse in Bordeaux weckten in ihm den Wunsch, aus der einheimischen Merlottraube, die ja ihre Heimat an der Gironde hat, einen ähnlich strukturierten Wein zu erzeugen. 1983 schlug die Stunde des ersten Jahrgangs. Der Merlot stammte aus dem kleinen Rebberg eines Onkels. Die Kelterung war noch behelfsmässig, doch von Anfang an baute Delea im Barrique an.

Richtig los ging es aber erst 1988. Delea beschloss, voll auf die Karte Wein zu setzen. Zusammen mit seinem Bruder Leopoldo begann er, im Sopraceneri Rebberge anzulegen, und parallel dazu bemühte er sich um die Ernte der vielen Feierabendwinzer. Die «Osteria Delea» wurde verkauft. Ein paar Jahre später trennte er sich von seinem Bruder. Dieser konzentrierte sich auf den Rebbau, Angelo Delea auf die Traubenverarbeitung. 1993 wurde in Losone ein neuer Keller gebaut. Stolz führt er durch die chromstahlblitzende Vinifikationsanlage, in der über ein zentrales computergesteuertes Schaltpult jeder einzelne Tank individuell überwacht werden kann. Er führt in den unterirdischen Lagerraum, der mit seiner Säulen- und Rundbogenarchitektur und den zahlreichen Eichenbarriques an den Chai eines französischen Châteaus erinnert.

Angelo Deleas Karriere als Weinmacher ist untypisch fürs Tessin. Während die Tessiner sonst vor allem auf die Sicherung ihrer Pfründe bedacht sind, suchte Delea im Stile eines Glücksritters das Neue. Viele seiner Tessiner Weinhändlerkollegen erzeugen ihre Weine hauptsächlich aus zugekauften Trauben, operieren aus der Sicherheit einer über Generationen erhaltenen Tradition heraus und verkleinern das Risiko erst noch durch den Import des im Tessin so beliebten Barbera. Delea hingegen startete als Autodidakt aus dem Nichts und erzeugt heute rund 200 000 bis 250 000 Flaschen – wie er selbst sagt – «vini importanti»: Merlot bianco, Chardonnay, Sauvignon, Rosato, Pinot nero und acht verschiedene rote Merlots. Dazu kommen 100 000 Flaschen Schaumwein mit dem trefflichen Namen «Charme». Seine Merlots verraten eine eigenständige, vom Bordeaux inspirierte Handschrift, holzgeprägt die Frucht, kräftig und tanninbetont die Struktur. Trotz der manchmal zu starken Barriquenote besitzt der Carato zurzeit am meisten Ausdruck und Dichte. In der Riserva-Version von alten Rebstöcken aus Gordola zählt er preislich wie qualitativ sogar zur Tessiner Spitze.

Betrachtet Delea den Merlot auch in Zukunft als wichtigste Tessiner Sorte? «Die Leute wollen Weine im internationalen Stil, Weine mit tieferen

con acidità ridotta e tannini più morbidi», afferma. Crede perciò in varietà alternative, quali il Cabernet Sauvignon, il Cabernet Franc, la Syrah. Se poi questi ceppi matureranno in modo soddisfacente anche in Ticino, è una risposta che darà il tempo. Nel 1998 Delea ha affittato a Riva San Vitale i sei ettari del vigneto Castello di Cantone con 28 000 ceppi. E con il Bianco di Castello di Cantone (Chardonnay Sauvignon-Sémillon) e il Riserva Tiziano (Syrah e Cabernet Franc) avrà per molte annate ancora l'opportunità di convincere con la sua interpretazione del «vino internazionale».

Säuren und weicheren Tanninen», meint er. Er glaube deshalb an alternative Sorten wie Cabernet Sauvignon, Cabernet Franc, Syrah. Ob diese allerdings auch im Tessin zufrieden stellende Reifeergebnisse bringen, wird die Zukunft zeigen. Delea pachtete 1998 in Riva San Vitale den sechs Hektar grossen Rebberg des Castello di Cantone mit 28 000 Rebstöcken. Mit den beiden Bianco di Castello di Cantone (Chardonnay-Sauvignon-Semillon) und dem Riserva Tiziano (Syrah und Cabernet Franc) wird er über mehrere Jahrgänge hinweg Gelegenheit haben, mit seiner Interpretation des «internationalen Weins» zu überzeugen.

89 Claudio Tamborini

v

v) Accenni a un vino di territorio

Il Monte Ceneri divide il canton Ticino in Sopraceneri e Sottoceneri.
Sebbene il valico sia a soli 554 metri di quota e, con l'autostrada, il suo
superamento passi praticamente inosservato, tra le due regioni del
Cantone si riscontra un antagonismo che sfocia talvolta in animosità.
La differenza appare evidente nelle coperture dei tetti, che tradizionalmente vedono nel Sopraceneri l'impiego di lastre di gneiss, mentre nel
Sottoceneri sono perlopiù eseguite in coppi. Il Ticino arcaico, con le sue
vallate che precipitano verso il piano e l'affascinante accostamento di
palme e montagne, corrisponde piuttosto al Sopraceneri. Nel Sottoceneri, per contro, già si avverte la vicinanza della più soave Lombardia.

Carica di emozioni – anche se di genere innocuo – è la tradizionale
rivalità tra le due squadre di hockey, quella dell'Ambrì-Piotta e quella
del Lugano, ciascuna con il suo seguito di tifosi giurati. Qui la campagna si oppone alla città e si dà alla pazza gioia quando, almeno a livello
sportivo, ne esce vittoriosa.

A fornire occasione di conflitti più profondi è invece la concorrenza
economica e politica tra Sopra e Sottoceneri, il cui antagonismo si riflette nei diversi centri. Da un canto ecco una Lugano altera, con le sue
banche e gli istituti finanziari, una parte del tribunale cantonale – una
procura pubblica – e due facoltà universitarie. Dall'altra parte Bellinzona, capoluogo politico e amministrativo del Cantone, che vede dimi-
nuire sempre più la propria importanza economica, e la turistica
Locarno, che se durante l'estate brilla sotto i riflettori del festival del
cinema per il resto dell'anno tende piuttosto a rinchiudersi contempla-
tivamente in se stessa. E secondo l'opinione espressa da Beat Allenbach,
da molti anni corrispondente del quotidiano zurighese «Tages-Anzeiger»,
nel suo libro «Tessin – Bilder eines Lebensraums» (Ticino – Immagini di
uno spazio vissuto) la tendenza sembra essere quella di un rafforzamento ancora maggiore di Lugano e del Sottoceneri. Lugano – volendo
esagerare – sembrerebbe convinta di poter esistere anche senza il
Cantone, ma non il Cantone senza lei.

Ciò che vale per le forze economiche e finanziarie è solo in parte vero
per la viticoltura e la produzione di vini: in questo, Sopraceneri e Sottoceneri tendono a equivalersi, sia riguardo alle quantità prodotte che
all'importanza che questi settori rivestono nelle rispettive agricolture.
Il Sopraceneri raggiunge gli 1,8 milioni di ceppi di vite; nel Sottoceneri
se ne contano 2,1 milioni. E la medesima impressione colpisce anche
il viaggiatore che attraversa il Sottoceneri: al di là del monte, il paesaggio torna ben presto a riprendere i filari interrotti. Nel Luganese, le
vigne pur rigogliose delle valli che circondano la città e delle colline del
Malcantone crescono ancora in maniera isolata, e solo nel fertile Mendrisiotto tornano a unirsi per ricoprire superfici maggiori.

Inoltre, il Monte Ceneri non rappresenta un ostacolo insormontabile
neppure per singoli vigneti e vinificatori, che coltivano indifferentemen-
te le loro vigne su entrambi i versanti del passo. Delea, a nord, ripone
grandi speranze nelle uve del Castello di Cantone, presso Mendrisio,
mentre la maggiore cantina del Luganese, quella degli EREDI DI CARLO
TAMBORINI, con sede a Lamone, nella sua ampia offerta propone tutta
una serie di vini di uve cresciute nel Sopraceneri.

La Eredi Carlo Tamborini, con a capo il dinamico e navigato CLAUDIO
TAMBORINI, e la cantina DALDINI, che tra Lugano e Vezia perpetua la
sua lunga tradizione e che, con il carismatico Armando Daldini, fu tra le

Der Monte Ceneri teilt das Tessin ins Sopra- und Sottoceneri. Obwohl der Pass nur 554 Meter hoch ist und seine Überwindung auf der Autobahn fast nicht wahrgenommen wird, gibt es Rivalitäten und Animositäten zwischen den beiden Kantonsteilen. Augenfällig ist der Unterschied in der traditionellen Dachbedeckung. Im Sopraceneri werden für die Dächer Steinplatten aus Gneis verwendet, während die Dachdecker im Sottoceneri Klosterziegel – so genannte «coppi» – verarbeiten. Das archaische Tessin mit seinen talwärts stürzenden Bächen und der faszinierenden Nähe von Gebirge und Palmen findet sich eben eher im Sopraceneri. Das Sottoceneri hingegen deutet schon die Nähe zu der sanfteren Lombardei an.

Emotionsgeladen – wenn auch von der harmlosen Art – ist die traditionelle Gegnerschaft der beiden Eishockeyclubs Ambri-Piotta und Lugano mit ihrer eingeschworenen Anhängerschaft. Das Ländliche trifft da auf das Städtische und freut sich diebisch, wenn es wenigstens im Sport den Sieg davonträgt.

Anlass zu tiefgreifenderen Konflikten gibt hingegen die wirtschaftliche und politische Konkurrenz zwischen Sotto- und Sopraceneri. Der Antagonismus verdeutlicht sich in den jeweiligen Zentren: Hier das selbstbewusste Lugano mit seinen Banken und Finanzgesellschaften, mit einem Teil des Obergerichts, der Staatsanwaltschaft und zwei Hochschulfakultäten. Dort der Haupt- und Verwaltungsort Bellinzona, der wirtschaftlich zunehmend an Bedeutung verliert, und die Tourismusstadt Locarno, die sich zwar im Sommer im Scheinwerferlicht des Filmfestivals sonnt, das übrige Jahr aber eher beschaulich vor sich hin träumt. Der Trend laufe dahin, dass sich das Übergewicht Luganos und des Sottoceneri weiter verstärke, meint Beat Allenbach, langjähriger Tessiner Korrespondent des Zürcher «Tages-Anzeigers», in seinem Buch «Tessin – Bilder eines Lebensraums». Die Stadt Lugano glaube – überspitzt gesagt –, sie könne auch ohne den Kanton existieren, nicht aber der Kanton ohne sie.

Was für die Wirtschafts- und Finanzkraft gilt, stimmt nur bedingt für den Weinbau und die Weinerzeugung: Sopra- und Sottoceneri halten sich ungefähr die Waage – sowohl in Bezug auf die erzeugte Menge wie auch auf die Bedeutung, die dem Landwirtschaftszweig im jeweiligen Gebiet zukommt. Knapp 1,8 Millionen Weinstöcke zählt das Sopraceneri, im Sottoceneri sind es 2,1 Millionen. Denselben Eindruck erhält auch der Reisende, der durchs Sottoceneri fährt: Die Landschaft nimmt die unterbrochenen Rebenzeilen jenseits des Ceneri bald wieder auf. Im Luganese gedeihen die Weintrauben in den Tälern rund um die Stadt und an den Hügeln des Malcantone noch vereinzelt. Im fruchtbaren Mendrisiotto vereinen sie sich wieder zu grösseren Flächen.

Auch bildet der Monte Ceneri kein unüberwindliches Hindernis für einzelne Weingüter und Weinkellereien. Sie bewirtschaften Rebberge dies- und jenseits des Passes. Delea etwa setzt grosse Hoffnungen auf die Trauben aus dem Castello di Cantone im Mendrisiotto. Und die wichtigste Kellerei des Luganese, die EREDI CARLO TAMBORINI mit Sitz in Lamone, erzeugt in ihrer breiten Palette eine ganze Reihe von Weinen aus Trauben, die im Sopraceneri gewachsen sind.

Die Eredi Carlo Tamborini mit ihrem dynamischen, weltgewandten Chef CLAUDIO TAMBORINI und die traditionsreiche Kellerei DALDINI zwischen Lugano und Vezia, die einst unter dem charismatischen Armando Daldini zu den ersten Adressen gehörte und in den Sechziger- und Siebzigerjahren manch legendären Merlot erzeugte, fallen in die Kategorie der Weinhänd-

prime a farsi notare negli anni Sessanta e Settanta producendo alcuni Merlot addirittura leggendari, rientrano nella categoria dei vinai. Con questo, in gran parte delle regioni vitivinicole del mondo si intende un tipo particolare di produttore di vino, cioè colui che ne produce con uve acquistate da viticoltori che non elaborano da sé le loro vendemmie. Questa tipologia è particolarmente diffusa nelle regioni connotate da una struttura finemente intessuta, dove le singole superfici a vigna sono piccole e suddivise tra molti proprietari, come ad esempio in Borgogna per la Francia o nel Piemonte per l'Italia. Nel bordolese, per contro, come pure in Toscana, i vigneti hanno tutt'altre dimensioni e analogamente più radicata è la tradizione della vinificazione in proprio.

In tutte le regioni in cui vinai e vinificatori in proprio si fanno concorrenza si discute – spesso ardentemente – sui vantaggi dell'uno o dell'altro sistema. I primi mettono l'accento sulla possibilità a loro disposizione di acquistare, per le loro qualità di punta, solo le uve migliori, il che risulterebbe vantaggioso soprattutto nelle annate meno buone. A ciò i secondi ribattono che anche in quelle annate le loro vendemmie sarebbero superiori alla media grazie al lavoro più accurato e impegnato: è la loro reputazione a essere in gioco. Per il laico la discussione finisce generalmente alla pari, poiché il talento e l'applicazione non sono a priori legati all'uno o all'altro gruppo. Da entrambe le parti vi sono intenditori e pasticcioni, perciò l'elemento decisivo è spesso il produttore stesso e non il suo gruppo d'appartenenza o la denominazione di origine di un vino.

Per il Ticino, con le sue oscillazioni qualitative del Merlot, questa regola è valida quanto mai. Anche il peso tra vinai e vitivinicoltori è diversamente suddiviso ed essi sembrano conoscere meno attriti. Quello dei vinai, un gruppo in sé altamente eterogeneo, domina chiaramente il mercato con una produzione vinicola pari a circa il 70 percento. La Cantina sociale di Mendrisio copre poi il 20 percento, mentre il rimanente dieci percento riguarda i vitivinicoltori. Il rafforzamento della loro posizione negli ultimi anni, i vinai non lo devono solo alla quantità di uve acquistate. Questa è limitata, così che in caso di vendemmie minori per i singoli fornitori si innesca un'autentica rivalità. Piuttosto, si sono messi a lavorare anche uve di produzione propria o di vigneti affittati o acquistati, talvolta ripiantati in grande stile.

Inoltre, rimangono sempre fedeli all'attività più nota della loro professione, cioè il commercio di vini esteri, prevalentemente italiani.

Nel suo negozio di Lamone anche CLAUDIO TAMBORINI vende molti vini esteri di alta qualità. È però impossibile non notare come lo spazio occupato da quelli di sua produzione sia sempre maggiore. Assieme ad Angelo Delea e a Luigi Zanini, Claudio Tamborini forma il trio di commercianti che, nel passato più recente, ha maggiormente investito in vigneti. E per i tre, quello di superarsi a vicenda in ettari è già diventato un gioco appassionante. Se considerassimo solo la superficie dei vigneti lavorata con personale proprio, con le sue due aziende – i Vinattieri e il Castello Luigi – Zanini sarebbe sicuramente in vantaggio. Ma a un approccio più ampio, che comprenda anche le parcelle coltivate da viticoltori estranei all'azienda e purtuttavia guidati e controllati dal suo personale competente, è probabilmente Tamborini a battere gli altri due per un soffio. Talvolta, la competizione assume toni decisamente accaniti – o almeno così appare dall'esterno. Tuttavia, la lotta

ler. Als solche versteht man in den meisten Weinanbaugebieten der Welt einen bestimmten Typus von Weinproduzenten: Er erzeugt Wein aus zugekauften Trauben von Winzern, die ihr Erntegut nicht selber verarbeiten. Besonders dicht vertreten ist dieser Typus in Gebieten mit fein gewobenen Strukturen, wo die einzelnen Rebbergflächen klein sind und sich auf viele Besitzer verteilen: So in Frankreich beispielsweise im Burgund, in Italien im Piemont. Im Bordelais hingegen oder in der Toskana haben Weingüter ganz andere Dimensionen, entsprechend grösser ist die Tradition der Selbstkelterung.

Alle Gebiete, in denen sich Weinhändler und Selbstkelterer konkurrenzieren, kennen die oft leidenschaftlich geführte Diskussion um die Vorzüge eines der beiden Systeme. Die Händler betonen die Möglichkeit, die ihnen erlaubt, für ihre Spitzenqualitäten nur bestes Traubengut zu kaufen, was sich vor allem in weniger guten Jahren bezahlt mache. Die Selbstkelterer indes versichern, dass ihre Ernte auch in solchen Jahren den Durchschnitt übertreffe, da sorgfältiger und engagierter gearbeitet werde, wenn der eigene Ruf auf dem Spiel stehe. Die Diskussion endet für Aussenstehende meist unentschieden, sind doch Talent und Fleiss nicht a priori an eine der beiden Gruppen gebunden. Beiderseits gibt es Könner und Stümper, entscheidend ist dann oft der Name des Erzeugers und weniger die Gruppenzugehörigkeit oder die Herkunftsbezeichnung eines Weins.

Für das Tessin mit seinen Qualitätsschwankungen beim Merlot gilt diese Regel ganz besonders, auch wenn das Gewicht zwischen Händlern und Selbstkelterern unterschiedlich verteilt ist und sie sich weniger aneinander zu reiben scheinen. Die Weinhändler, als Gruppe äusserst heterogen, dominieren den Markt mit einem Anteil von rund 70 Prozent der Weinproduktion deutlich. Die Genossenschaft Mendrisio kommt auf 20 Prozent, während die Selbstkelterer zirka zehn Prozent abdecken. Ihre in den letzten Jahren erstarkte Position verdanken die Weinhändler nicht nur der Menge der zugekauften Trauben. Die ist beschränkt, sodass bei kleineren Ernten ein eigentliches Buhlen um die einzelnen Lieferanten einsetzt. Die Händler arbeiten auch mit Trauben aus eigener Produktion sowie solchen aus gepachteten oder gekauften Rebbergen, die teilweise im grossen Stil neu bestockt wurden.

Daneben aber halten sie sich immer noch an die besser bekannte Aufgabe ihres Berufs: den Handel mit fremden, vorwiegend italienischen Weinen.

Auch CLAUDIO TAMBORINI verkauft in seinem Ladengeschäft in Lamone viele ausländische Spitzengewächse. Doch es ist unübersehbar, dass seine eigenen Weine immer mehr Raum einnehmen. Claudio Tamborini bildet mit Angelo Delea und Luigi Zanini das Weinhändlertrio, das in jüngster Vergangenheit am entschiedensten in Rebberge investiert hat. Es ist geradezu ein Steckenpferd der drei geworden, sich in Hektaren zu übertrumpfen. Zählt man einzig die Rebfläche, die mit eigenem Personal bearbeitet wird, dürfte Zanini mit seinen zwei Betrieben Vinattieri und Castello Luigi die Nase vorn haben. Verfährt man jedoch grosszügiger und berechnet auch noch von betriebsfremden Winzern kultivierte Parzellen mit, die allerdings fachlich von eigenen Leuten angeleitet und kontrolliert werden, schlägt vermutlich Tamborini den andern ein Schnippchen. Der Wettstreit wird zuweilen reichlich verbissen geführt – so will es zumindest von aussen scheinen. Doch tierisch ernst soll man das Ringen um den Ersten im Land nicht nehmen. Je kleiner das Gebiet, desto grösser ist

per il primato nel paese non va presa troppo sul serio. Più la regione
è piccola, maggiore è probabilmente la voglia di primeggiare. E sulla
qualità del vino ticinese la concorrenza non può che influire positivamente.

Comunque sia, MICHELE CONCEPRIO, il responsabile dei vigneti di
Claudio Tamborini, sorveglia la produzione di 45 ettari di vigne la cui
vendemmia copre il 65 percento della produzione globale della cantina.
Per il rimanente 35 percento l'uva viene acquistata e serve principal-
mente a produrre il Merlot Viti Poggio Solivo. Nei suoi giri di controllo,
Conceprio visita praticamente tutto il Cantone, da Ludiano, in Valle di
Blenio, a Gudo, sulla sponda destra del fiume Ticino, per passare poi nel
Luganese e giù sino a Coldrerio, nel Mendrisiotto profondo, dove Tam-
borini vinifica le uve stupendamente esposte della Tenuta Colle degli
Ulivi di Bernardino Caverzasio con la quale propone – nomen est omen –
anche un finissimo e delicatamente profumato olio d'oliva ticinese.

Particolare attenzione è prestata all'ampiezza della gamma delle
varietà coltivate. A Malvaglia e in Valle di Blenio – zone particolarmente
adatte alla coltivazione di uve bianche – crescono Chardonnay, Pinot
grigio, Pinot bianco e Sauvignon, da cui si ricavano, per il momento
ancora in piccole quantità, dei vini freschi e fruttati. I loro nomi, Espe 1
ed Espe 2, sottolineano il carattere ancora sperimentale dell'audace
impresa.

Nei vigneti della Tenuta Terre di Gudo prosperano Diolinoir, Cabernet
Sauvignon e Cabernet Franc. Al pari di molti suoi colleghi, Claudio
Tamborini vuole disporre di un'alternativa per il 2004, anno in cui non
sarà più possibile aggiungere al Merlot il dieci percento di vini da taglio
esteri attualmente ancora concesso. Per ora molto è ancora effettivamente in una fase sperimentale, ma tutto ciò prepara delle solide fonda-
menta per un futuro ricco di promesse.

Il presente, per contro, vive dei Merlot collaudati, tra i quali spiccano
il Comano, il sopracenerino Vigna Vecchia e il Castello di Morcote.
Il re senza corona di casa Tamborini è attualmente ancora il Comano,
affinato in barrique e proveniente dagli 1,5 ettari del Vigneto ai Brughi
nel territorio del comune di Comano, meravigliosamente esposto a
sud/sud-ovest in vista della città di Lugano. BRUNO BERNASCONI, il
capo cantiniere di Tamborini, ne ricava anno dopo anno un Merlot
qualitativamente superiore alla media, caratterizzato anche da un note-
vole rapporto tra qualità e prezzo. Se si volesse parlare di uno «stile
Tamborini», il Comano ne sarebbe un perfetto rappresentante: eleganza, finezza e una certa freddezza che crea distacco. Né Claudio
Tamborini né il tanto pacato e schivo quanto attento e competente
enologo Bernasconi perseguono vini spiccatamente alcolici, super concentrati e carichi di tannini. Le uve vengono raccolte prima che altrove,
la fermentazione ha luogo a temperature più basse e la torchiatura
dopo una macerazione di una quindicina di giorni. Il vino rimane in
carati nuovi per il 60 percento, viene filtrato prima dell'imbottigliamento e riposa poi per un anno in bottiglia prima di essere immesso
sul mercato. Si lavora con misura e sensibilità, senza la grande e calda
passione che reca sempre con sé anche il rischio del fallimento.

È tuttavia possibile presagire un anno nel quale il primato del
Comano verrà conquistato dal Castello di Morcote. Nel 1988 Claudio

offenbar das Verlangen, an der Spitze zu stehen. Auf die Qualität des Tessiner Weins kann sich der Wettbewerb nur positiv auswirken.

Wie dem auch sei: MICHELE CONCEPRIO, Claudio Tamborinis Rebbau-Verantwortlicher, überwacht die Produktion aus 45 Hektar Weinbergsfläche. Die daraus resultierende Ernte deckt 65 Prozent der Gesamterzeugung der Kellerei. Die restlichen 35 Prozent Trauben werden zugekauft und hauptsächlich zum Viti-Merlot Poggio Solivo verarbeitet. Auf seinen Kontrolltouren bereist Conceprio praktisch den ganzen Kanton: Von Ludiano im Bleniotal über Gudo an der Sponda destra und das Luganese bis hinunter nach Coldrerio im südliche Mendrisiotto. Tamborini vinifiziert dort die Trauben der wunderschön gelegenen Tenuta Colle degli Ulivi von Bernardino Caverzasio und bietet daraus – nomen est omen – auch gleich noch ein feines, zartduftiges Tessiner Olivenöl an.

Spezielle Aufmerksamkeit wird einem breiten Rebsortenspiegel geschenkt. In Malvaglia und im Bleniotal – das für den Anbau von weissen Trauben besonders geeignet ist – wachsen Chardonnay, Pinot grigio, Pinot bianco und Sauvignon, die werden in vorläufig noch kleinen Mengen zu frischfruchtigen Weinen gekeltert werden. Ihre Namen Espe 1 und Espe 2 unterstreichen den Test- und Experimentcharakter des Unterfangens noch.

In den Weinbergen der Tenuta Terre di Gudo gedeihen Diolinoir, Cabernet Sauvignon und Cabernet Franc. Claudio Tamborini will, wie viele seiner Kollegen, bis zum Jahr 2004 eine Alternative haben, wenn der heute für den Merlot noch erlaubte Zusatz von zehn Prozent ausländischen Verschnittweins endlich unterbunden wird. Vieles befindet sich zurzeit tatsächlich noch in der Experimentierphase, doch wird damit das Fundament für eine viel versprechende Zukunft gelegt.

Die Gegenwart hingegen lebt von den bewährten Merlots. Daraus ragen Comano, Vigna Vecchia aus dem Sopraceneri und Castello di Morcote heraus. Ungekrönter König im Hause Tamborini ist zurzeit noch der barrique-gereifte Comano aus der 1,5 Hektar grossen Einzellage Vigneto ai Brughi, einer famosen Süd-/Südwesthanglage auf dem Gemeindegebiet von Comano in Sichtweite der Stadt Lugano. BRUNO BERNASCONI, Claudio Tamborinis Kellermeister, erzeugt damit Jahr für Jahr einen qualitativ überdurchschnittlichen Merlot, den ein vortreffliches Preis-Leistungs-Verhältnis auszeichnet. Will man von einem Tamborini-Stil sprechen, so würde ihn der Comano am gelungensten repräsentieren: Eleganz, Finesse und eine gewisse auf Distanz haltende Kühlheit. Claudio Tamborini wie auch der ruhige, zurückhaltende, sehr sorgfältig und kompetent wirkende Önologe Bernasconi streben keine alkoholbetonten, superkonzentrierten, tanningeschwängerten Weine an. Die Trauben werden früher gelesen als anderswo, die Vergärung bei tieferen Temperaturen durchgeführt, nach rund 15 Tagen Maischegärung wird abgepresst. Der Wein bleibt während zwölf Monaten in zu 60 Prozent neuen Barriques, wird vor der Abfüllung filtriert und lagert dann ein Jahr lang in der Flasche, bevor er in den Verkauf kommt. Es wird mit Mass und Fingerspitzengefühl gearbeitet – ohne die grosse, heisse Leidenschaft, die immer auch das Risiko des Scheiterns in sich birgt.

Absehbar freilich ist das Jahr, in dem der Comano als Spitzenwein vom Castello di Morcote abgelöst wird. 1988 gelang Claudio Tamborini nämlich der Coup, um den ihn viele Kollegen beneiden: Er konnte das Land rund um die Ruine des ehemaligen Castello di Morcote pachten. Über Jahrhun-

Tamborini ha messo a segno un colpo che molti colleghi gli invidiano:
è riuscito ad affittare il terreno che circonda le rovine di quello che fu il
castello di Morcote, una porzione di terra in posizione spettacolare sul
bacino meridionale del Ceresio che da secoli ospita ceppi di vigna.
L'Istituto agricolo di Mezzana vi teneva i suoi vigneti sperimentali. Un
tempo era di proprietà dei fratelli Paleari, cui apparteneva anche l'esteso
vigneto di Montalbano a Stabio. All'inizio degli anni Settanta, il terreno
iniziò gradualmente a deperire: la cura delle piccole parcelle dal difficile
accesso richiedeva troppo impegno. Infine, la famiglia milanese Gianini-
Porzio, l'attuale proprietaria, lo affidò alle cure di Claudio Tamborini.

Nel frattempo, Tamborini ha rinnovato il terrazzamento del terreno –
che esposto a sud/sud-est beneficia dell'azione di regolazione termica
del lago di Lugano – e ha piantato 7,5 ettari soprattutto con Merlot,
Cabernet Sauvignon e Cabernet Franc. La prima delle nuove vendemmie
data del 1993. Oggi, con il Castello di Morcote, Tamborini riempie
25 000 bottiglie, che quando tutte le vigne daranno il raccolto pieno,
anche nell'ipotesi di non superare i 500 grammi al metro quadrato,
diventeranno 35 000. Le prime annate del vino si sono dimostrate molto
promettenti e, con l'invecchiare delle vigne, ci troveremo forse di fronte
un autentico grand cru ticinese. Un Merlot raffinato ed elegante, che
trae ogni vantaggio dalla sua fantastica situazione: un autentico vin de
terroir, un vino di territorio.

vino di territorio

Ma che cosa è un vino di territorio? È un vino che dalla somma delle
sue componenti – la varietà, l'influsso del terreno, l'esposizione e il
mesoclima, nonché l'abilità di viticoltore e vinificatore – riesce a sviluppare delle proprietà particolari che è possibile appurare mediante un
esame organolettico. La definizione può sembrare decisamente accademica e complicata, ma diventa comprensibile anche al profano che
assaggi con attenzione due o tre annate di un affermato Bordeaux, di un
Borgogna o un Barolo. Questi vini possiedono una singolarità percepi-
bile e non riconducibile esclusivamente al carattere dell'uva. Un vino di
territorio sta a un convenzionale vino in purezza come il cinema sta
alla fotografia: si apre su una nuova dimensione.

I veri vini di territorio sono rari in Ticino. Lo mostrano anche le con-
clusioni in merito a una degustazione descritta nel libro. Molto probabilmente, il Cantone non dispone ancora dell'esperienza e della tradizione che caratterizza invece le regioni vinicole classiche dalle quali i
grandi vini di territorio provengono. Vi sono però due aziende che, da
vigneti del Luganese, producono dei vini paragonabili di alta qualità:
sono il Merlot della Crespera, della Tenuta Bally & von Teufenstein, e il
Merlot di Trevano, prodotto dalla famiglia Klausener.

La TENUTA BALLY di Breganzona non è solo una casa vinicola quanto
piuttosto una vera e propria azienda agricola che coltiva una superficie
di 80 ettari. Oltre al vino, vi si producono frutta e sementi, vi si allevano
manzi allo stato libero e – quale attività altamente lucrativa – ci si occupa del compostaggio dei rifiuti verdi. L'azienda fu fondata e costruita
nel 1920 dal fabbricante di scarpe Ernst Otto Bally, il quale acquistò del
terreno da campicoltura nella valle del fiume Vedeggio, che sfocia nel
Ceresio ad Agno. Dopo la bonifica, quella zona paludosa, disprezzata
dai contadini indigeni, iniziò a dare buoni frutti. Della proprietà faceva
parte anche la Crespera, sul versante sinistro della valle, nel cui suolo

derte standen dort Rebstöcke an spektakulärer Lage oberhalb des Ceresio-Arms des Luganer Sees. Die Landwirtschaftsschule von Mezzana unterhielt dort ihre Versuchsweingärten. Besitzer waren einst die Fratelli Paleari, denen auch der weitläufige Rebberg Montalbano in Stabio gehörte. In den frühen Siebzigerjahren vergandete das Land allmählich – die Pflege der schwer zugänglichen Kleinparzellen war zu arbeitsintensiv. Schliesslich übergab es die heutige Mailänder Besitzerfamilie Gianini-Porzio an Claudio Tamborini zur Neubewirtschaftung.

Tamborini hat das Gelände, das, nach Süd/Südosten geneigt, von der ausgleichenden Temperaturregulierung des Luganer Sees profitiert, inzwischen neu terrassiert und 7,5 Hektar mit hauptsächlich Merlot, Cabernet Sauvignon und Cabernet Franc bepflanzt. 1993 wurde zum ersten Mal wieder geerntet. Heute füllt Tamborini 25 000 Flaschen Castello di Morcote ab. 35 000 werden es dereinst sein, wenn alle Reben den vollen Ertrag geben werden – 500 Gramm pro Quadratmeter sollen nicht überschritten werden. Die jüngsten Jahrgänge des Weins zeigten sich viel versprechend. Mit zunehmendem Alter der Reben werden wir vielleicht mit einem echten Tessiner Grand Cru beglückt. Ein raffiniert-eleganter Merlot, der alle Vorzüge aus seiner fantastischen Lage zieht. Ein authentischer Terroirwein.

Was aber ist ein Terroirwein? Ein Gewächs, das aus der Summe seiner Bestandteile – der Sorte, dem Einfluss von Boden, Exposition und Mesoklima sowie dem Geschick des Winzers und Weinmachers – besondere, organoleptisch feststellbare Eigenschaften entwickelt. Das klingt jetzt reichlich akademisch und kompliziert, wird aber auch dem Laien verständlich, wenn er aufmerksam zwei, drei Jahrgänge eines bewährten Bordeaux, eines Burgunders oder eines Barolos verkostet. Die Weine besitzen eine wahrnehmbare Eigenart, die sich nicht allein auf den Sortencharakter zurückführen lässt. Ein Terroirwein verhält sich zu einem gewöhnlichen Rebsortenwein wie der Film zur Fotografie: er eröffnet eine dritte Dimension.

Echte Terroirweine sind im Tessin selten. Das zeigen auch die Schlussfolgerungen einer in diesem Buch beschriebenen Degustation. Der Kanton besitzt vermutlich noch nicht die Erfahrung und Tradition, welche die klassischen Weinbaugebiete, aus denen grosse Terroirweine kommen, auszeichnen. Zwei Weingüter gibt es allerdings, die aus Rebbergen im Luganese vergleichbare Hochgewächse erzeugen: den Merlot aus der Lage Crespera von der Tenuta Bally & von Teufenstein und den Merlot aus Trevano, erzeugt von der Familie Klausener.

Die TENUTA BALLY in Breganzona ist kein reiner Weinbaubetrieb, sondern ein veritables Landwirtschaftsgut, das eine Fläche von 80 Hektar bewirtschaftet. Neben Wein wird Obst, Maissaatgut und Natura-Beef erzeugt und – als einträglichster Betriebszweig – die Kompostierung von Grünabfällen übernommen. Gegründet und aufgebaut wurde die Azienda im Jahr 1920 vom Schuhfabrikanten Ernst Otto Bally. Er kaufte im Tale des bei Agno in den Luganer See fliessenden Vedeggio Ackerland. Das von den ansässigen Bauern ungeliebte, feuchte Schwemmland warf nach der Melioration guten Ertrag ab. Zum Grundbesitz gehörte auch der linkseitige Hang Crespera, auf dessen süd- und südwestwärts geneigtem Boden auf Moränenablagerungen sich der Rebbau schon bald erfolgreich etablierte. Ernst Otto Bally liess dort in kluger Voraussicht Merlotstöcke pflanzen –

morenico esposto a sud e a sud-ovest la vigna si stabilì ben presto con successo. Con l'intelligenza di chi sa prevedere, Ernst Otto Bally vi piantò dei ceppi di Merlot – in un'epoca, va notato, in cui dopo l'imperversare della fillossera quest'uva ancora lottava contro numerose altre varietà per il predominio nei nuovi vigneti.

Oggi, la Tenuta Bally appartiene alla generazione dei nipoti delle famiglie von Teufenstein e Bally, che lascia al fittavolo HANS IMHOF, un agronomo dall'avvedutezza equilibrata con le radici nella campagna bernese, ampia autonomia – purché a fine dicembre i conti tornino. Persona pratica e accorta, nei suoi 15 anni di attività egli ha imparato a tenere in considerazione le diverse sensibilità senza perdere di vista il benessere dell'azienda.

Dopo l'arrivo di Imhof, a richiedere l'impegno maggiore era il settore vinicolo. La superficie coltivata a vigna è di sette ettari e copre anche il piccolo pianoro situato dietro il pendio a forma di anfiteatro. All'inizio, i problemi maggiori erano le difficoltà di smercio e una filosofia di produzione indecisa, ma con l'ingaggio di Werner Stucky in qualità di consulente enologico le cose iniziarono a cambiare già negli anni Ottanta. Il Merlot Cresperino fu dotato di un'immagine più aggiornata. Una vinificazione più lunga ed energica gli diede una struttura tannica più solida. Il carattere marcato del terreno della Crespera – il terroir, appunto – poté quindi esprimersi chiaramente e conferì al vino quella nota selvatica, fumosa, minerale, «terrosa», che anche nel caso di una degustazione alla cieca rappresenta un indizio affidabile della sua identità.

Con il Riserva Crespera, prodotto per la prima volta nel 1986, i carati di rovere fecero il loro ingresso nella cantina, tra l'altro degna di una visita, e dal 1993 l'ammiraglia della Tenuta Bally ha in sé anche un 25 percento circa di Cabernet Sauvignon, che a questo vino incisivo conferisce robustezza ed eleganza. Perfettamente riuscito, esso deve già da qualche anno la propria qualità alla meticolosità e alla coerenza del capo cantiniere CHRISTIAN KREBS, un impiegato della Tenuta Bally istruito da Werner Stucky, dal quale seppe poi rendersi brillantemente indipendente. Krebs diversificò la produzione e completò l'assortimento con i bianchi La Piana e La Sfinge, entrambi assemblaggi di Chardonnay (70 percento), Semillon (20 percento) e Sauvignon (10 percento). La Piana è lavorato e affinato in vasche di acciaio inossidabile, mentre La Sfinge fermenta e matura in piccoli legni. Krebs propone infine la sua creazione più arrischiata: il Topazio, prodotto per la prima volta nel 1995, composto per tre quarti di Cabernet Sauvignon e per un quarto di Merlot e affinato durante 18 mesi in carati nuovi. Se l'andamento climatico dell'anno lo consente, il Cabernet raggiunge la sua piena maturazione al sole dell'autunno. A stupirci sarà allora un vino fumoso, minerale, profumato di caffè e bacche rosse e nere, dalla struttura robusta, con una punta di selvatico, che con il suo carattere lineare, rustico e «terroso» ricorda un Bordeaux di Graves.

Christian Krebs paragona volentieri i suoi rossi della Crespera con quelli delle vigne di Trevano, nel comune di Porza, sopra Lugano. I due vigneti distano solo pochi chilometri in linea d'aria, crescono in terreni di natura analoga e sono in qualche modo affini per gusto e profumi. Dal punto di vista storico, il vigneto di Trevano è addirittura più importante di quello di Breganzona e si annovera realmente tra i vigneti storici del Ticino. E questo non tanto perché già negli anni 1947–48 era

zu einer Zeit notabene, als die Traube nach dem Reblauseinfall noch mit zahlreichen anderen Sorten um die Vorherrschaft in den neu zu bestockenden Rebbergen konkurrierten.

Heute befindet sich die Tenuta Bally im Besitz der inzwischen auch schon älteren Enkelgeneration, den Familien von Teufenstein und Bally. Sie lassen Pächter HANS IMHOF, einem Agronomen von abgewogener Bedächtigkeit mit ländlichen Berner Wurzeln, grosse Freiheiten – solange Ende Dezember die Rechnung stimmt. Der umsichtige Praktiker hat in den 15 Jahren seines Wirkens gelernt, auf Empfindlichkeiten Rücksicht zu nehmen, ohne das Wohlergehen des Unternehmens aus den Augen zu verlieren.

Am meisten Mühe beanspruchte nach Imhofs Eintritt der Sektor Weinbau. Sieben Hektar beträgt die Rebfläche. Sie bedeckt inzwischen auch das kleine Plateau hinter dem amphitheaterartig geformten Steilhang. Anfänglich machten Imhof Absatzschwierigkeiten und eine unentschiedene Produktionsphilosophie zu schaffen. Mit dem Engagement von Werner Stucky als önologischem Berater wurden die Weichen noch in den Achtzigerjahren neu gestellt. Dem Merlot Cresperino wurde ein frisches Profil verpasst. Durch längere, härtere Kelterung erhielt der Wein eine solidere Tanninstruktur. Der ausgeprägte Bodencharakter – das Terroir – des Crespera-Hügels kam deutlicher zum Ausdruck und verschaffte dem Gewächs jene wilde, rauchige, mineralische, «erdige» Note, die auch bei einer Blinddegustation verlässliche Rückschlüsse auf seine Identität zulässt.

Mit der 1986 erstmals erzeugten Riserva Crespera hielten die Eichenbarriques Einzug im sehenswerten Keller. Seit 1993 wird dem Flaggschiff der Tenuta Bally rund 25 Prozent Cabernet Sauvignon zugesetzt. Das schenkt dem kernigen Tropfen Robustheit und Eleganz. Der überaus gelungene Wein verdankt seine Qualität schon seit einigen Jahren der handwerklichen Sorgfalt und der vinifikatorischen Konsequenz von Kellermeister CHRISTIAN KREBS. Als Angestellter auf der Tenuta Bally wurde er von Werner Stucky angeleitet und trat dann souverän aus dessen Schatten. Krebs diversifizierte die Produktion, ergänzte das Sortiment durch die Weissweine La Piana und La Sfinge. Beide bestehen aus einem Mischsatz von 70 Prozent Chardonnay, 20 Prozent Semillon und zehn Prozent Sauvignon. La Piana wird im Stahltank vergoren und ausgebaut, während La Sfinge im kleinen Holz gärt und reift. Den riskantesten Wein lieferte Krebs schliesslich mit dem 1995 erstmals erzeugten, 18 Monate in neuen Barriques ausgebauten Topazio aus 75 Prozent Cabernet Sauvignon und 25 Prozent Merlot. Lässt es der klimatische Verlauf des Jahres zu und vermag der Cabernet an der Herbstsonne voll auszureifen, so begeistert uns ein rauchiges, mineralisches, nach Kaffee, roten und schwarzen Beeren duftendes Gewächs, das kräftig gebaut ist, noch etwas wild daherkommt und mit seinem geradlinigen, rustikalen, «erdigen» Charakter an einen Bordeaux aus dem Graves erinnert.

Christian Krebs vergleicht seine Rotweine von Crespera gerne mit jenen vom Rebberg Trevano in Porza bei Lugano. Die beiden Reblagen liegen nur wenige Kilometer Luftlinie auseinander, besitzen eine ähnliche Bodenbeschaffenheit und eine gewisse geruchliche und geschmackliche Verwandtschaft. Dem Trevano-Weinberg kommt geschichtlich sogar noch eine grössere Bedeutung als der Lage in Breganzona zu. Er zählt tatsächlich zu den historischen Rebbergen des Tessins. Nicht nur weil man ihn schon in den Jahren 1947/48 komplett mit Merlot bestockte – noch bevor die Traube

completamente piantato a Merlot – ancora prima che quest'uva fosse dichiarata la varietà principale del Cantone – quanto per il fatto che qui c'era una vigna estesa già nell'ultimo terzo del XIX secolo.

La sua storia è strettamente legata a quella dell'allora appena edificato castello di Trevano. Un tale barone Paul von Derwies, a suo tempo arricchitosi in Russia con la costruzione di ferrovie, si fece edificare dagli architetti dello zar sul territorio dei comuni di Porza e Canobbio, poco fuori Lugano, un castello da fiaba con parco ed edifici agricoli, teatro e sala da concerto, vista sul lago e sul San Salvatore. Il suo progetto di fare di Trevano una seconda Bayreuth rimase però incompiuto. La tenuta sprofondò in un sonno incantato, dal quale fu risvegliata solo vent'anni più tardi.

Il principe di turno fu un certo Louis Lombard, un compositore e direttore d'orchestra franco-canadese diventato ricco a Wall Street, che acquistò il castello, nel frattempo un po' trascurato, per due milioni di dollari. Conclusa la ristrutturazione ripresero i concerti interrotti. L'orchestra di casa era per la gran parte reclutata durante l'estate tra i musicisti di ruolo della Scala di Milano e a Trevano si esibirono i musicisti e i cantanti più famosi dell'epoca. Lo Château de la musique – così la voce popolare chiamava la tenuta – faceva onore al suo nome. Ma la Prima guerra mondiale doveva gettare acqua sul fuoco delle imprese brillanti e, nel 1927, Lombard morì. Nel 1931 il castello fu confiscato dal Cantone Ticino per debiti ereditari e nel 1961 ebbe fine la sua decennale agonia: il castello di Trevano dovette lasciare il posto alla nuova Scuola tecnica superiore e fu fatto saltare in aria senza tante storie.

Oggi rimane ben poco a ricordare quegli anni di splendore artistico e sociale. Le ex case del personale sono ancora abitate e singole testimonianze della vita e del lavoro agricoli preindustriali – stalle, caseificio, ghiacciaia, la propria centrale del gas – sono ancora visibili. La gigantesca fontana con l'imponente Nettuno se ne sta inutilizzata accanto a un parcheggio, mentre nel parco un altro Nettuno, questa volta con il flauto, arruginisce per conto suo. Si tratta di una delle poche copie del Berger flûteur esposto al Louvre. E naturalmente è ancora presente il vigneto di 1,7 ettari su un pendio stupendamente esposto a sud-est.

Affittuari dell'ex vigneto del castello sono dal 1985 FABIENNE ed ERIC KLAUSENER, una coppia romanda tra i vitivinicoltori ticinesi di successo. I due abitano a Purasca, nel Malcantone, la regione collinosa dove pure coltivano – principalmente a Neggio e Sessa – parte dei loro tre ettari di vigne. Da queste ricavano il Chiaretto e due agili Merlot, Diavola e Tramonto Rosso. Ma la cordiale e semplice coppia si è fatta un nome con i suoi vini di Trevano, in particolare con il Gran Riserva, ormai prodotto solo nelle annate eccezionali.

Leggendario il Gran Riserva del 1990, un vino che ha saputo attirare su di sé l'attenzione in ben due importanti degustazioni internazionali. In una prima occasione, già nell'estate del 1993, questo vino massiccio vinse una degustazione di oltre 40 Merlot di tutto il mondo, tra cui figuravano anche pezzi da novanta come Château Pétrus o Le Pin, indetta per conto della rivista vinicola «Alles über Wein»; nella seconda rientrò – assieme al Conte di Luna di Werner Stucky – tra i vini più applauditi di una grande retrospettiva di due giorni sull'annata 1990, ritenuta eccellente su scala mondiale. Quando alle bottiglie fu tolto il velo, un mormorio corse tra la massa degli illustri specialisti del vino: i due

offiziell zur Tessiner Hauptsorte erklärt wurde, sondern weil da schon im letzten Drittel des 19. Jahrhunderts flächendeckend Reben standen.

Ihre Geschichte ist eng mit jener des damals frisch erbauten Castello di Trevano verknüpft. Ein Baron Paul von Derwies, seinerzeit in Russland mit dem Eisenbahnbau reich geworden, liess sich von Architekten des Zaren in den Gemeinden Porza und Canobbio – unweit der Stadt Lugano – ein Märchenschloss mit Park und Ökonomiegebäuden, mit Theater und Konzertsaal und Sicht auf See und San Salvatore bauen. Sein Plan, aus Trevano ein zweites Bayreuth zu machen, blieb unvollendet. Er starb im Jahr 1881 unter ungeklärten Umständen. Das Anwesen versank in einen Dornröschenschlaf, aus dem es erst 20 Jahre später wach geküsst wurde.

Der Prinz war ein gewisser Louis Lombard, frankokanadischer Komponist und Dirigent, der an der Wall Street zu Geld gekommen war. Er erwarb das inzwischen etwas verwahrloste Schloss für zwei Millionen Dollar. Nach der Instandsetzung wurden die unterbrochenen Konzerte rasch wieder aufgenommen. Das Hausorchester rekrutierte sich im Sommer mehrheitlich aus Mitgliedern der Mailänder Scala. Daneben gastierten in Trevano die berühmtesten Musiker und Sänger aus der Zeit. Das Château de la Musique, wie das Anwesen im Volksmund hiess, trug seinen Namen zu Recht. Doch mit dem Ersten Weltkrieg erloschen die glanzvollen Unternehmungen. Im Jahr 1927 starb Lombard. 1931 konfiszierte der Kanton Tessin das Schloss wegen Erbschaftsschulden, und 1961 fand die Jahrzehnte dauernde Agonie ein Ende: Das Castello di Trevano musste dem Neubau der Tessiner Scuola Tecnica Superiore Platz machen und wurde kurzerhand in die Luft gesprengt.

Heute erinnert nicht mehr viel an diese Jahre künstlerischen und gesellschaftlichen Glanzes. Die ehemaligen Personalhäuser sind noch bewohnt; einzelne Zeugnisse des vorindustriellen Land- und Arbeitslebens wie Stallungen, Käserei, eine Eisgrotte oder die eigene Gaszentrale stehen heute noch. Der riesige Brunnen mit dem stattlichen Neptun liegt ungenutzt neben einem Parkplatz; im Park rostet ein Flöten spielender Neptun vor sich hin. Er ist eine der wenigen Kopien des im Louvre ausgestellten «Berger Flûteur». Und es steht natürlich noch der Rebberg von 1,7 Hektar Grösse an prächtig nach Südosten geneigter Hanglage.

Pächter des einstigen Château-Rebbergs sind seit 1985 FABIENNE und ERIC KLAUSENER, zwei Romands unter den so erfolgreichen Tessiner Selbstkelterern. Zu Hause sind sie in Purasca im Malcantone, bewirtschaften in diesem verwinkelten Hügelland, hauptsächlich in Neggio und Sessa, auch einen Teil ihrer drei Hektar Reben. Sie erzeugen daraus einen Chiaretto und die zwei leichtfüssigeren Merlots Diavola und Tramonto Rosso. Bekannt geworden ist das warmherzige, unkomplizierte Paar jedoch mit seinen Weinen aus Trevano – vor allem mit der nur in Ausnahmejahren hergestellten Gran Riserva.

Legendär ist die Gran Riserva von 1990: Dieser Wein machte gleich bei zwei grossen internationalen Verkostungen auf sich aufmerksam. Zum einen gewann das massive Gewächs schon im Sommer 1993 eine für die Weinzeitschrift «Alles über Wein» durchgeführte Degustation von mehr als 40 Merlots aus aller Welt, darunter Spitzengüter wie Château Pétrus oder Le Pin! Zum andern gehörte es – zusammen mit Werner Stuckys Conte di Luna – zu den meistapplaudierten Weinen einer grossen, zweitägigen Retrospektive des weltweit herausragenden Jahrgangs 1990. Ein Raunen ging damals durch die Menge der illustren Weinfachleute, als die ver-

prodi ticinesi avevano valorosamente tenuto il campo accanto a nomi come Margaux, Sassicaia, Grange, eccetera.

Fortunatamente le favolose caratteristiche del 1990 non sono rimaste una mosca bianca. Infatti, il 1991 gli è di poco inferiore, e compensa il leggero difetto di vigore e impeto con un'accresciuta finezza. Riuscito è pure il successivo 1994, mentre il migliore sino ad ora si rivela il 1997, concentrato e stratificato, che oggi, nell'anno 2000, inizia lentamente a sciogliere il suo denso carico ligneo.

Il segreto del Gran Riserva ha almeno tre spiegazioni. Innanzitutto, l'età dell'uva: per la sua produzione, i Klausener utilizzano esclusivamente i ceppi più vecchi, con un'età compresa tra i 15 e i 50 anni circa. Dalle uve delle piante più giovani ricavano l'altrettanto altamente minerale Rosso di Sera. Inoltre, Klausener è un viticoltore dall'istinto sicuro, che padroneggia la potatura come pochi altri.

Una seconda ragione riguarda la vinificazione. Eric Klausener concentra il mosto mediante il metodo della saignée, ben noto a ogni cantiniere borgognone. Ancora prima dell'inizio della fermentazione, dalla vasca piena si lascia fuoriuscire una parte del succo non pressato allo scopo di modificare il rapporto tra succo, bucce e chicchi e di conseguire così un maggior ricavo di tannini e pigmenti nella prolungata fase di macerazione. Nel caso del 1990, Klausener tentò la sorte e rinunciò al 50 percento del succo, che vinificò dapprima in rosato e quindi nel Merlot Bianco di Sera. Nelle annate successive del Gran Riserva questa quantità era diventata del 25–30 percento. La lunga macerazione, di tre o quattro settimane, è poi seguita dall'affinamento in carati di rovere nuovi durante 14–18 mesi.

Infine, occorre menzionare la collaborazione della coppia. In sua moglie Fabienne, Eric ha trovato una compagna che fornisce all'azienda un contributo attivo e impegnato e pone le giuste domande quando il suo più gioviale marito chiuderebbe volentieri un occhio.

hüllten Flaschen aufgedeckt wurden und sich die beiden tapferen Tessiner so wacker neben Namen wie Margaux, Sassicaia, Grange usw. gehalten hatten.

Der 1990er blieb mit seiner fabelhaften Art glücklicherweise keine Eintagsfliege. Denn der 1991er steht ihm kaum nach, macht das Minus an Kraft und Wucht gar mit einem Plus an Finesse wett. Gelungen ist auch der nächstfolgende Jahrgang 1994, und der beste ist bisher wohl der konzentrierte, vielschichtige 1997er, der die geballte Ladung Holz jetzt im Jahre 2000 langsam einzubinden beginnt. Das Geheimnis der Gran Riserva hat mindestens drei Erklärungen:

Das Alter der Reben: Klauseners verwenden dafür bloss die alten Stöcke zwischen 15 und rund 50 Jahren. Die Trauben der jüngeren Pflanzen ergeben den ebenfalls sehr mineralischen Rosso di Sera. Und – Klausener ist zudem ein instinktsicherer Winzer, der beispielsweise den Rebschnitt beherrscht wie kein anderer.

Die Vinifikation: Eric Klausener konzentriert den Most mittels der im Burgund jedem Kelterer bekannten Methode des «saignée». Vom gefüllten Tank wird noch vor Gärbeginn ein Teil des ablaufenden, ungepressten Safts abgelassen, um das Verhältnis zwischen Saft und Häuten sowie Kernen zu verändern und damit in der ausgedehnten Mazerationsphase eine grössere Gerb- und Farbstoffausbeute zu erzielen. Beim 1990er spielte Klausener die Karte Risiko und verzichtete auf 50 Prozent des Safts, der dann zu Rosé und in späteren Jahrgängen zum weissen Merlot Bianco di Sera verabeitet wurde. In den folgenden Jahrgängen der Gran Riserva waren es noch 25 bis 30 Prozent. Einer langen Maischegärung von drei bis vier Wochen folgt dann der 14 bis 18 Monate lange Ausbau in neuen Eichenbarriques.

Das Zusammenspiel des Ehepaars: Eric hat in seiner Frau Fabienne eine Partnerin, die den Betrieb engagiert mitträgt und dort die richtigen Fragen stellt, wo ihr gemütvoller Mann eher ein Auge zudrücken würde.

118 Il cappello / Tresterhut

120 La pulizia delle botti

123 Christian Zündel

A ovest di Lugano, tra il lago e il confine con l'Italia, si incontra il Malcantone, una regione che, con il nome che porta, non promette nulla
di buono. Le sue strade si svolgono in una successione infinita di curve
attraverso frastagliate colline. Come piste di cinghiali i suoi sentieri si
gettano a capofitto nelle gole per riconquistare la montagna dall'altro
lato. I suoi villaggi angusti sono abbarbicati ai pendii o chini sotto una
cima arrotondata e dai loro campanili di pietra spirano suoni malinco-
nici, singolarmente contorti, che sembrano voler spargere sabbia sugli
ingranaggi del tempo. Un angolo dimenticato, il Malcantone. Lontano
dalle vie del traffico e tradito dalle benedizioni di una modernità che
da esso si è nel frattempo staccata.

Per il vero significato del nome «Malcantone» ci atteniamo all'eminente linguista e storico Ottavio Lurati, che lo fa nettamente differire da
quello correntemente riportato nelle guide turistiche. La spiegazione
di queste si rifà alla Magliasina, il principale torrente che attraversa la
regione, presso il quale un tempo si estraeva del minerale ferroso.
Lungo il suo corso si incontravano quindi diversi magli azionati dalla
corrente, uno dei quali, stupendamente restaurato, è visibile poco sotto
il villaggio di Breno. Conseguentemente, il nome deriverebbe da «cantone dei magli». Ma Lurati mostra come, già nel Medioevo, la denominazione «mal cantone» fosse comunemente utilizzata per indicare un
«angolo cattivo», dove la parola «cantone» faceva anche riferimento a
una zona ristretta e difficilmente accessibile. La regione prese inizialmente il nome dall'omonimo comune, Vallis Arosii, ma nella voce popolare rimase quel «Malcantone» che finì gradualmente per affermarsi
anche sul piano ufficiale.

Chi allora intendeva farsi strada era costretto a lasciarsi alle spalle
quel discosto paesaggio collinoso. Tra gli emigranti del XVII e il XIX
secolo spiccano architetti famosi che furono attivi soprattutto in Russia.
Domenico Trezzini, di Astano, che nell'arco di trent'anni, all'inizio
del XVIII secolo, costruì per incarico di Pietro il Grande la città di San
Pietroburgo. Luigi Rusca, di Mondonico, presso Agno, che sotto Cate-
rina la Grande favorì l'affermarsi nel paese del classicismo italiano.
Luigi Pelli, di Aranno, che costruì importanti edifici a Mosca, San Pietroburgo e Novgorod. E infine Francesco Boffa, di Arosio, che all'inizio
del XIX secolo diresse i più importanti cantieri di Odessa. Nei secoli
XVIII e XIX, nella regione di San Pietroburgo operarono novanta tra
architetti, capomastri, stuccatori e pittori provenienti dal Malcantone.

Per contro, anche coloro che, in tempi più recenti, immigrarono nel
Malcantone riuscirono in un'impresa, pagata comunque con il duro
lavoro. Il terreno agricolo era abbandonato e occorreva ripristinarlo.
Inoltre, anche la viticoltura malcantonese conosce le sue insidie. I venti
che scendono dal vicino Monte Lema possono essere gelidi. Il clima è
più aspro rispetto al Mendrisiotto o ai pendii della sponda destra del
Ticino, dove l'aria è riscaldata dall'antistante pianura di Magadino. Le
vigne si situano a quote comprese tra i 350 e i 450 metri. Il Merlot, dalla
maturazione certamente non precoce, rimane spesso sulla pianta sino
al periodo delle piogge autunnali e raggiunge frequentemente dei valori
zuccherini un po' più marcati rispetto ad altre regioni.

Decisivo per la bontà del vino è ad ogni modo l'indice di maturazione
dell'uva che, oltre alla gradazione zuccherina, riguarda anche la sua
acidità, l'estratto solido e lo stato di salute. L'indice di maturazione ri-

Westlich von Lugano, zwischen dem See und der italienischen Grenze, erstreckt sich der Malcantone. Ein Gebiet mit einem solchen Namen verheisst nichts Gutes. In endlosen Kurven winden sich die Strassen durch zerklüftetes Hügelland. Als Wildschweinfährten stürzen die Wanderwege in die Schluchten und klettern auf der andern Seite wieder bergan. Die engen Dörfer kleben an den Hängen oder ducken sich unter einer Kuppe. Vom steinernen Kirchturm weht Gebimmel, seltsam verzogen die Töne, wie wenn sie Sand ins Getriebe der Zeit streuen möchten. «Vergessene Ecke» heisst das Wort Malcantone sinngemäss, umfahren von den Verkehrswegen, im Stich gelassen von den Segnungen einer inzwischen abgeschlossenen Moderne.

Die Deutung des Namens verdanken wir dem angesehenen Historiker Ottavio Lurati. Sie deckt sich nicht mit jener geläufigen in Reiseführern. Diese führen als Erklärung die Magliasina auf, jenen Bach, der in der Tiefe des Tales rauscht. An der Magliasina wurde einst Erz abgebaut. Es gab verschiedene «magli» (Schmieden) mit wasserbetriebenen Schmiedehammern. (Unterhalb von Breno ist eine prächtig restaurierte Anlage zu besichtigen.) Und so wird der Name gemeinhin von «cantone dei magli» – Gebiet der Hammerschmieden – hergeleitet. Lurati dagegen zeigt auf, dass die Bezeichnung «Malcantone» schon im Mittelalter im italienischen Sprachraum gebräuchlich war und für einen «angolo cattivo» – einen schlechten, armen Winkel – stand und dass mit «cantone» in diesem Zusammenhang immer auch eine kleine, schlecht zugängliche Zone gemeint war. Das Gebiet hiess zunächst wie die gleichnamige Gemeinde Vallis Arosii, wurde im Volksmund aber «Malcantone» genannt. Allmählich setzte sich der Name Malcantone auch offiziell durch.

Wer es früher zu etwas bringen wollte, musste die abgelegene Hügellandschaft verlassen. In der Zeit vom 17. bis ins 19. Jahrhundert sind unter den Auswanderern berühmte Architekten hervorgegangen. Sie wirkten vor allem in Russland. Domenico Trezzini aus Astano schuf Anfang des 18. Jahrhunderts im Auftrag Peters des Grossen innerhalb von 30 Jahren die Stadt St. Petersburg. Luigi Rusca aus Mondonico bei Agno verhalf unter Katharina der Grossen dem italienischen Klassizismus in Russland zum Durchbruch. Luigi Pelli aus Aranno erstellte bedeutende Bauten in Moskau, St. Petersburg und Nowgorod. Francesco Boffa von Arosio schliesslich konstruierte zu Beginn des 19. Jahrhunderts die wichtigsten Bauwerke in Odessa. 90 Architekten, Baumeister, Stukkateure und Dekorationsmaler aus dem Malcantone waren im 18. und 19. Jahrhundert in der Umgebung von St. Petersburg tätig.

Wer in jüngster Zeit dagegen in den Malcantone einwanderte, konnte es auch zu etwas bringen, doch der Preis dafür war ebenfalls mit harter Arbeit zu zahlen. Das Rebland lag nämlich brach, wartete darauf, instand gesetzt zu werden. Zwar besitzt der Malcantoneser Weinbau auch seine Tücken. Die Winde vom nahen Monte Lema können kalt sein. Das Klima ist rauer als im Mendrisiotto oder an den Steilhängen des Sopraceneri, wo die vorgelagerte Magadinoebene die Luft aufheizt. Die Rebberge liegen auf einer Höhe zwischen 350 und 450 Metern. Der ohnehin nicht früh reifende Merlot hängt häufig bis in die herbstliche Regenzeit hinein am Stock und erzielt vielfach etwas tiefere Öchslewerte als in anderen Gebieten. Entscheidend für die Güte des Weins ist allerdings der Reifefaktor der Trauben, der neben der Zuckergradation auch die Säure, Extraktwerte und Gesundheit der Trauben einschliesst. Der Reifefaktor fällt auch im Mal-

sulta buono anche nel Malcantone – a condizione che i viticoltori lavorino sodo e tengano sotto controllo il prodotto dei loro vigneti. Il Merlot li ricompensa allora con caratteristiche e aromi del tutto particolari: profuma di bacche selvatiche e al gusto spiccano finezza, risolutezza ed eleganza.

Durante gli anni Ottanta, una serie di viticoltori giovani e tenaci ha raccolto questa sfida. I loro nomi sono DANIEL HUBER, ADRIANO KAUFMANN, ROLF KAUFMANN, ERIC e FABIENNE KLAUSENER, JOE PFISTER, CHRISTIAN ZÜNDEl, tutti provenienti dalla Svizzera tedesca o francese. Per i ticinesi la gestione a livello professionale dei vigneti malcantonesi era probabilmente collegata a troppo sudore e incertezza, ma questi nuovi immigrati fecero del Malcantone un santuario dei vitivinicoltori.

Con questo termine si definiscono quei vignaioli o aziende vitivinicole che vinificano le uve di vigneti propri o affittati e coltivati personalmente. Il vino viene affinato in cantine proprie e reca sull'etichetta il nome del produttore. L'appartenenza al gruppo è indipendente dalla quantità prodotta. In Ticino, questa è strutturalmente inferiore rispetto a quella dei vinai o delle cooperative, perciò i loro Merlot trovano spesso una strada diretta verso i consumatori o la gastronomia. Solo una piccola parte di essi passa per i canali tradizionali del commercio vinicolo.

Alla base di questa forma di produzione e del vino che se ne ricava sta un concetto altamente attraente e interessante tanto per il viticoltore che per il consumatore. Il primo – almeno quello di una piccola azienda vitivinicola – non conosce, analogamente al piccolo contadino, straniamento alcuno nei confronti del proprio lavoro. Egli vive e opera in armonia con la natura – pure essendo anche legato ad essa da una dolorosa dipendenza, come ricorda l'estesa e devastante grandinata del 4 luglio 2000 – e segue personalmente tutto il processo della creazione vinicola, dalla costituzione del vigneto all'imbottigliamento. Dal canto suo, il consumatore ottiene un prodotto autentico, il cui sviluppo è ripercorribile sino alle origini. Il vino possiede individualità, presenta le particolarità del terreno e, più ancora, porta la firma del suo vinificatore.

La sezione ticinese dell'associazione svizzera dei vitivinicoltori – l'Associazione svizzera viticoltori vinificatori privati – conta attualmente una trentina di membri. Fatta eccezione per la Tenuta Bally & von Teufenstein, questi «privati» sono per la gran parte organizzati come aziende familiari. La piccola struttura è fissata nei loro statuti, e con la qualità richiamano su di sé l'attenzione dei grandi produttori ticinesi. Il loro migliore asso nella manica in questo gioco di concorrenza è la formazione: essi sono infatti tra i produttori meglio preparati del Cantone.

I promotori del gruppo erano in gran parte svizzero tedeschi. Arrivarono alla fine degli anni Settanta e all'inizio degli anni Ottanta, nel Sopraceneri ma soprattutto sulle colline del Malcantone. Cercavano sì uno stile di vita totalmente appagante, che speravano di trovare nel ciclo della vinificazione, ma anche delle condizioni adatte alla produzione di un vino rosso di qualità. Si presero a carico dei vecchi vigneti in parte abbandonati e iniziarono a produrre un Merlot robusto e strutturalmente ricco. Con il loro lavoro quotidiano per nulla spettacolare e i frutti che comunque produceva, casualmente e senza rendersene conto spinsero altri giovani ticinesi ad avvicinarsi alla viticoltura. Il fatto poi che con i loro Merlot abbiano lanciato un segnale che doveva dare

cantone gut aus – wenn die Winzer hart arbeiten und den Ertrag ihrer Reben unter Kontrolle haben. Der Merlot dankt es mit einer ganz speziellen Charakteristik und Aromatik: Er duftet nach Waldbeeren, und im Geschmack prägen ihn Feinheit, Festigkeit und Eleganz.

In den Achtzigerjahren hat eine Reihe von jungen, zähen Weinbauern diese Chance gepackt. Sie hiessen DANIEL HUBER, ADRIANO KAUFMANN, ROLF KAUFMANN, ERIC UND FABIENNE KLAUSENER, JOE PFISTER, CHRISTIAN ZÜNDEL und stammten allesamt aus der Deutsch- oder aus der Westschweiz. Den Tessinern war der professionell betriebene Rebbau im Malcantone vermutlich mit zu viel Schweiss und Unsicherheit verbunden. Die engagierten Winzer machten aus dem Malcantone ein Refugium der Selbstkelterer.

Als Selbstkelterer werden Winzer oder Weingüter bezeichnet, die Trauben aus eigenen oder gepachteten Rebbergen keltern, die von ihnen selbst bewirtschaftet werden. Der Wein wird im eigenen Keller ausgebaut und trägt auf dem Etikett den Namen des Produzenten. Die Zugehörigkeit zur Gruppe ist unabhängig von der erzeugten Menge. Im Tessin liegt diese bei den Selbstkelterern strukturbedingt tiefer als jene der Weinhändler oder Genossenschaften. Meist finden diese Merlots deshalb auch den direkten Weg zu den Konsumenten oder in die Gastronomie. Nur ein geringer Teil wird über den traditionellen Weinhandel abgesetzt.

Dieser Produktionsform und dem daraus geschaffenen Wein liegt ein attraktives Konzept zugrunde, das für Winzer wie für Konsumenten äusserst interessant ist. Der Winzer – zumindest der eines kleineren Selbstkelterbetriebs – kennt, ähnlich wie etwa der Kleinbauer, keine mentale Entfremdung zur eigenen Arbeit. Er lebt und arbeitet in Übereinstimmung mit der Natur – aber auch in schmerzlicher Abhängigkeit von ihr, wie ein flächendeckendes Hagelunwetter am 4. Juli 2000 in Erinnerung rief. Den gesamten Ablauf der Weinwerdung, von der Schaffung eines Rebbergs bis zur Flaschenabfüllung, begleitet er selbst. Der Konsument auf der anderen Seite erhält ein authentisches Produkt, dessen Entstehung sich bis zu den Anfängen zurückverfolgen lässt. Der Wein besitzt Individualität, zeigt die Merkmale des Bodens und mehr noch die Handschrift seines Winzers.

Die Tessiner Sektion der schweizerischen Vereinigung der selbst einkellernden Weinbauern – oder wie es italienisch heisst: Associazione svizzera viticoltori vinificatori privati – zählt heute rund 30 Mitglieder. Abgesehen von der Tenuta Bally & von Teufenstein sind die «privati», wie sie von den Weinhändlern genannt werden, meist als Familienbetriebe strukturiert. Die Kleinstruktur ist in ihren Statuten festgeschrieben, und mit Qualität verschaffen sie sich Achtung bei den grossen Tessiner Produzenten. Der grösste Trumpf im Wettstreit um Anerkennung ist ihre Ausbildung, denn sie gehören zu den bestausgebildeten Weinproduzenten des Kantons.

Initianten der Gruppe waren grösstenteils Deutschschweizer. Sie kamen – wohl auf der Suche nach einem ganzheitlichen Lebenstil, den sie im Kreislauf des Weinanbaus zu finden hofften, aber auch auf der Suche nach Bedingungen, die die Erzeugung eines hochstehenden Rotweins erlauben – Ende der Siebziger- und Anfang der Achtzigerjahre ins Sopraceneri und vor allem an die Hügellagen des Malcantone. Sie übernahmen alte, teilweise vergandete Rebberge und begannen mit der Produktion eines strukturreichen, robusten Merlot. Durch ihre tägliche, unspektakuläre Arbeit

una scrollata a una scena vinicola piuttosto sonnolenta e costringere i vinai all'offensiva non fa che accrescere il loro merito.

DANIEL HUBER si trasferì con la famiglia a Monteggio, nel Malcantone, nel 1980. Allora appena trentenne non si era mai immaginato una vita da viticoltore. Figlio di una famiglia benestante di imprenditori e politici, aveva studiato economia forestale. I posti nel settore però scarseggiavano e l'allora neolaureato del Politecnico – sensibilizzato sul piano ecologico dal rapporto del Club di Roma – passò alla viticoltura. Si trasferì in Romandia, dove conobbe sua moglie Annemarie e trascorse un periodo di formazione come vignaiolo e vinificatore presso la scuola di ingegneria di Changins. In seguito, questa scelta lo condusse in Ticino. Qui, diversamente dalla Svizzera romanda e tedesca, i terreni a vigna erano finanziariamente ancora accessibili. Negli anni 1980–81, a Monteggio, dissodò con le proprie mani i 2,6 ettari esposti a meridione del Ronco di Persico che piantò con ceppi di Merlot e Pinot nero. Produsse il suo primo Merlot nel 1984, ancora nella cantina dell'amico Werner Stucky.

Daniel Huber è un abile interprete della partitura malcantonese. Nella vigna lavora nel modo più ecologico possibile. Si differenzia dal viticoltore biologico solo nel tipo di trattamento contro i funghi, purtroppo difficile da evitare nel clima caldo e umido del Ticino. Laddove anche il biovignaiolo deve scendere a compromessi e accettare un trattamento al rame, pure non scevro da problemi, egli preferisce l'uso di un mezzo più convenzionale ed efficace. In cantina, Huber dimostra molta sensibilità riguardo alle potenzialità dell'uva legate all'annata. Tutto il suo sforzo si concentra sul frutto del vino, che ogni anno vuole ricavare al meglio. Secondo lui, infatti, i vini della valle della Tresa possiedono un carattere assolutamente inconfondibile: le loro carte migliori sono la finezza e la delicatezza, non la forza e la ricchezza alcolica. «Mentre altri produttori ticinesi di Merlot imboccavano la strada di Bordeaux» – afferma – «nel Malcantone avrebbero avuto la possibilità di produrre vini dotati di un'identità propria, e sarebbe stato peccato perderla». Perciò, nella sua ricerca dell'espressione del territorio, durante gli ultimi anni Huber ha convertito le vigne e modificato il suo modo di vinificare: ad esempio, prima della fermentazione pratica una macerazione a freddo e riduce perciò la macerazione vera e propria da 25 a 20 giorni.

I suoi due Merlot standard sono il Ronco di Persico e il Fusto 4. Il primo assume il sottile carattere di bacca della valle della Tresa, mentre il secondo, che si presenta con più robustezza e solidità che raffinatezza, è anche figlio della necessità. La richiesta dei vini di Huber supera regolarmente l'offerta: per questa ragione, e a dispetto degli inizi come vitivinicoltore puro, vinifica ora anche delle uve d'acquisto, del Malcantone e del Sopraceneri, e ne propone il prodotto come Fusto 4 o San Giorgio.

Ma Daniel Huber ha conquistato la sua migliore fama soprattutto con il Riserva, la cui annata 1988 trionfò in una degustazione comparativa di Merlot dell'Académie du vin su concorrenti del calibro dei Château Pétrus. E anche le annate seguenti – dal 1989 il vino porta il poetico nome di Montagna Magica – figurano regolarmente ai vertici della produzione ticinese. Questo grande vino di uve di Monteggio matura per 18 mesi in carati nuovi dal 40 al 60 percento. È di un'armonia stupenda e riunisce in una stimolante esperienza frutto di bacca, fascino, eleganza e una raffinata struttura. Dopo alcune annate deboli, il vino è tornato ai suoi fasti con gli anni 1996, '97 e '98.

und die Früchte, die diese dennoch trug, regten sie, beiläufig und ohne sich der Wirkung bewusst zu sein, andere junge Tessiner zum Weinbau an. Dass sie dabei auch mit ihren Merlots ein Signal zu setzen vermochten, das die etwas schläfrige Weinszene aufschreckte und die Weinhändler in die Offensive zwang, unterstreicht ihre Verdienste noch.

DANIEL HUBER zog 1980 mit seiner Familie nach Monteggio im Malcantone. Ein Leben als Winzer hatte dem damals knapp 30-jährigen niemand vorausgesagt. Er stammt aus einer wohlhabenden Familie von Unternehmern und Politikern und studierte Forstwirtschaft. Stellen waren nach Studienabschluss rar, und so verlegte sich der ETH-Absolvent, ökologisch sensibilisiert durch den Club-of-Rome-Bericht, auf den Weinbau. Nach einer Ausbildung zum Winzer und Weinerzeuger an der Ingenieurschule in Changins – im Welschland lernte er auch seine Frau Annemarie kennen – verschlug es ihn ins Tessin, wo Rebland – im Gegensatz zur Romandie oder zur Deutschschweiz – noch erschwinglich war. In den Jahren 1980/81 rodete er in Monteggio eigenhändig den 2,6 Hektar grossen Südhang Ronco di Persico. Er bepflanzte ihn mit Merlot- und einigen Pinotnoir-Stöcken und kelterte 1984 seinen ersten Merlot – damals noch im Keller des befreundeten Werner Stucky.

Daniel Huber ist ein gewiefter Interpret der Malcantoneser Partitur. In den Reben arbeitet er so ökologisch wie möglich. Von einem Bioweinbauern unterscheidet er sich nur in der Art der – im feucht-warmen Tessiner Klima leider nicht zu umgehenden – Spritzungen gegen Pilzinfektionen. Wenn auch die Biowinzer Kompromisse eingehen und zu nicht unproblematischen Kupferbehandlungen Zuflucht nehmen müssen, setzt er lieber ein konventionelles, wirksames Mittel ein. Im Keller arbeitet Huber mit viel Fingerspitzengefühl für die jahrgangsbedingten Möglichkeiten des Traubenguts. Sein ganzes Bestreben konzentriert sich auf die Frucht des Weins. Diese will er jedes Jahr so gut wie möglich herausschaffen. Denn die Weine aus dem Tresatal besitzen für ihn einen ganz unverwechselbaren Charakter: Feinheit und Subtilität ist ihr Trumpf und nicht Kraft und Alkoholreichtum. Während andere Tessiner Merlotproduzenten in Richtung Bordeaux gingen, hätten sie im Malcantone die Chance, Weine mit einer eigenen Identität zu erzeugen, sagt er. Dies gelte es nicht zu verspielen. So hat Huber auf der Suche nach dem Terroirausdruck in den letzten Jahren den Rebbau umgestellt und seine Art des Vinifizierens modifiziert: Vor der eigentlichen Vergärung praktiziert er beispielsweise eine «macération préfermentaire» und verkürzt dafür die eigentliche Maischegärung von 25 auf 20 Tage.

Seine beiden Standardmerlots sind der Ronco di Persico und Fusto 4. Der erste setzt auf den beerig-subtilen Charakter des Tresatals; der zweite gibt sich weniger raffiniert als vielmehr robust-solid und ist letztlich aus der Not geboren. Die Nachfrage nach Hubers Weinen überstieg regelmässig das Angebot. So keltert der anfänglich als reiner Selbstkelterer angetretene Winzer nun auch zugekaufte Trauben aus dem Malcantone und dem Sopraceneri und offeriert den Wein als Fusto 4 oder als San Giorgio.

Seinen erstklassigen Ruf hat sich Daniel Huber aber vor allem mit der Riserva erworben. Der Jahrgang 1988 triumphierte an einer Merlot-Vergleichsdegustation der Académie du Vin über so hochkarätige Konkurrenten wie Château Pétrus. Auch die Folgejahre – ab 1989 trägt der Wein den poetischen Namen Montagna Magica – zählten regelmässig zur Spitze der Tessiner Produktion. Das Hochgewächs von Trauben aus Monteggio reift

Negli ultimi anni, Daniel Huber ha dato delle ottime basi alla sua azienda vitivinicola. Attualmente riempie circa 30 000 bottiglie con il prodotto di sette ettari. Ma lui non è cambiato, né ha modificato il proprio modo di lavorare: Huber realizza i propri vini con la sicurezza di un sonnambulo. Quest'uomo tranquillo, dall'apparenza riflessiva e – per molti che non lo conoscono – chiusa, opera con grande tranquillità d'animo. Con una sana dose di umorismo si difende dalle ingiustizie della professione. Ritocchi e modifiche ai suoi vini sono sempre meditati e verificati, così come risulta accorta la miscela di intuizione, calcolo e rischio dosato con cui si mette all'opera. Non precipita nulla, preferisce soffermarsi due volte a osservare i colleghi, fa confronti incrociati e quindi decide in maniera pragmatica. Da questi amici – i Kaufmann, i Klausener, gli Stucky e gli Zündel – ha effettivamente ricevuto molti stimoli, che egli stesso ha in seguito saputo sviluppare con le sue riflessioni e le sue domande. Da Rolf Kaufmann, viticoltore biologico di Sessa, ha preso il fiuto per la viticoltura ecologica. Di Eric Klausener lo ha impressionato l'approccio all'uva. Adriano Kaufmann ha suscitato il suo interesse per le tecniche di cantina. Sulle tracce di Werner Stucky ha sondato la struttura del vino. E con Christian Zündel discute – preferibilmente nel corso di avvincenti partite di biliardo – di esperimenti nel vigneto e in cantina.

ADRIANO KAUFMANN giunse nel Malcantone con la moglie Claudine, neocastellana, nel 1981. Originario del canton Argovia, questo agronomo diplomato al Politecnico di Zurigo vinificò il suo primo Merlot nel 1983, analogamente all'amico e coetaneo Daniel Huber, da Werner Stucky a Rivera. Con la sua pluriennale esperienza, Stucky ebbe un ruolo significativo come consulente e istanza di controllo nei primi anni dei debuttanti. Senza la sua disponibilità, la loro affermazione sarebbe sicuramente risultata più lenta e di minor successo. Un ulteriore influsso positivo va ricondotto al fatto che tutti dovettero presentarsi agli indigeni come immigranti e questo loro essere forestieri contribuì a saldare i legami del gruppo. Trassero la loro forza da quella diversità e formarono inoltre una grande famiglia, come oggi ricorda – con un pizzico di nostalgia per quegli anni – Fabienne Klausener.

Con i suoi vini, piacevoli da bere ad alto livello e mai noiosi, Adriano Kaufmann si fece rapidamente un nome. In questo, fu favorito dalla sua capacità di adattamento e da un'abile commercializzazione. Ostinata, invece, pende su di lui la fama di tecnico meticoloso. Una fama probabilmente giustificata, poiché Kaufmann sperimenta appassionatamente spesso e volentieri nuove tecniche di cantina. Dietro questa spinta ricercatrice sta una persona dotata di grande curiosità e capacità d'apprendimento che attraverso tutto questo cercare e modificare trova una chiarezza sempre maggiore. Dopo tutti questi anni di lavoro intenso si è delineato un programma idoneo.

In cima ai vini di Kaufmann troviamo il Pio della Rocca, un assemblaggio maturato in carati di Merlot e Cabernet del Malcantone, mentre al secondo posto figura il Pio del Sabato, ricavato da parti non perfettamente all'altezza del Pio della Rocca. Rubino è il nome del succoso e tondo Merlot standard, dal profumo di ciliegia, mentre con un Sauvignon bianco fermentato in barrique, Kaufmann si misura con successo ogni anno con i migliori vini bianchi svizzeri. Presto, Adriano Kaufmann potrà disporre dell'intero prodotto dei suoi 3,8 ettari di vigne che

18 Monate in zu 40 bis 60 Prozent neuen Barriques. Es ist von stupender Ausgeglichenheit und vereinigt beerige Frucht, Charme, Eleganz und feine Struktur in einem beflügelnden Weinerlebnis. Nach einigen schwächeren Jahrgängen legte der Wein in den Jahren 1996/97 und 1998 wieder eine beeindruckende Performance hin.

Daniel Huber hat seinen Winzerbetrieb in den letzten Jahren auf feste Beine gestellt. Rund 30 000 Flaschen erzeugt er heute aus dem Ertrag von sieben Hektar. Nicht verändert hat er sich selber, und unverändert ist auch seine Arbeitsweise: Huber erzeugt seine Weine mit einer Art traumwandlerischer Sicherheit. Der ruhige, bedächtig wirkende und für viele, die ihn nicht kennen, verschlossene Mann arbeitet mit grosser Seelenruhe. Mit einer gesunden Portion Humor schützt er sich vor den berufsbedingten Unbilden. Retuschen, Veränderungen an seinen Weinen sind immer wohl überlegt und erprobt. Geschickt ist die Mischung aus Intuition, Berechnung und dosiertem Risiko, mit der er zu Werk geht. Er überstürzt nichts, schaut seinen Kollegen lieber zweimal über die Schulter, vergewissert sich doppelt und entscheidet schliesslich pragmatisch. Von diesen Freunden – den Kaufmanns, Klauseners, Stuckys und Zündels – hat er tatsächlich viele Anregungen aufgenommen, er selber bringt sie mit seinen Überlegungen und Fragen auch wieder weiter. Vom Biowinzer Rolf Kaufmann aus Sessa hat er ein Flair für den ökologischen Weinbau übernommen. An Eric Klausener imponierte sein Umgang mit dem Traubengut. Adriano Kaufmann interessierte ihn für neue Weinkellertechniken. Auf Werner Stuckys Spuren ergründete er die Struktur des Weins. Und mit Christian Zündel diskutiert er – vorzugsweise während spannender Billardpartien – über Experimente in den Reben wie im Keller.

ADRIANO KAUFMANN zog 1981 mit seiner Neuenburger Frau Claudine in den Malcantone. Der gebürtige Oberaargauer, ein Agronom mit ETH-Diplom, kelterte 1983 seinen ersten Merlot. Er tat dies wie sein gleichaltriger Freund Daniel Huber bei Werner Stucky in Rivera. Stucky spielte mit seiner langjährigen Berufserfahrung eine bedeutende Rolle als Ratgeber und Kontrollinstanz in den Anfangsjahren der Debütanten. Ohne Stuckys Hilfsbereitschaft hätten sie sicherlich weniger schnell und erfolgreich Fuss gefasst. Positiv wirkte sich auch der Umstand aus, dass sie sich als Einwanderer den Einheimischen gegenüber beweisen mussten. Das Fremdsein schweisste die Gruppe zusammen. Sie schöpfte ihre Kraft aus ihrer Verschiedenartigkeit und bildete dennoch eine grosse Familie, wie sich Fabienne Klausener heute etwas wehmütig an die Anfänge erinnert.

Adriano Kaufmann machte sich mit seinen Weinen, die Trinkgenuss auf hohem Niveau bieten und nie langweilen, rasch einen klingenden Namen. Zugute kam ihm dabei seine Anpassungsfähigkeit und ein Geschick bei der Vermarktung. Hartnäckig haftet ihm dabei der Ruf des Tüftlers und Technikers an. Vermutlich, weil Kaufmann leidenschaftlich gerne und häufig mit neuen Kellertechniken experimentiert. Hinter diesem forschenden Drang steht eine Person von grosser Neugier und Lernfähigkeit, die durch dieses Suchen und Verändern zu immer grösserer Klarheit findet. Nach all diesen arbeitsintensiven Jahren hat sich ein taugliches Konzept herausgeschält.

An der Spitze der Kaufmann'schen Weine steht der Pio della Rocca, eine barriquegereifte Assemblage von Merlot und Cabernet aus dem Malcantone. Als Zweitwein figuriert der Pio del Sabato aus Partien, die des Pio della Rocca nicht ganz würdig sind. Rubino heisst der kirschenduftige, saftige,

gli dovrebbero dare dalle 20 000 alle 25 000 bottiglie per vendemmia. Con questo, Kaufmann e sua moglie, pure attiva nell'azienda, raggiungeranno quel volume in grado di garantire loro la base di sostentamento da tempo meritata.

In tempi recenti, in Ticino, nessuna innovazione tecnica ha suscitato tante discussione come l'introduzione del cosiddetto concentratore, una macchina che permette di estrarre sotto vuoto l'acqua dal mosto non fermentato, quindi di ridurre il contenuto liquido degli acini gonfiati dalla pioggia. Tecnicamente, il metodo si basa sulla relazione tra pressione ed evaporazione. Un contenitore chiuso viene riempito per un terzo con del mosto fresco. L'aria ne viene quindi estratta e poiché il punto di ebollizione dell'acqua si abbassa con il ridursi della pressione atmosferica, la si porta a evaporare già a 24 gradi centigradi, una temperatura alla quale né proteine, né vitamine, né sostanze aromatiche subiscono alterazioni. Di una cuvée si concentra solo il 20 percento, che viene in seguito aggiunto al rimanente e intatto 80 percento.

Queste macchine sono impiegate da produttori di spicco soprattutto in Francia e in Italia, e sono oggetto di controversie. Da un canto, un modello di piccole dimensioni costa già ben 80 000 franchi, per cui se lo può permettere solo chi è disposto a chiedere per le proprie bottiglie un prezzo adeguato. Dall'altro ci si pone la questione relativa all'integrità del vino: sino a che punto questa tecnica di evaporazione ne altera l'identità? E come motivare una simile alterazione?

Adriano Kaufmann descrive se stesso come un fanatico della tecnica. Ciò nonostante, non è il solo in Ticino a servirsi dell'evaporatore sotto vuoto. L'elenco dei suoi utilizzatori – vi sono anche dei vinificatori che condividono un unico apparecchio – si legge come uno «Who's who?» dei produttori di spicco del Cantone: Tenuta Bally, Angelo Delea, Daniel Huber, Kopp-von der Crone, Werner Stucky, Tamborini, Christian Zündel. Il piccolo Cantone vinicolo si presenta quindi con una densità unica, paragonabile al massimo con il Piemonte o il Bordolese, dove proprio nelle cantine Lafite-Rothschild, Léoville-LasCases o Ducru-Beaucaillou si lavora con grande efficacia e un po' di vergogna con i concentratori.

In Ticino, l'impiego dei concentratori ha delle ragioni valide e va principalmente ricondotto al clima. Qui le piogge sono maggiori e più intense rispetto alla Svizzera tedesca e cadono di solito in momenti sfavorevoli per la viticoltura, in primavera, durante la fioritura, o d'autunno, al momento della vendemmia. Adriano Kaufmann misura e registra le precipitazioni. Per sette anni dell'ultimo decennio, nel mese di settembre, tanto decisivo per la maturazione, sul Malcantone sono caduti in media oltre 300 millimetri di pioggia. Nel 1995 erano 491 e nel 1998 ben 581: delle quantità che a Bordeaux cadono suddivise sull'arco di un anno. Non è perciò difficile comprendere come qualcosa che renda possibile stabilire il momento della vendemmia in funzione della maturazione e separare l'acqua piovana nociva alla qualità dal mosto sia più che bene accetta. Per molti vinificatori ticinesi, il concentratore rappresenta una specie di assicurazione sulla vita. Oppure, come dice Werner Stucky, «Da quando in cantina ho un evaporatore, d'autunno sono tornato a dormire meglio».

Taluni colleghi ticinesi sono tuttavia critici in merito. «Chi concentra, ammette di non avere le uve migliori», sostiene Luigi Zanini, fiero si-

runde Standardmerlot, und mit einem barriquevergorenen Sauvignon blanc misst sich Kaufmann alljährlich mit Erfolg an den besten Schweizer Weissweinen. Bald wird Adriano Kaufmann über den vollen Ertrag seiner 3,8 Hektar Reben verfügen können. 20 000 bis 25 0000 Flaschen sollten dann pro Ernte möglich sein. Kaufmann und seine im Betrieb mitarbeitende Frau werden damit das Volumen erreichen, das ihnen die längst verdiente Existenzgrundlage garantiert.

Keine Neuerung in der Kellertechnik hat im Tessin jüngst so viele Diskussionen ausgelöst wie die Einführung des so genannten Konzentrators: eine Maschine, die unvergorenen Traubenmost unter Vakuum setzt und dabei Wasser verdampfen lässt. Den vom Regen aufgepumpten Beeren wird so Flüssigkeit entzogen. Technisch funktioniert die Methode, indem man einen geschlossenen Behälter zu einem Drittel mit frischem Traubenmost füllt. Die darüber liegende Luft wird abgesogen. Da der Siedepunkt des Wassers mit sinkendem Luftdruck abfällt, verdampft es bereits bei 24 Grad Celsius. Eine Temperatur, bei der weder Eiweisse, Vitamine noch Aromastoffe verändert werden. Von einer Cuvée werden nur 20 Prozent konzentriert, die dann zu den übrigen unveränderten 80 Prozent zugegeben werden.

Die Maschinen kommen vor allem in Frankreich und Italien bei zahlreichen Spitzenproduzenten zum Einsatz und sorgen für Kontroversen. Zum einen kostet bereits ein kleines Modell satte 80 000 Franken: Anschaffen kann es also nur, wer für seine Flaschen entsprechende Preise löst. Zum andern stellt sich die Frage nach der Integrität des Weins. Inwiefern verändert die Evaporationstechnik seine Identität? Und wie lässt sich eine solche Veränderung begründen?

Adriano Kaufmann bezeichnet sich selbst als Technikfreak. Er ist jedoch nicht der Einzige, der sich im Tessin des Vakuumverdampfers bedient. Die Liste der Benutzer eines solchen – es gibt auch Winzer, die sich ein Gerät teilen – liest sich wie ein «Who's who?» der Tessiner Spitzenerzeuger: Tenuta Bally, Angelo Delea, Daniel Huber, Kopp-von der Crone, Werner Stucky, Tamborini oder Christian Zündel. Der kleine Weinbaukanton weist damit eine einzigartige Dichte auf – vergleichbar höchstens mit dem Piemont oder dem Bordelais, wo etwa in den Kellern von Lafite-Rothschild, Léoville-Las Cases oder Ducru-Beaucaillou höchst effektiv, aber etwas verschämt mit Konzentratoren gearbeitet wird.

Der Einsatz von Konzentratoren hat im Tessin handfeste Gründe und ist hauptsächlich auf das Klima zurückzuführen. Es regnet mehr und intensiver als in der Deutschschweiz – und das zumeist in für den Rebbau ungünstigen Zeiten, im Frühling während der Blüte und im Herbst zur Erntezeit. Adriano Kaufmann misst die Niederschläge und führt Buch darüber. Sieben Jahre der letzten Dekade brachten dem Malcantone im reifentscheidenden Monat September durchschnittlich über 300 Millimeter Regen. 1995 waren es 491 und 1998 kolossale 581 Millimeter – Mengen, wie sie in Bordeaux übers ganze Jahr verteilt anfallen. Dass da eine Möglichkeit hochwillkommen ist, die es erlaubt, den Erntezeitpunkt nach der Reife zu richten und den Traubenmost vom qualitätsmindernden Regenwasser zu trennen, leuchtet ein. Der Konzentrator ist für viele Tessiner Winzer eine Art Lebensversicherung. Oder wie Werner Stucky sagt: «Seit ich einen Verdampfer im Keller stehen habe, schlafe ich im Herbst wieder besser.»

gnore del neoedificato Castello Luigi di Besazio e produttore di uno dei più potenti vini del Cantone. E aggiunge che «i vini concentrati perdono la loro eleganza». Preferirebbe lavorare più severamente nel vigneto e favorire il processo di concentrazione sulla pianta. E invero, qualche tempo prima della vendemmia, Zanini taglia il tralcio a frutto e lascia appassire l'uva. Che questo metodo di concentrazione – come d'altro canto quello dell'essiccazione artificiale di una parte delle uve in una camera climatizzata – alteri il contenuto degli acini, in quanto provoca una riduzione dell'acido malico e quindi una maturazione artificiale, è però un fatto che i suoi sostenitori preferiscono tacere.

Secondo altri scettici, l'evaporazione sotto vuoto tende a livellare le diversità tra le varie annate. «Nel vino voglio sentire l'annata. Il concentratore confonde le sue caratteristiche specifiche in relazione all'anno», afferma Corrado Bettoni, viticoltore paziente e legato alla terra della Leventina. Ma cosa succede se piove troppo e il vino risulta annacquato? «Allora, il vino me lo bevo io», è l'immediata risposta.

Inoltre, è la stessa idoneità del concentratore ad essere messa fondamentalmente in dubbio. Rafforzerebbe tutti gli elementi del vino, affermano i critici – il contenuto zuccherino e i tannini. E potrebbe fare di peggio: dopo il processo di concentrazione, ad esempio, i tannini non maturi risulterebbero ancora più erbacei. Adriano Kaufmann conosce queste obiezioni a memoria. E sa che solo la migliore materia prima può approfittare del metodo di concentrazione. «Il concentratore non mi libera dal massimo impegno nella vigna», afferma. E ritiene incoerente il fatto che molti di questi critici applichino anch'essi dei metodi di concentrazione, seppure tradizionali: «in fin dei conti, anche l'antichissimo zuccheraggio o il diffuso metodo della saignée non sono altro che sistemi di arricchimento». L'argomento regge: tanto l'aggiunta di zucchero di barbabietola durante la fermentazione allo scopo di accrescere la gradazione alcolica che il salasso – la saignée –, cioè l'asportazione di una parte del mosto all'inizio della fermentazione, mirano al rafforzamento o alla concentrazione del vino e sono quindi interventi definitivi nel processo di produzione. Anzi, nel caso della zuccheratura, il vino rischia piuttosto di perdere il suo equilibrio. Infatti, se lo zucchero accresce il contenuto alcolico, aumenta al tempo stesso la quantità e finisce per diluire i contenuti.

Ma Kaufmann va ben oltre questo genere di repliche. Sovranamente, nel maggio 2000 ha proposto in esame le 13 annate sinora prodotte del suo vino migliore. Il Pio della Rocca non è un vino di una zona determinata, bensì il frutto di un assemblaggio di diversi Merlot e, di volta in volta, dal 15 al 20 percento di Cabernet Sauvignon. Il vino viene poi affinato in carati di rovere nuovi. A Kaufmann interessava in particolare sapere come i diversi metodi avessero influito sulla qualità e le differenze avrebbero dovuto essere giudicate in retrospettiva. E poiché non è per nulla un uomo misterioso e trasmette volentieri le sue esperienze, alla degustazione ha invitato amici colleghi ed enologi.

Gradevoli e sorprendenti sono stati innanzitutto la freschezza e il carattere con cui si presentava l'ancora più o meno tradizionalmente prodotto 1991. Nell'anno seguente, climaticamente piuttosto catastrofico, Kaufmann introdusse un nuovo metodo di concentrazione, facendo asciugare all'occorrenza una parte delle uve in celle da essiccazione. Il sistema va accettato con riserva. Soprattutto nel magro 1993 si avvertono tracce di sostanze amare, in quanto con l'essiccazione i raspi si

Manche Tessiner Kollegen kritisieren das allerdings. «Wer konzentriert, gibt zu, nicht die besten Trauen zu haben», sagt beispielsweise Luigi Zanini, stolzer Schlossherr auf dem neu erbauten Castello Luigi in Besazio und Produzent einiger der potentesten Tessiner Weine. Er verficht die Ansicht: «Verdichtete Weine büssen ihre Eleganz ein.» Lieber arbeite er strenger in den Reben und fördere den Konzentrationsprozess am Stock. Indem Zanini etwa vor der Ernte die Fruchtrute durchschneidet und die Trauben antrocknen lässt. Dass diese Methode der Konzentration, wie auch jene der künstlichen Trocknung eines Teils der Trauben in einem Trockenraum, den Beereninhalt verändert, indem sie die Apfelsäure reduziert und eine künstliche Nachreifung bewirkt, verschweigen ihre Verfechter aber gern.

Andere Skeptiker bemängeln, dass die Vakuumverdampfung die Unterschiede der Jahrgänge einebne. «Ich will im Wein den Jahrgang spüren. Der Konzentrator verwischt seinen jahrgangsspezifischen Charakter», sagt Corrado Bettoni, geduldiger und erdverbundener Winzer in der Leventina. Was aber, wenn es zu stark regnet und den Wein verwässert? «Dann trinke ich den Wein eben selber», gibt er zur Antwort.

Daneben wird die Tauglichkeit des Konzentrators grundsätzlich angezweifelt. Er verstärke alle Elemente im Wein, sagen die Kritiker – den Zuckergehalt und die Gerbstoffe. Verdichtet werde auch Schlechtes. Unreife Tannine etwa würden nach dem Konzentrationsprozess noch grüner wirken. Adriano Kaufmann kennt diese Einwände alle. Er weiss, dass nur bestes Ausgangsmaterial von der Verdichtungsmethode profitiert. «Der Konzentrator entbindet mich nicht von der maximalen Arbeit im Rebberg», sagt er. Dass viele Kritiker ebenfalls – wenn auch traditionellere – Konzentrationsmethoden anwenden, empfindet er als inkonsequent: «Letztlich sind auch das uralte Chaptalisieren oder die verbreitete «saignée»-Methode blosse Anreicherungsmethoden.» Das Argument sticht: Sowohl das Chaptalisieren, die Beigabe von Rübenzucker während der Gärung zwecks Erhöhung der Alkoholgradation, als auch das Zur-Ader-Lassen («saignée»), also das Ablassen eines Teils des Mostes zu Beginn der Gärung, dienen der Kräftigung oder der Konzentration des Weins – und sind damit nachhaltige Eingriffe in den Erstellungsprozess. Beim Chaptalisieren kann der Wein sogar eher aus dem Gleichgewicht geraten als beim Konzentrieren. Denn der Zucker erhöht nur gerade den Alkoholgehalt, vergrössert aber die Menge und verdünnt demzufolge die Inhaltsstoffe.

Kaufmann belässt es allerdings nicht bei derartigen Repliken. Souverän stellte er im Mai 2000 die bisher erzeugten 13 Jahrgänge seines besten Weins, des Pio della Rocca, zur Überprüfung. Das Gewächs ist kein Lagenwein, sondern Frucht einer Assemblage von Merlot und jeweils 15 bis 20 Prozent Cabernet Sauvignon. Der Wein wird in neuen Eichenbarriques ausgebaut. Es interessierte Kaufmann selbst am meisten, wie sich die verschiedenen Methoden auf die Qualität ausgewirkt haben. In einer Rückschau sollten die Unterschiede beurteilt werden. Da er kein Geheimniskrämer ist und seine Erfahrungen gerne weitergibt, wie er sagt, lud er befreundete Kollegen und Weintechniker zur Verkostung ein.

Erfreulich und überraschend war zunächst, wie frisch und charaktervoll sich der noch mehr oder weniger traditionell erzeugte 1991er präsentierte. Im folgenden, klimatisch ziemlich katastrophalen Jahr führte Kaufmann eine neue Konzentrationsmethode ein und liess einen Teil der Trauben notfallmässig in Trockenzellen trocknen. Das bewährte sich nur bedingt. Vor allem beim mageren 1993er waren Bitterstoffe spürbar, da die Traubenkämme bei der Trocknung zerbröseln und dem Wein bittere Gerbstoffe

sono sbriciolati e hanno rilasciato nel vino tannini amari. Chiaramente avvertibile è però il salto nella «nuova era» a partire dal 1995: la tecnica di evaporazione ha modificato chiaramente lo stile del Pio della Rocca. Il frutto si presenta con un altro carattere, più orientato al dolcigno della mora ma anche maggiormente diffuso. Con il trascorrere delle annate, il vino diventa quindi sempre più morbido, opulento, «dolce», sino a culminare con il maestoso 1998. «Con le nuove tecniche i vini si affinano, diventano più rapidamente bevibili e facili per il consumatore», conclude Adriano Kaufmann.

Le ultime annate del Pio della Rocca fanno però anche presumere che, in generale, non vi siano più molte occasioni di miglioramento attraverso le tecniche enologiche. Le possibilità del viticoltore, al riguardo, si sono lentamente esaurite. Dei salti di qualità sono semmai possibili attraverso una viticoltura più precisa, conferma Kaufmann.

L'uomo che di pensieri in proposito se ne fa molti, si chiama invece CHRISTIAN ZÜNDEL. Di sicuro, questo viticoltore è tutto tranne che un conformista. E neppure si accontenta delle doti innate, né si piega al proprio destino, si adegua e tiene i dissensi sotto chiave. No, se a Zündel proprio si vuole applicare un'etichetta, allora è quella del ribelle. Un ribelle costruttivo, comunque, non una testa calda. Ciò che non si sa reggere davanti alle sue riflessioni improntate al raziocinio, lo respinge. Raramente lo fa senza un'alternativa intelligente o, sempre eloquente e fondato, senza un pensiero originale, sia che riguardi un'ordinanza statale, un determinato metodo di vinificazione o si riferisca a una condizione di vita nata dallo spirito del tempo. Nel suo mestiere di viticoltore, in cui molto appare sacrosanto, questo atteggiamento lo bolla come progressista. Come contemporaneo, invece, ne fa un osservatore critico e non necessariamente entusiasta della globalità del cosiddetto progresso.

E il curriculum di questo 49enne si adegua al suo carattere libertario. La vita di Zündel è caratterizzata dalla sete di conoscenza, da nuovi inizi e tonfi, ma anche da successi che hanno sempre fugato i momenti di dubbio in relazione alla sua professione. È cresciuto a Zurigo, dove fa ritorno con regolarità per fare il pieno di aria cittadina liberatrice. Ha concluso i suoi studi presso il Politecnico della città con un diploma in scienze naturali. Zündel è un uomo poliedrico, con ampi orizzonti e profonde conoscenze nei settori più disparati. Come naturalista ha con i suoi compiti un approccio sistematico, sempre inizialmente interrogativo e mai precipitosamente soddisfatto di una risposta. Legato al Ticino da parte della nonna, giunse nel Malcantone nel 1976. Qui si occupò della rappresentazione cartografica del suolo nell'ambito di un progetto di sviluppo per le regioni di montagna. Le forze del terreno e della natura che durante il suo studio il cittadino aveva vissuto solo attraverso la codificazione accademica producevano ora la loro azione non filtrata. Zündel coltivò mais, patate, asparagi e lamponi – fallendo, volta più, volta meno. Infine approdò alla vite, che in quella regione gli si manifestò come la sola coltura ideale. E nel 1986 vinificò il suo primo Merlot.

I vini di Christian Zündel traggono la loro forza irradiante da una ponderata cura della vigna. Egli ritiene senz'altro che in Ticino, ai fini della produzione di vini con tipicità locali, la viticoltura sia ancora più importante che altrove. «Qui è nella viticoltura che casca l'asino», afferma. Riguardo alla varietà Merlot non ci sarebbe più nulla da fare, la

zufügen. Deutlich feststellbar war der Sprung ins «Neuzeitalter» ab Jahrgang 1995: Die Evaporationstechnik veränderte die Stilistik des Pio della Rocca deutlich. Die Frucht erhielt einen anderen Charakter, zielte mehr ins Brombeerhaft-Süssliche, wurde aber auch diffuser. Der Wein wurde mit steigender Jahrgangsfolge – Höhepunkt ist der majestätische 98er – weicher, opulenter, «süsser». «Die Weine verfeinern sich mit der neuen Technik, werden schneller trinkbar und konsumfreundlicher», bilanziert Adriano Kaufmann.

Die letzten Jahrgänge des Pio della Rocca lassen aber auch vermuten, dass nicht mehr allzu viele kellertechnisch bedingte Fortschritte zu machen sind. Die Möglichkeiten des Winzers sind diesbezüglich langsam ausgereizt. Verbesserungen liessen sich viel eher noch über einen präziseren Rebbau machen, bestätigt Kaufmann.

Der Mann, der sich darüber viele Gedanken macht, heisst CHRISTIAN ZÜNDEL. Wenn dieser Winzer eines nicht ist, dann ein Konformist. Keiner, der sich mit den angeborenen Gaben zufrieden gibt. Keiner, der sich in sein Schicksal fügt, sich anpasst und Unstimmigkeiten unter Verschluss hält. Nein, wenn Zündel schon ein Etikett angeheftet werden darf, dann jenes des Rebellen. Einer der konstruktiven Art allerdings und nicht der kopflos-hitzigen. Was sich vor seinen der Vernunft verpflichteten Überlegungen nicht zu behaupten weiss, lehnt er ab. Selten tut er das ohne kluge Alternative oder, stets eloquent und fundiert, ohne einen originellen Gedanken. Das mag eine unsinnige staatliche Verordnung betreffen, eine bestimmte Methode der Weinkelterung oder sich auf eine aus dem Zeitgeist geborene Lebenshaltung beziehen. In seinem Beruf als Winzer, wo vieles sakrosankt scheint, stempelt ihn diese Einstellung zum Progressiven. Als Zeitgenossen macht es ihn zum konservativen Kulturpessimisten.

Passend zum freigeistigen Charakter ist der verschlungene Werdegang des 49-jährigen. Zündels Leben ist geprägt von Wissensdurst, von Neuanfängen und Abstürzen, aber auch von Erfolgen, die den an seiner Profession manchmal Zweifelnden immer wieder aufgerichtet haben. Er wuchs in Zürich auf und kehrt auch regelmässig dorthin zurück, um befreiende Stadtluft zu tanken. Er studierte an der ETH Zürich Naturwissenschaften und schloss im Diplomfach Bodenkunde ab. Zündel ist ein vielseitiger Mensch mit weitem Horizont und profundem Wissen auf unterschiedlichsten Gebieten. Als Naturwissenschaftler geht er seine Aufgaben systematisch an, fragend immer zunächst und nie vorschnell mit einer Antwort zufrieden. Grossmütterlicherseits mit dem Tessin verbunden, zog er im Jahr 1976 in den Malcantone. Im Rahmen einer Entwicklungsplanung für Bergregionen befasste er sich dort mit der Kartierung des Bodens. Die Kräfte des Bodens und der Natur, die der Städter während seines Studiums nur über die akademische Kodierung erlebte, begannen jetzt ungefiltert zu wirken. Zündel baute Mais, Kartoffeln, Spargel und Himbeeren an – und scheiterte damit. Manchmal mehr, manchmal weniger. Schliesslich landete er bei der Rebe, die sich ihm in diesem Gebiet als die einzige ideale Kultur offenbarte. 1986 kelterte er seinen ersten Merlotjahrgang.

Christian Zündels Weine holen ihre Strahlkraft aus einer überlegten Rebpflege. Er glaubt ohnehin, dass der Rebbau im Tessin für die Erzeugung standorttypischer Weine noch entscheidender als anderswo ist. «Im Weinbau liegt hier der Hase im Pfeffer», meint er. An der Rebsorte Merlot gebe es nichts zu rütteln. Die habe ihre Eignung schon längst bewiesen. Bedauerlich sei höchstens, dass es sich bei ihr um keine autochthone Sorte

sua idoneità risulterebbe ormai dimostrata da tempo. La sola cosa deplorevole sarebbe il constatare che non si tratta di una varietà autoctona: il Ticino deve condividere l'uva Merlot con numerose altre regioni viticole. Un pericolo, da un canto, ma anche un'opportunità. Il fatto di tenere d'occhio altre zone potrebbe far sì che ci si concentri troppo poco sulla propria strada, ma dal canto suo la concorrenza internazionale può influire positivamente sulla qualità. Nel Cabernet Sauvignon quale varietà complementare, rafforzatrice della struttura, Zündel crede solo limitatamente. Certo che sui suoi 3,6 ettari di vigne a Bedigliora, Castelrotto e Beride, dove vive con la moglie Anne De Haas e i due figli, crescono anche ceppi di Cabernet. Tuttavia, di uve aromaticamente mature ne avrebbe sinora raccolte una sola volta. Zündel vede un futuro per il Petit Verdot, ma questa varietà dovrebbe per prima cosa essere inclusa nell'assortimento di quelle autorizzate.

Per Christian Zündel in viticoltura non vi sono dogmi ed egli approfitta indistintamente delle conoscenze del nuovo e vecchio mondo. Fondamentalmente, si tratta di avere in pugno la crescita dell'uva, sempre tenendo in considerazione la particolarità del clima, caratterizzato da molte precipitazioni proprio durante quella fase. Secondo lui, il metodo della maggior densità possibile di piantagione è inadatto al Ticino. Il principio della concorrenza reciproca non funzionerebbe: le uve, che anche se piantate molto vicine trovano acqua a sufficienza, tenderebbero dapprima semplicemente a superarsi nella crescita e quindi a farsi vicendevolmente ombra. Probabilmente più vantaggiosa sarebbe invece una coltura estensiva, un tempo già comune nel Cantone. Il fogliame dovrebbe essere al sole e al tempo stesso, mediante un accurato intervento sulle foglie, andrebbe limitata la dinamica della crescita. I grappoli dovrebbero inoltre essere sufficientemente lontani dal terreno perché sotto di essi possa crescere dell'erba senza generare un clima umido. Erba che farebbe concorrenza alla vigna contribuendo al mantenimento dell'equilibrio ecologico del vigneto.

Con la coltura a lira, scoperta nel bordolese, Zündel ritiene di aver trovato anche per gran parte delle sue vigne il sistema per ottenere uve sane e mature persino negli anni climaticamente difficili. A questo scopo, alla pianta viene data la forma di una «Y» e la vite si protende verso il cielo assumendo appunto la forma di una lira. Il sistema è stato sviluppato dallo specialista francese Alain Carbonneau. Con un soleggiamento importante, esso accresce lo stress idrico del mezzogiorno, migliora la circolazione dell'aria nel vigneto, riduce possibilmente il rischio di <u>peronospora</u> e conduce nel Malcantone a una maturazione precoce di quattro o cinque giorni – giorni decisivi, se si pensa alla costante minaccia delle piogge d'autunno.

Un lavoro preciso e creativo in cantina scandaglia quindi ciò che le uve contengono. Zündel ha optato per la via francese e conferisce stabilità ai suoi vini mediante una massiccia estrazione tannica. Tanto per il suo alfiere Orizzonte, una cuvée di Merlot e Cabernet, che per il Terraferma, un Merlot in purezza, egli opta per una macerazione sino quattro settimane. Il successivo affinamento avviene durante 12–18 mesi in carati parzialmente nuovi. A tutto vantaggio dell'autenticità del terroir, Zündel rinuncia per quanto possibile alla filtratura. Il Terraferma e l'Orizzonte si presentano come i due fratelli diversi di una famiglia intatta: naturale e accessibile il primo, assorto e profondo il secondo. Il Terraferma rappresenta un approccio di tipo primario, mentre l'Oriz-

handle. Das Tessin muss sich den Merlot mit zahlreichen anderen Anbau-
gebieten teilen. Eine Gefahr einerseits, aber auch eine Chance. Das Schie-
len auf andere Gebiete mag bewirken, dass man sich zu wenig auf den
eigenen Weg konzentriert. Die internationale Konkurrenz wiederum kann
sich qualitätsfördernd auswirken. An den Cabernet Sauvignon als ergän-
zende, strukturverstärkende Sorte glaubt Zündel nur bedingt. Auf seinen
3,6 Hektar Rebfläche in Bedigliora, Castelrotto und Beride, wo er mit seiner Frau Anne De Haas und den beiden Kindern zu Hause ist, stehen zwar
auch Cabernetstöcke. Doch aromatisch-reife Trauben habe er bisher erst
einmal geerntet. Eine Zukunft sieht Zündel für den Petit Verdot, doch der
muss erst einmal ins erlaubte Sortensortiment aufgenommen werden.

Im Rebbau gibt es für Christian Zündel keine Dogmen. Er macht sich
Erkenntnisse aus der Alten und Neuen Welt zunutze. Grundsätzlich geht
es darum, das Wachstum der Reben in den Griff zu bekommen – und das
unter Berücksichtigung des sehr speziellen Klimas, das durch viele Niederschläge während der Wachstumsphase geprägt ist. Er hält die Methode
der möglichst hohen Pflanzdichte im Tessin für ungeeignet. Das Prinzip
der gegenseitigen Konkurrenzierung funktioniere nicht; da die Reben,
auch wenn sie nahe beieinander stehen, genug Wasser finden, sich im
Wachstum bloss übertrumpfen wollen und dann gegenseitig beschatten.
Vorteilhafter wäre es dagegen vermutlich, die Reben, wie früher schon
üblich, im Tessin expansiver zu ziehen. Das Laub müsse an der Sonne
sein, und gleichzeitig müsse durch sorgfältige Laubarbeit die Wuchs-
dynamik begrenzt werden. Die Trauben sollten auch genügend Abstand
vom Boden haben, damit darunter Gras wachsen könne, ohne indes ein
feuchtes Klima zu schaffen. Gras, welches die Reben konkurrenziert und
mithilft, den Rebberg ökologisch im Gleichgewicht zu halten.

Mit der im Bordelais entdeckten Lyra-Erziehung glaubt er, für grosse
Teile seiner 3,6-Hektar-Rebberge das System gefunden zu haben, das ihm
auch in klimatisch schwierigen Jahren reife und gesunde Trauben liefert.
Der Rebstock wird dabei so geformt, dass er ein Y bildet. Wie zwei Arme
recken sich die Reben in den Himmel. Das sieht dann aus wie eine Leier
und nennt sich dehalb «Lyra». Entwickelt wurde es vom französischen
Weinbauspezialisten Alain Carbonneau. Das System vergrössert bei hohem Sonnenstand den Wasserstress, verbessert die Luftzirkulation im Rebberg, senkt möglicherweise die Mehltaugefahr und führt im Malcantone
zu einer um vier, fünf Tage früheren Reife – entscheidende Tage angesichts
der stets drohenden herbstlichen Regenperiode.

Präzise, kreative Kellerarbeit lotet sodann aus, was in den Trauben
angelegt ist. Zündel begeht dabei den französischen Weg und verleiht seinen Weinen über eine massive Tanninextraktion Stabilität. Sowohl beim
Paradewein Orizzonte, einer Merlot-Cabernet-Cuvée, wie beim reinsortigen Merlot Terraferma setzt er auf eine bis zu vierwöchige Maischegärung.
Die anschliessende «élévage» vollzieht sich 12 bis 18 Monate in teilweise
neuen Barriques. Auf eine Filtration wird zugunsten des Terroirausducks
grösstenteils verzichtet. Zündels Terraferma und Orizzonte sind wie zwei
unterschiedlich geratene Geschwister aus einer intakten Familie: natürli-
cher und zugänglicher das eine – tiefsinniger das andere. Der Terraferma
ist das primäre, der Orizzonte das sekundäre Gewächs. Dazu gesellt sich
der burgunderhafte Chardonnay Velabona mit noblem, klassischem Stil.
Alle Gewächse tragen die gestochen klare Handschrift eines Winzers, der
den über die Jahre angesammelten Ballast abgeworfen und zur Einfach-
heit gefunden hat. Christian Zündels Weine spiegeln das Rebjahr. In aus-

zonte si orienta al secondo grado. Ad essi si affianca il burgundo Chardonnay Velabona con uno stile nobile e classico. E tutte e tre recano firma nitida e chiara di un viticoltore che, nel corso degli anni, si è liberato della zavorra accumulata ed è approdato alla semplicità. I vini di Christian Zündel rispecchiano l'annata dell'uva. In anni equilibrati, come il 1996 e il 1998, egli produce vini equilibrati. In anni con un decorso vegetativo complicato, come ad esempio il 1997, il vino si presenta invece con una certa scontrosità. Per il viticoltore non vi sono verità definitive, ma sempre e solo un interrogativo avvicinarsi a tastoni a una via ticinese «purificata», che si snoda tra quella di Bordeaux e le copie d'oltre oceano. Un ottimo vino, al tempo stesso grande e semplice, sul quale non sia necessario discutere – non si tratta solo dell'obiettivo di Zündel, ma anche di una possibile opzione per il Ticino.

Nel Malcantone, la patria dei piccoli produttori, dai singoli vigneti non ci si possono attendere grandi numeri: una quantità compresa tra le 15 000 e le 20 000 bottiglie è già da considerare rispettabile. I vini raggiungono appena i grandi canali di distribuzione. Alcuni di essi sono oggetti di culto, sono rari e pertanto ricercati. In Ticino, stando a Sergio Monti, vi potrebbero essere due categorie di vini: quelli d'autore, ricchi di carattere, prodotti quasi artigianalmente in base alle caratteristiche del territorio e alle possibilità di vendita individuali da un lato e, dall'altro, i vini commerciali, che devono andare incontro al gusto della grande massa, che costituisce pur sempre l'80 percento dei consumatori. Se queste categorie esistessero, i prodotti dei vitivinicoltori apparterrebbero ovviamente alla prima. Assieme a quelli dello stesso Sergio Monti.

«Piccolo ma squisito». Questa locuzione si adatta a SERGIO MONTI sia in senso proprio che in senso figurato. La vigna di Monti è in territorio di Cademario, da dove si avrebbe voglia di lanciarsi con il parapendio sopra il lago di Lugano in direzione del Monte Brè. Piccolo e squisito d'aspetto è innanzitutto l'uomo, sebbene la sua criniera d'artista lo faccia apparire imponente. Piccola e squisita è pure la vigna. In nove minuscole parcelle strappate al bosco e alla sterpaglia a 550 metri di quota, assieme al figlio Yvo e al dipendente Giovanni Cavalieri, Monti coltiva numerose varietà d'uva: Merlot, Riesling x Sylvaner, Chardonnay, Diolinoir, Pinot grigio, Pinot nero, Ancelotta, Cabernet Sauvignon e Pinot x Cabernet. Piccola e squisita è infine anche la cantina, quasi asettica ma esteticamente riuscita in cui, grazie a un equipaggiamento tra i più funzionali, si accudiscono con accompagnamento musicale 15 000 bottiglie.

Monti è un autodidatta ritiratosi nella natura da una lucrativa carriera bancaria. Vinificò la sua prima annata nel 1976 con uve d'acquisto. Nel 1984, a 52 anni, lasciò l'impiego e si dedicò con tutte le forze all'esercizio della vigna. L'attività che svolge in proprio come amministratore patrimoniale gli fornisce la sicurezza necessaria rispetto al suo costoso hobby. Con gli anni, l'azienda è maturata, e la cantina sperimentale – così la indicava l'etichetta – è diventata una cantina a tutti gli effetti. E sempre maggiore è anche l'impegno di Monti a favore della viticoltura e della formazione dei vignaioli non professionisti. All'ufficio di presidente della Federviti è seguita la presidenza dell'associazione nazionale. Il suo desiderio è quello di una coltura il più possibile vicina alla natura. Secondo lui, la premessa per la concessione di una Denominazione

geglichenen Jahren wie 1996 oder 1998 erzeugt er ausgeglichene Weine. In Jahren mit einem komplizierteren Vegetationsverlauf wie 1997 besitzt der Wein eine gewisse Widerborstigkeit. Endgültige Wahrheiten gibt es für den Winzer nicht, immer nur ein fragendes Herantasten an einen «geläuterten» Tessiner Weg, der sich zwischen Bordeaux- und Überseekopien durchschlängelt. Ein feiner Wein, der gleichzeitig gross und einfach ist, über den man nicht diskutieren muss, der wie selbstverständlich ist – das wäre nicht nur Zündels Ziel, sondern auch fürs Tessin eine mögliche Option.

Im Malcantone, der Heimat der kleinen Produzenten, darf von den einzelnen Weingütern keine grossen Flaschenmengen erwartet werden. 15 000 bis 20 000 Flaschen sind schon respektabel. Die Weine gelangen kaum in die grossen Verkaufskanäle. Einzelne geniessen Kultstatus, sind rar und entsprechend gesucht. Wenn es im Tessin zwei Kategorien von Weinen gibt, wie dies Sergio Monti sagt – hier die charaktervollen Autorenweine, die nach Massgabe des Terroirs und den individuellen Verkaufsmöglichkeiten quasi handwerklich gefertigt werden, dort die kommerzielleren Weine, die den Geschmack der breiten Bevölkerung treffen müssen, welche 80 Prozent der Konsumenten ausmacht –; wenn es diese zwei Kategorien gibt, dann gehören natürlich die Gewächse der Selbstkelterer zur ersten Kategorie. Auch diejenigen von Sergio Monti selbst.

«Klein, aber fein», diese Wendung trifft im Tessin im eigentlichen wie im übertragenen Sinn auf SERGIO MONTI zu. Montis Weingut residiert im luftigen Cademario, von wo man gleich zu einem Gleitschirmflug über den Luganer See zum Monte Bre starten möchte. Klein und fein von Gestalt ist zunächst der Mensch, obwohl ihn die Künstlermähne imposant erscheinen lässt. Klein und fein ist das Weingut. Auf neun Kleinparzellen, die dem Wald und Gestrüpp abgetrotzt wurden, kultiviert Monti auf 550 Metern Höhe zusammen mit seinem Sohn Yvo und dem Angestellten Giovanni Cavalieri eine Vielzahl von Rebsorten – Merlot, Riesling x Sylvaner, Chardonnay, Diolinoir, Pinot gris, Pinot noir, Ancelotta, Cabernet Sauvignon und Pinot x Cabernet. Klein und fein ist schliesslich auch der fast schon klinisch saubere Keller, wo dank funktionellster Einrichtung in einer auch ästhetisch gelungenen Umgebung und mit Musikbegleitung an die 15 000 Flaschen gekeltert werden.

Monti ist Autodidakt, der sich aus einer lukrativen Bankkarriere in die Natur zurückgezogen hat. 1976 kelterte er aus gekauften Trauben den ersten Jahrgang. Im Jahr 1984, mit 52 Jahren, quittierte er seinen Job und betrieb mit ganzen Kräften den Ausbau des Weinguts. Eine eigene Firma für Vermögensverwaltung gibt ihm angesichts des kostspieligen Hobbys die nötige Absicherung. Mit den Jahren erreichte der Betrieb seine Reife, und aus der Experimentierkellerei, wie sie sich auf den Etiketts nannte, wurde eine bestandene Cantina. Stets gewachsen ist dabei Montis Engagement für den Rebbau und die Schulung der nicht hauptberuflich tätigen Winzer. Zum Amt als Präsident des Tessiner Winzerverbandes kam die Präsidentschaft des gesamtschweizerischen Verbandes. Sein Anliegen ist eine möglichst naturnahe Bewirtschaftung. Voraussetzung der Verleihung der Denominazione d'Origine Controllata (DOC), der Tessiner Herkunftsbezeichnung, müsste seiner Meinung nach eine Rebpflege nach den Vorschriften der Integrierten Produktion sein.

Profitiert von diesem Engagement haben Montis Weine – der Merlot Rovere, der Malcantone aus Merlot, Diolinoir und Cabernet, der Bianco

d'Origine Controllata (<u>DOC</u>), il marchio d'origine ticinese, sarebbe una viticoltura esercitata secondo le prescrizioni della produzione integrata.

Di questo impegno hanno in particolar modo beneficiato i vini di Monti, il Merlot Rovere, il Malcantone, di Merlot, Diolinoir e Cabernet, il Bianco Rovere, di Riesling x Sylvaner e Chardonnay, e il Pinot nero. Quattro qualità straordinariamente sottili ed eleganti, abilmente affinate in barrique, che si profilano per la finezza inconsueta, quasi già borgognona. Dopo la vendemmia, il 20 percento delle uve viene essiccato in una cella climatizzata, secondo un metodo di concentrazione succedaneo di quello dell'appassimento all'aria, su graticci, più antico e ben diffuso nella regione alpina: per intenderci, quello degli Amaroni e degli Sforzati della Valpolicella. Questo procedimento può conferire al vino un aroma non necessariamente vantaggioso di susina disseccata, una nota di prugna sotto spirito. Non è così nel caso di Monti, e già il suo Malcantone, con la sua acidità slanciata, la sua freschezza e la sua sottilità è un rappresentante del tutto particolare della propria regione di provenienza.

Se la sola ampiezza della produzione dovesse determinare l'inclusione in questo libro, FRANCESCO FRANCHINI sarebbe tranquillamente trascurato. Infatti, a dipendenza del rendimento dell'annata, la sua oscilla tra le 4000 e le 5000 bottiglie. Ma questa quantità è inversamente proporzionale alla qualità. E di questo deve ringraziare – ecco la particolarità di Franchini – esclusivamente un passatempo. Francesco Franchini è infatti uno degli appassionati: un viticoltore del dopolavoro, della domenica, del tempo libero, come nel Cantone ve ne sono grosso modo 4000. La maggior parte di essi vende le proprie uve, producendo al massimo una botticella per il consumo proprio, sulla cui qualità si preferisce spesso tacere. I pochi vinificano da sé il proprio raccolto e tra questi Franchini ricava probabilmente il vino migliore.

Nella stupenda posizione del vigneto Poggio al Cinghiale, situato a Ronco, presso Castelrotto, Franchini cura 3000 ceppi, cui se ne aggiungono altri 1000 coltivati a Lamone, nella valle del Vedeggio. Il suo assortimento converrebbe a un piccolo commercio di vini e spazia da uno spumante dall'arguto nome di Chateau cassé – una traduzione oltremodo letterale di Castelrotto, il Comune in cui crescono le uve Merlot spumantizzate – attraverso il Bianco di Merlot, ricavato da ceppi di Sémillon/Chardonnay, e il rosato sino al Merlot Poggio al Cinghiale e al Riserva affinato in carati. Tutti i vini si distinguono per purezza di toni, freschezza e tipicità della varietà. Nel delicato approccio al legno di rovere, Franchini dimostra molta abilità. I suoi vini procurano grande piacere.

Vien da chiedersi come faccia Franchini a ottenere tutto questo senza trascurare una professione che gli dà da vivere, una famiglia e altri hobby, come ad esempio la bicicletta. A muoverlo sarebbe esclusivamente la passione, spesso invocata ma tanto rara da incontrare. Tranne – appunto – nel suo caso. In lui ambizione, passione, capacità di apprendimento e precisione nel lavoro si fondono al meglio. Anche la sua professione gli è d'aiuto: Franchini lavora come regista delle luci presso la Televisione della Svizzera italiana e nel suo mestiere la grande sensibilità e il senso della sottigliezza sono importanti come nella viticoltura e nella vinificazione. Inoltre, gli orari di lavoro irregolari gli consentono di recarsi frequentemente nella vigna. E, sotto questa luce, Francesco Franchini non appare più come un puro viticoltore della domenica.

Rovere aus Riesling x Sylvaner und Chardonnay sowie der Pinot noir. Vier aussergewöhnlich subtile und elegante Gewächse mit gekonntem Barriqueausbau. Sie profilieren sich mit aussergewöhnlicher, fast schon burgundischer Feinheit. 20 Prozent der Trauben werden nach der Ernte in einer Klimazelle getrocknet, eine Methode, die das im Alpengebiet verbreitete System der Lufttrocknung nachahmt – man denke nur an die Sforzati des Veltlins oder die Amaroni des Valpolicella. Dieses Vorgehen kann dem Wein eine nicht unbedingt vorteilhafte Dörrpflaumenaromatik, eine Rumtopfnote schenken. Nicht so bei Monti. Gerade sein Malcantone ist mit seiner beschwingten Säure, seiner Frische, seiner Subtilität ein ganz besonders typischer Vertreter seines Anbaugebiets.

Würde die Grösse der Produktion allein darüber bestimmen, wer in diesem Buch erwähnt wird, müsste Francesco Franchini wohl übergangen werden. Der Mann erzeugt nämlich je nach Ergiebigkeit des Jahrgangs nur 4000 bis 5000 Flaschen. So klein die Menge ist, so gut ist ihre Qualität. Und sie verdankt diese Güte – das ist nun das Spezielle an Franchini – allein einem Hobby. FRANCESCO FRANCHINI ist einer jener «appassionati», wie sie die Tessiner nennen. Ein Feierabend-, Wochenend- oder Freizeitwinzer, von denen es im Kanton noch rund 4000 gibt. Die meisten verkaufen ihre Trauben und keltern vielleicht ein Fässchen eigenen Hauswein, über dessen Qualität man oft besser schweigt. Die wenigsten vinifizieren ihre Ernte selber, und von diesen wenigen macht Franchini wohl den besten Wein.

3000 Rebstöcke pflegt Franchini im wunderbar gelegenen Weinberg Poggio al Cinghiale in Ronco bei Castelrotto im Malcantone. 1000 Stöcke stehen dazu noch in Lamone im Luganeser Vedeggiotal. Sein Sortiment stünde einer kleineren Weinhandlung gut an: Es reicht von einem Spumante mit dem witzigen Namen «Château cassé» – eine Verballhornung von Castelrotto, der Gemeinde, in der die spumantisierten Merlottrauben wachsen – über einen Bianco di Merlot, einen Weissen aus Semillon/Chardonnay, einen Rosato bis zum Merlot Poggio al Cinghiale und einer barriquegereiften Riserva! Alle Weine zeichnen sich durch Reintönigkeit, Frische und Sortentypizität aus. Im delikaten Umgang mit dem Eichenholz verfügt Franchini über eine geschickte Hand. Die Weine bereiten Trinkgenuss.

Wie schafft Franchini das neben einem Beruf, der ihn fordert, neben Familie und anderen Hobbys wie beispielsweise Radfahren? Es sei die «passione», die ihn antreibe, die Leidenschaft. Häufig beschworen, ist sie doch selten zu finden. Bei Franchini wird man fündig. Ehrgeiz, Leidenschaft, Lernfähigkeit und präzises Arbeiten verbinden sich bei ihm aufs Beste. Ein Segen ist wohl auch sein Beruf: Franchini arbeitet als Lichtregisseur beim Tessiner Fernsehen. Fingerspitzengefühl und ein Gespür für Subtilitäten sind da wohl ebenso gefragt wie beim Weinbauern und Keltern. Zudem erlauben ihm die unregelmässigen Arbeitszeiten, immer mal wieder in den Rebberg zu gehen. So gesehen ist Francesco Franchini nun eben doch kein reiner Sonntagswinzer.

156 Coldrerio

Dopo il ponte-diga di Melide, che taglia in due il lago di Lugano, la vallata si infila dapprima in una strettoia delimitata dalle pendici del Monte Generoso e del Monte San Giorgio, quindi si riapre e offre allo sguardo un aperto paesaggio collinoso gradevolmente ondulato: inizia il Mendrisiotto. Dove un tempo i singoli villaggi si distinguevano chiaramente aggrappati come nidi ai pendii, oggi domina una zona artigianale diffusa attraversata da strade e intercalata da piccoli e grandi vigneti che si riunisce senza strappi alla cintura industriale dell'Italia settentrionale.

Per una volta, i confini politici del Mendrisiotto coincidono con quelli della geografia vitivinicola. La regione costituisce un'unità topografica e culturale, e in essa si riflette – secondo Beat Allenbach – il destino del Ticino, «la doppia appartenenza alla Svizzera e all'Italia». Politicamente, i ticinesi sono svizzeri; per lingua e cultura sono italiani. Il Mendrisiotto, per così dire la parte lombarda del Cantone, si apre sempre più a sud anche economicamente. Ma non sempre centra il bersaglio: il tentativo del giugno 2000 di presentare a Como i vini del Mendrisiotto si è ad esempio rivelato un fiasco. I Ticinesi rimangono tra di loro, e il pubblico italiano poco si interessa al prodotto dei vigneti d'oltre frontiera. Anche riguardo ai vini, il Ticino è evidentemente legato alla Svizzera.

L'iniziativa dei produttori vinicoli è ben fondata. Il Mendrisiotto possiede la più grande superficie coltivabile del Ticino. Analogamente alta e adatta all'esportazione è la produzione di bottiglie. 308 ettari sono coltivati a vigna, il che rappresenta il 34 percento della superficie viticola cantonale. Il Mendrisiotto è pure la regione con il maggior tasso di crescita del Cantone, con un aumento da un milione a un milione e mezzo di ceppi negli ultimi dieci anni, principalmente dovuto a nuove piantagioni ad alta densità. Di questi, l'83 percento è costituito da Merlot, mentre un cospicuo 11 percento riguarda nel frattempo anche varietà bianche, come Chardonnay, Chasselas e Sauvignon bianco – anche questo un primato cantonale. A prestarsi particolarmente alla produzione di vini bianchi sono, con i loro terreni basici, ricchi di calcare e poveri d'argilla, i comuni di Arzo, Besazio e Tremona. I pendii ripidi sono rari. I vigneti si stendono su dolci declivi o si adagiano sulle pianure. Relativamente grande è pure la diffusione della meccanizzazione nella vigna: se nella media cantonale l'impegno lavorativo si situa tra le 800 e le 900 ore per ettaro, in molti vigneti del Mendrisiotto questo scende a sole 500.

Salta all'occhio come i filari siano molto più frequentemente ricoperti da reti anti grandine rispetto al Luganese o addirittura al Sopraceneri. Il nero delle reti forma un bizzarro contrasto con il verde mare delle vigne. Ma le statistiche mostrano che il Mendrisiotto soffre per la grandine molto più delle altre regioni svizzere. L'area compresa tra il lago di Lugano e quello di Como è caratterizzata da un'umidità relativa particolarmente elevata. I possenti cumuli che le pendici del Generoso spingono verso l'alto si scaricano in violenti temporali e piovaschi. Le reti di protezione sono più economiche delle assicurazioni contro la grandine, i cui premi nel Mendrisiotto ammonterebbero al 12 percento del valore assicurato, come spiega Sandro Guarneri, direttore della Cantina Sociale di Mendrisio. In un calcolo distribuito sull'arco di dieci anni, le reti sarebbero costate solo la metà. Il calcolo apparirebbe forse diverso se vi si includesse il lato pragmatico: lavorare sotto le reti anti grandine

Nach dem Damm von Melide, der den Luganer See entzweit, zwängt sich das Tal durch eine von den Flanken des Monte Generoso und des Monte San Giorgio markierte Verengung, bevor es sich öffnet und Ausblick auf eine geräumige, anmutig geschwungene Hügellandschaft gibt: das Mendrisiotto. Wo früher die einzelnen Dörfer klar unterscheidbar waren und wie Nester an den Hängen klebten, herrscht heute eine diffuse Gewerbezone. Durchzogen von Strassen und durchsetzt von kleineren und grösseren Weinbergen, geht sie nahtlos in den oberitalienischen Industriegürtel über.

Die politischen Grenzen des Mendrisiotto decken sich für einmal mit den weingeografischen. Die Landschaft bildet topografisch und kulturell eine Einheit. In ihr zeigt sich das Schicksal des Tessins: «die doppelte Zugehörigkeit zur Schweiz und zu Italien» (Beat Allenbach). Politisch gehören die Tessiner zur Schweiz, sprachlich und kulturell zu Italien. Das Mendrisiotto, die gleichsam lombardische Ecke des Kantons, öffnet sich auch wirtschaftlich vermehrt nach Süden. Nicht immer trifft sie allerdings auf Interesse: Der Versuch, in Como die Weine des Mendrisiotto vorzustellen, schlug im Juni 2000 jedenfalls fehl. Die Tessiner blieben unter sich. Das italienische Publikum interessierte sich kaum für den in Grenznähe gewachsenen Rebensaft. Auch beim Wein ist das Tessin offenbar an die Schweiz gebunden.

Die Initiative der Weinproduzenten ist gut begründet. Das Mendrisiotto besitzt die grösste Anbaufläche des Tessins. Entsprechend hoch und exporttauglich ist die Flaschenproduktion. 308 Hektar sind mit Reben bepflanzt, was 34 Prozent der kantonalen Rebfläche ausmacht. Das Mendrisiotto ist auch jenes Gebiet, das die grösste Zuwachsrate des Kantons aufweist: Die Zahl der Rebstöcke kletterte innerhalb der letzten zehn Jahre von einer Million auf 1,5 Millionen – hauptsächlich dank Neupflanzungen mit hoher Stockdichte. 83 Prozent entfallen auf Merlot und beachtliche elf Prozent mittlerweile auf weisse Sorten wie Chardonnay, Chasselas und Sauvignon blanc – auch dies ein kantonaler Rekord. Vor allem die drei Gemeinden Arzo, Besazio und Tremona eignen sich mit ihren basischen, kalkreichen und tonarmen Böden speziell für die Erzeugung von Weissweinen. Steillagen finden sich wenige im Gebiet. Die Rebberge schmiegen sich an sanft geneigte Hänge oder liegen in der Ebene. Entsprechend gross ist das Ausmass der Mechanisierung in der Bewirtschaftung der Weinberge. Während der Arbeitsaufwand pro Hektar im kantonalen Durchschnitt bei 800 bis 900 Stunden liegt, sind es in vielen Rebbergen des Mendrisiotto vergleichsweise bescheidene 500 Stunden.

Auffällig ist, dass die Rebzeilen weitaus häufiger mit Hagelschutznetzen überzogen sind als etwa im Luganese oder gar im Sopraceneri. Die schwarzen Netze bilden einen eigenwilligen Kontrast zum grünen Rebenmeer. Die Statistik zeigt, dass das Mendrisiotto häufiger unter Hagel leidet als andere Gebiete der Schweiz. Die zwischen Luganer See und Comer See gelegene Region zeichnet sich durch eine besonders hohe Luftfeuchtigkeit aus. Mächtige Cumuluswolken, die an der Flanke des Monte Generoso hochgetragen werden, entladen sich in kräftigen Gewittern mit Regenschauern. Hagelschutznetze seien wirtschaftlicher als eine Hagelversicherung, deren Prämie im Mendrisiotto zwölf Prozent des versicherten Werts betrage, meint Sandro Guarneri, Direktor der Cantina Sociale Mendrisio. Auf eine Berechnungsperiode von zehn Jahren kämen die Netze halb so teuer zu stehen. Anders sieht vielleicht die Rechnung aus, wenn man die

sarebbe infatti un supplizio. E rimettere ordine nel vigneto dopo il maltempo, addirittura una pena, sostengono taluni interessati.

Il Mendrisiotto ospita la sola cooperativa vitivinicola del Ticino nonché tutta una serie di importanti cantine e aziende vitivinicole. È pure sede dell'ISTITUTO AGRARIO CANTONALE, che prepara viticoltori, orticoltori e forestali. L'istituto di Mezzana ha avuto un ruolo decisivo nell'introduzione e nella diffusione dell'uva Merlot in Ticino: una ragione sufficiente per ritracciare in maniera esauriente la storia della varietà dominante del Cantone.

varietà dominante

Il Merlot ticinese ha una storia giovane, un prodotto del XX secolo che ha potuto affermarsi solo dopo la Seconda guerra mondiale. La sua storia iniziale è difficilmente distinguibile nell'intrico delle varietà coltivate in Ticino, ma con questo non fa che acquisire pregnanza.

Come nel resto dell'Europa centrale, anche in Ticino la viticoltura fu introdotta dai Romani. Lo storico Plinio il Vecchio (Gaius Plinius Secundus), nato nel 23 dopo Cristo a Novum Comum, non lontano dall'odierna Chiasso, parla nei suoi scritti delle uve e del vino delle fertili vallate a meridione del Gottardo.

I manoscritti medievali sono testimoni di continuità. Ad esempio gli «Statuta communis Comani» del 1335 menzionano i vini di Gandria, che maturavano nelle cantine scavate nella roccia naturale di Caprino e Cavallino, sulla sponda opposta del lago, prima di essere messi in vendita a Como e Milano. Nel XV secolo anche gli svizzero tedeschi scoprirono la viticoltura ticinese mentre occupavano quelle parti del Sopraceneri che chiamavano i «distretti transalpini».

Nel suo «De republica Helvetiorum» del 1576, Josias Simmler parla dei vigneti del Locarnese, dove aveva incontrato delle vigne molto alte con uve visibilmente grosse e una ricca produzione (probabilmente alludendo a una pergola). E il bernese Karl Viktor von Bonstetten riferisce ampiamente sul vino e i vigneti – manifestamente meno curati – della Svizzera meridionale nelle sue «Lettere su una Svizzera pastorale» del 1793.

Molto più frequenti sono gli accenni nel tardo XVIII secolo. Nel suo «Diario di un viaggio attraverso le Svizzera orientale, meridionale e italiana» (1800) Friedrike Brun descrive ad esempio i pergolati di Giornico. E la viticoltura è ricordata dallo zurighese Heinrich Meyer nel suo «Viaggio pittoresco nella Svizzera italiana» (1793) almeno quanto lo è da Hans Rudolf Schinz, che nel quarto dei suoi cinque «Contributi a una migliore conoscenza della Svizzera» – apparsi tra il 1783 e il 1787 – riferisce in maniera molto esauriente sulla produzione vinicola del Ticino.

Quando all'inizio del XIX secolo – per la precisione nel 1803 – il Ticino cessa finalmente di essere un territorio subordinato ed entra a far parte della Confederazione come cantone autonomo, i contorni della regione vitivinicola si fanno sempre più netti. Le attestazioni si moltiplicano e parlano sempre di assenza di orientamenti, crisi e decadimento. Le prime testimonianze sistematiche recano il nome del futuro Consigliere federale STEFANO FRANSCINI che, nella sua opera «La Svizzera italiana» (1837–1840), traccia un quadro nudo e crudo della viticoltura ticinese.

La superficie a vigna doveva essere allora quasi un decuplo di quella attuale. Questi e altri dati relativi alle superfici viticole vanno tuttavia subito relativizzati: sino al XX secolo inoltrato, in Ticino la vite era

pragmatische Seite mitrechnet: Unter Hagelschutznetzen arbeiten zu müssen, sei eine Qual. Und nach einem Unwetter darunter aufzuräumen, geradezu eine Pein, sagen Betroffene.

Das Mendrisiotto beherbergt die einzige Winzergenossenschaft des Tessins sowie eine ganze Reihe bedeutender Kellereien und Selbstkellererbetriebe. Es ist auch Sitz des ISTITUTO AGRARIO CANTONALE, der kantonalen Landwirtschaftsschule, die Winzer, Gärtner und Förster ausbildet. Mezzana spielte eine entscheidende Rolle bei der Einführung und Verbreitung der Rebsorte Merlot im Tessin. Grund genug, ausführlicher auf die Geschichte der Tessiner Leitsorte einzugehen.

Der Tessiner Merlot ist ein junger Wein. Ein Produkt des 20. Jahrhunderts, das sich erst nach dem Zweiten Weltkrieg durchsetzen konnte. Seine Anfangsgeschichte ist im Gewimmel der zahlreichen im Tessin angebauten Sorten nur schwer auszumachen, gewinnt dann aber zunehmend an Prägnanz.

Begründet wurde der Tessiner Weinbau, wie überall in Mitteleuropa, von den Römern. Der römische Historiker Plinius der Ältere (Gajus Plinius Secundus), der 23 nach Christus in Novum Comum, unweit der heutigen Grenzstadt Chiasso, zur Welt kam, spricht in seinen Schriften von den Trauben und dem Wein der fruchtbaren Täler südlich des Gotthards.

Mittelalterliche Handschriften bezeugen Kontinuität: Die «Statuta communis Comani» erwähnt 1335 beispielsweise die Weine von Gandria, die am gegenüberliegenden Seeufer in den natürlichen Felsenkellern von Caprino und Cavallino heranreiften, bevor sie nach Como und Mailand verkauft wurden. Im 15. Jahrhundert entdeckten auch die Deutschschweizer den Tessiner Weinbau, als sie Teile des Sopraceneri, die «ennetbirgischen Ämter», besetzt hielten.

Josias Simmler berichtet in «De republica Helvetiorum» aus dem Jahre 1576 von Weinbergen im Locarnese, in denen er hochgewachsene Rebstöcke mit auffallend grossen Trauben und reichlicher Produktion vorgefunden hat (vermutlich meint er damit die Pergola). Und der Berner Karl Viktor von Bonstetten gab in seinen «Briefen über ein schweizerisches Hirtenland» aus der Südschweiz 1793 gründlich vom Wein und von den – offenbar wenig gepflegten – Weinbergen Kenntnis.

Recht häufig sind Hinweise in Schriften aus dem späten 18. Jahrhundert. So beschreibt etwa Friedrike Brun in ihrem «Tagebuch einer Reise durch die östliche, südliche und italienische Schweiz» (1800) den Pergolaanbau von Giornico. Der Zürcher Heinrich Meyer vergisst in seiner «Malerischen Reise in die italienische Schweiz» (1793) den Weinbau natürlich ebenso wenig wie Hans Rudolf Schinz, der im vierten seiner fünf Bände umfassenden «Beyträge zur näheren Kenntnis des Schweizerlands» – erschienen zwischen 1783 und 1787 – sehr ausführlich über die Weinbereitung im Tessin berichtet.

Im 19. Jahrhundert, zu dessen Beginn – 1803 – sich das Tessin endlich von seinem Status als Untertanengebiet der Eidgenossenschaft befreien und als eigenständiger Kanton in die Konföderation einschreiben konnte, werden die Konturen des Weinbaugebiets zunehmend schärfer. Die Zeugnisse mehren sich und erzählen immer eindringlicher von Orientierungslosigkeit, Krise und Niedergang. Am Anfang der schriftlichen Erfassung steht der Name des späteren Bundesrats STEFANO FRANSCINI. In seinem Standardwerk «La Svizzera italiana» (1837–1840) zeichnet er ein ungeschminktes Bild des Tessiner Weinbaus.

coltivata in colture miste con diverse densità di piantagione. Le colture intensive, che consentono valutazioni più affidabili circa le quantità prodotte, erano molto poche. Non esisteva neppure un concetto di qualità corrispondente alle nostre aspettative. Le uve, che qui erano per consuetudine vinificate con ingenuità e profusione di varietà, servivano al fabbisogno proprio. Il vino costituiva (e nel sud lo è spesso ancora oggi) un alimento ed era annoverato tra gli ingredienti naturali del quotidiano, dei quali poco si parlava e tantomeno si scriveva. Le esportazioni erano perciò molto ridotte: qualcosa verso il cantone di Uri e qualche vino migliore alle corti di Como e Milano. L'apertura nel 1882 della galleria del San Gottardo, che avrebbe potuto ampliare il potenziale mercato, fu inizialmente senza conseguenze per la vitivinicoltura ticinese. La ferrovia trasportava sì dei vini verso nord, ma il loro paese d'origine era l'Italia, che ne produceva di migliori e anche più convenienti.

Frattanto, i cinquant'anni che separano il rilevamento di Franscini e il traforo del Gottardo non sono trascorsi senza lasciar tracce per la viticoltura ticinese, anzi, l'hanno addirittura spinta sull'orlo dell'estinzione. Colpevoli di tutto ciò furono le tre calamità della vite importate dall'America che fecero strage dei vigneti di tutta Europa: l'<u>oidio</u>, la peronospora e la fillossera.

La prima piaga viticola a raggiungere il Ticino nel 1846 fu l'oidio, che ricopre di bianco la faccia superiore delle foglie, facendole così sembrare cosparse di farina. Le conseguenze sono dei gravi disturbi della crescita e ancora più devastante è il suo effetto sull'uva non ancora matura: la buccia degli acini si indurisce e finisce per scoppiare, facendo seccare o marcire il contenuto. Il solo mezzo efficace contro la malattia era allora lo zolfo, che veniva polverizzato il più finemente possibile sulle vigne dalle donne e dai vecchi: gli uomini, infatti, erano emigrati. Un lavoro penoso, lungo, che bruciava gli occhi.

Queste vigne, in gran parte insufficientemente curate, non potevano certo guarire unicamente grazie e questo intervento. Ma gli emigranti, che durante l'inverno facevano per lo più ritorno a casa, sapevano cosa fare. Molti di loro lavoravano in Francia, dove avevano sicuramente visto dei vigneti. E quanto avevano osservato sembrò loro la soluzione giusta anche per il Ticino: nell'ambito della lotta contro l'invasore americano, in Francia si era iniziato a piantare singoli vigneti con uve americane resistenti o con ibridi dalla crescita forte, molto produttivi e poco esigenti, frutto di incroci tra uve americane ed europee, che in Ticino presero il nome di Francesi. Tra il 1860 e il 1870, dunque, anche nel Cantone fecero la loro apparizione i primi ceppi di Isabella, York-Madeira e Catauba – gli <u>ibridi</u>, appunto – che sostituirono le vecchie varietà indigene. Grazie alle poche cure richieste, si sono mantenuti sino ad oggi, sebbene siano una materia prima adatta al massimo per la grappa.

Ora, chi vorrebbe biasimare il viticoltore in stato di necessità per la sua rapida passione per le «americane» nell'ultimo secolo? La loro superiorità rispetto alle varietà comuni, le «nostrane», era evidente. Poiché mentre queste ultime caddero anch'esse vittime della peronospora, comparsa sulla scena nel 1878, le nuove varietà sopravvissero.

La situazione era diventata allarmante. Meglio delle cifre piuttosto dubbiose che annunciano la costante diminuzione delle superfici coltivate è

Die Rebfläche muss damals fast ein Zehnfaches der heutigen Grösse betragen haben. (Wobei diese und ähnliche Angaben zur Weinbaufläche gleich zu relativieren sind: Bis weit ins 20. Jahrhundert hinein wurden die Reben im Tessin in Mischkulturen angebaut, die von unterschiedlicher Bestockungsdichte waren. Intensivkulturen, welche weit verlässlichere Aussagen über Produktionsmengen zulassen, gab es nur wenige. Ein unseren Vorstellungen entsprechendes Qualitätsbewusstsein gab es auch nicht. Die Trauben, die da nach alter Väter Sitte mehr oder weniger sorglos und sortenbunt gekeltert wurden, dienten der Eigenversorgung. Wein galt (und gilt im Süden häufig auch heute noch) als Nahrungsmittel und zählte zu den selbstverständlichen Ingredienzen des Alltags, über die zu sprechen (geschweige denn zu schreiben) nicht üblich war. Exportiert wurden deshalb auch bloss geringe Mengen: etwas in den Kanton Uri, einige bessere Tafelweine an die Höfe von Como und Mailand. Die Eröffnung des Gotthardtunnels im Jahr 1882, der den potenziellen Absatzmarkt hätte erweitern können, blieb für den Tessiner Weinbau vorerst weitgehend folgenlos. Die Eisenbahn transportierte zwar sehr wohl Rebensaft in den Norden. Herkunftsland aber war Italien, das bessere und zudem noch billigere Weine erzeugte.

Indes, die 50 Jahre, die zwischen Franscinis Bestandesaufnahme und dem Gottharddurchbruch liegen, sind am Tessiner Weinbau nicht spurlos vorübergegangen, ja haben ihn sogar an den Rand des Abgrunds gerückt. Schuld daran waren die drei aus Amerika importierten Rebplagen, die das grosse Sterben über Europas Weinberge brachten: Der Echte Mehltau, auch Oidium genannt, der Falsche Mehltau (Peronospora) und die Reblaus (Phylloxera).

Als erste Rebkrankheit trat 1846 im Tessin der Echte Mehltau auf. Weiss überzieht er die Oberseite der Blätter, sodass die Reben wie von Mehl bestäubt in den Weinbergen stehen. Schwere Wachstumsstörungen sind die Folge. Noch verheerender wirkt er sich an den unreifen Trauben aus. Die Beerenhäute verhärten sich und platzen schliesslich; das Traubeninnere vertrocknet oder verfault. Das einzig wirksame Mittel dagegen war der Schwefel, der damals in Pulverform von den daheim gebliebenen Frauen und Alten (die Männer arbeiteten als Fremdarbeiter im Ausland) möglichst fein über die Reben zu stäuben war. Eine mühselige, lästige, in den Augen brennende Arbeit.

Gesunden konnten die ohnehin meist nur mangelhaft gepflegten Rebberge auf diese Weise natürlich nicht. Die Emigranten, die über den Winter jeweils wieder heimzukehren pflegten, wussten Rat. Viele von ihnen arbeiteten in Frankreich, bekamen dort Rebberge zu Gesicht, und was sie sahen, schien ihnen auch die Lösung für das Tessin zu sein: In der Abwehrschlacht gegen die amerikanischen Eindringlinge hatte man in Frankreich begonnen, einzelne Weinberge mit resistenten amerikanischen Reben oder mit wuchskräftigen, ertragreichen, anspruchslosen Hybriden aus einer Kreuzung von europäischen mit amerikanischen Reben, im Tessin Francese genannt, zu bepflanzen. Zwischen 1860 und 1870 wurden denn auch im Tessin die ersten Direktträger – Isabella, York-Madeira, Catauba – oder Hybriden gepflanzt. Sie ersetzten die alten, einheimischen Sorten und haben sich ihrer Pflegeleichtigkeit wegen teilweise bis heute gehalten, obgleich sie sich höchstens als Ausgangsmaterial für Grappa eignen.

Nur; wer will die gebeutelten Winzer für ihre rasch entflammte Liebe zu den Americane im letzten Jahrhundert tadeln? Die Überlegenheit über die

il calo della produzione vinicola a tracciare un quadro decisamente triste: nel ventennio compreso tra il 1871 e il 1891 essa si ridusse da 52 743 a 17 843 ettolitri, 12 105 dei quali – cioè due terzi – ricavati da uve americane. E quando nel 1897 le larve della fillossera furono osservate per la prima volta sulle radici si trovarono confrontate con una viticoltura che, «grazie» all'oidio e alla peronospora, aveva già toccato il fondo.

Ciò nonostante occorreva fare qualcosa contro questo parassita. I metodi chimici non erano d'aiuto: nel momento in cui l'insorgenza diventava apparente, il ceppo era già condannato. La soluzione risiedeva nell'innesto di marze europee su portainnesti di origine americana. Perciò, già in quel 1897, al neo costituito servizio per la lotta contro la fillossera fu annesso un vivaio situato a Mendrisio. Durante i primi anni, oltre a poco Chasselas e Cabernet Sauvignon vennero innestate solo varietà indigene. Ben presto, però, la richiesta – fattasi nel frattempo sempre maggiore – non poté più essere soddisfatta con le disponibilità proprie, e fu necessario importare dei piantoni dalla Francia.

La ricostruzione della viticoltura ticinese e quindi l'elaborazione di una politica delle varietà coerente e incentrata sulle particolarità climatiche e geologiche presenti ebbe inizio con l'istituzione di una cattedra ambulante che fu affidata all'allora trentenne laureato in agronomia e farmacologia ALDERIGE FANTUZZI. Il suo compito primario era quello di istruire i vignaioli, generalmente troppo poco formati: un'ampia attività di relatore che lo portò a piedi e in bicicletta fin nei villaggi più discosti del Cantone. Inoltre, Fantuzzi aveva ricevuto l'incarico di inventariare e analizzare le varietà ticinesi. Nell'ambito della sua attività fecero il loro ingresso in Ticino, negli anni 1904–1905, i primi ceppi di Merlot, le cui uve vennero analizzate per la prima volta nel 1906. L'esito fu incoraggiante. Assieme all'uva Malbec, precedentemente importata dalla Francia, il Merlot riportava i risultati migliori: un contenuto alcolico relativamente elevato (11,5 percento in volume contro l'11,7 del Malbec) con un'acidità globale relativamente ridotta (9,13 per mille contro il 10,25 del Malbec). Ma per resistenza alle malattie e prodotto, il Merlot staccava nettamente i suoi concorrenti. Era – dicevamo – il 1906: Alderige Fantuzzi era convinto di avere trovato la varietà che avrebbe fatto uscire la viticoltura ticinese da una difficile crisi.

Ma nulla era ancora deciso. Ci sarebbero voluti altri quarant'anni prima che il Merlot si stabilisse in modo definitivo. Certo, sulla scorta dei rallegranti risultati dei test, il vivaio di Mendrisio coltivò immediatamente 12 230 marze d'innesto di Merlot che furono distribuite in tutto il Cantone nel 1907. E sino al 1914, anno in cui lo scoppio della Prima guerra mondiale rallentò notevolmente il risanamento della viticoltura ticinese, ogni anno furono piantati circa 38 000 nuovi ceppi della varietà. Ma vi furono anche delle resistenze, in particolare da parte della neo istituita commissione viticola cantonale. I metodi severamente analitici e impregnati di naturalismo di Fantuzzi infondevano sfiducia. L'elemento sensuale e gustoso del vino fissato dalla degustazione non veniva considerato. La commissione faceva più volentieri l'occhiolino a varietà piemontesi e decise l'introduzione e la coltivazione di Bonarda, Dolcetto e Vespalina – tre varietà che Fantuzzi riteneva inadeguate.

Sino allo scoppio della Prima guerra mondiale, la viticoltura ticinese si era in qualche modo rigenerata, anche se il complicato processo di

herkömmlichen Sorten, die Nostrane, war ja augenfällig. Denn während Letztere auch dem 1878 erstmals auftretenden Falschen Mehltau zum Opfer fielen, überlebten die neuen Sorten.

Die Situation wurde alarmierend. Besser als die eher zweifelhaften Zahlen, die vom steten Schwinden der Anbaufläche künden, zeichnet der Rückgang der Weinproduktion ein trauriges Bild: In den 20 Jahren zwischen 1871 bis 1891 sank die Produktion von 52 743 Hektoliter auf 17 843 (wovon 12 105 Hektoliter – das sind zwei Drittel – von amerikanischen Trauben stammen). Als sich dann 1897 erstmals die Larven der Reblaus über die Wurzeln hermachten, fanden sie einen Weinbau vor, der eigentlich «dank» Oidium und Peronospora seinen Tiefpunkt bereits erreicht hatte.

Trotzdem musste etwas gegen diesen Schädling unternommen werden. Chemische Methoden halfen nicht. Im Moment, wo der Befall sichtbar wurde, war es um den Weinstock bereits geschehen. Die Lösung lag in der Aufpfropfung europäischer Edelreiser auf Unterlagsreben amerikanischer Provenienz. Noch 1897 wurde deshalb dem frisch gegründeten kantonalen Reblausbekämpfungsdienst eine kleine Rebschule in Mendrisio angegliedert. In den ersten Jahren wurden neben etwas Chasselas und Cabernet Sauvignon nur einheimische Sorten gepfropft. Die rasch steigende Nachfrage konnte indes bald nicht mehr aus eigenen Beständen befriedigt werden, sodass Setzlinge aus Frankreich importiert werden mussten.

Der Wiederaufbau des Tessiner Weinbaus und damit das Herausarbeiten einer konsequenten, auf die vorhandenen klimatischen und geologischen Gegebenheiten Rücksicht nehmenden Sortenpolitik nahm seinen Anfang mit der Gründung eines so genannten Wanderlehrstuhls, besetzt durch den 30-jährigen promovierten Agronomen und Pharmakologen ALDERIGE FANTUZZI. Seine Aufgabe bestand primär in der Schulung der zumeist ungenügend ausgebildeten Winzer. Diese breit gefächerte Vortragstätigkeit brachte ihn zu Fuss oder mit dem Fahrrad in die entlegensten Dörfer. Daneben oblag ihm die Inventarisierung und Analyse der Tessiner Rebsorten. Im Rahmen seiner Tätigkeit trafen in den Jahren 1904 und 1905 die ersten Merlotstöcke im Tessin ein! Im Jahr 1906 wurden ihre ersten Trauben analysiert. Das Ergebnis war ermutigend. Zusammen mit dem früher aus Frankreich importierten Malbec erbrachte der Merlot die besten Resultate: Relativ hoher Alkoholgehalt (11,5 Volumenprozent; [Malbec 11,7] bei relativ tiefer Gesamtsäure (9,13 Promille; [Malbec 10,25]. Bezüglich Krankheitsresistenz und Ertrag stach er seinen Konkurrenten hingegen klar aus. Der Merlot erwies sich als früher reif, ertragskräftiger, krankheits- und fäulnisresistenter. Alderige Fantuzzi war – 1906! – überzeugt, die Sorte gefunden zu haben, die den Tessiner Rebbau aus seiner schweren Krise führen konnte.

Doch noch war nichts entschieden. Fast 40 Jahre sollte es bis zur endgültigen Etablierung des Merlot noch dauern. Zwar bestellte die Rebschule in Mendrisio auf die erfreulichen Testergebnisse hin umgehend 12 230 Merlotpfropfreiser, die 1907 im ganzen Kanton verteilt wurden. Und bis zum Jahre 1914, als der beginnende Weltkrieg die Sanierung des Tessiner Weinbaus deutlich verzögerte, wurden pro Jahr etwa 38 000 Merlotjungreben gesetzt. Es regte sich aber auch Widerstand – vor allem bei der neu gegründeten kantonalen Rebbaukommission. Fantuzzis streng analytische, naturwissenschaftlich geprägte Methode stiess auf Misstrauen. Das sinnlich-geschmackliche Element des Weins, das in der Degustation ein-

risanamento procedeva comunque in maniera piuttosto disordinata. Esistevano tre diverse direzioni di coltura che si intersecavano quando addirittura non si sovrapponevano: le americane (incentrate in Valle Maggia e nel Luganese), le nostrane (vecchie varietà indigene o italiane) e le uve francesi innestate nel Locarnese (Cabernet, Merlot, Syrah e Duriff), in Leventina (Alicante, Bouchet, Calmetette) e nel Mendrisiotto (Cabernet, Merlot, Malbec Syrah, Gamay). Considerato un indice di innesto annuo totale pari a circa 500 000 ceppi, con i suoi 44 000 il Merlot rimaneva al momento relativamente insignificante. Dietro l'importazione delle varietà francesi ancora non si riconosceva alcuna sistematica. La prova di idoneità avveniva in scala uno a uno nei vigneti, dove si decideva quale varietà avesse delle reali possibilità.

La fondazione dell'Istituto agrario cantonale di Mezzana, che data del 1915, migliorò considerevolmente le premesse per un più rapido risanamento della viticoltura ticinese. In esso si videro assorbiti la «cattedra ambulante» di Alderige Fantuzzi, che già in novembre tenne il suo primo corso a Mezzana davanti a 43 studenti, e il vecchio vivaio di Mendrisio, la cui direzione fu assunta un anno più tardi da Giuseppe Paleari.

La valutazione delle varietà progrediva lentamente. Nel rapporto annuale del vivaio del 1917 Paleari menziona ancora quattro varietà rosse utilizzate in grande stile come marze: Duriff, Freisa, Coretto e Merlot. Cabernet e Malbec, ad esempio, erano nel frattempo state escluse dalla severa selezione a causa di oscillazioni nella produzione e di problemi di colatura e maturazione.

GIUSEPPE PALEARI è oggi considerato in Ticino come il padre del Merlot, ma allora di certo non meritava questo onore. Sino alla metà degli anni Venti prediligeva infatti il Duriff, mentre il vero promotore del Merlot rimaneva Alderige Fantuzzi. A lui si deve soprattutto il fatto che, dei 248 900 innesti del 1923 e dei 260 600 del 1924, rispettivamente 72 200 e 146 800 furono di Merlot. Si stava delineando un compromesso: la suddivisione in vino di qualità e vino da pasto. Il primo era il Merlot, al quale andavano riservate le posizioni migliori. Vi era infine una specie di nostrano, ricavato da uve Freisa, Coretto e Duriff (e naturalmente anche dalla Bondola, che nel Sopraceneri teneva duro) di grande rendimento e senza pretese.

Fantuzzi si vide rafforzato in questa politica quando nel 1925, in occasione dell'Esposizione agricola nazionale di Berna, un vino ticinese venne premiato per la prima volta. La medaglia d'oro andò al Merlot Ronco Mezzana con i millesimi dal 1921 al 1924. Va detto che la giuria, abituata ai consueti nostrani, li ritenne dapprima dei vini stranieri e solo in seguito si fece convinta della loro origine ticinese.

La crisi economica degli anni Trenta e la Seconda guerra mondiale ritardarono ancora di qualche anno l'affermazione del Merlot. Ma dopo la fine della guerra, il mezzo secolo di ricerca delle varietà più adeguate finalmente si concluse. Il Merlot si era affermato contro molteplici resistenze. Anche gli scettici come Giuseppe Paleari si mostrarono finalmente convinti e sostennero la ricostituzione dei vigneti ticinesi, cui contribuì pure una legge cantonale del 14 febbraio 1949. L'anno precedente era stato istituito il marchio Viti, che quale sigillo di garanzia si dimostrò molto utile al Merlot. I primi vini a riceverlo furono il Merlot della cooperativa di Giubiasco e quelli dei vinai Fabbroni e Valsangia-

gefangen wurde, fand keine Berücksichtigung. Die Kommission liebäugelte mehr mit piemontesischen Rebsorten und beschloss, Bonarda, Dolcetto und Vespalina einzuführen und anzubauen – Sorten, die Fantuzzi ungeeignet erschienen.

Bis zum Ausbruch des Ersten Weltkrieges hatte sich der Tessiner Weinbau etwas regeneriert, der komplizierte Gesundungsprozess verlief jedoch weiterhin ziemlich ungeordnet. Es existierten drei verschiedene, ineinander übergehende oder sich gar überlagernde Anbaurichtungen: die Americane (Schwerpunkt Valle Maggia und Luganese), die Nostrani (alte einheimische oder italienische Sorten) und die französischen Pfropfreben im Locarnese (Cabernet, Merlot, Syrah und Duriff), in der Leventina (Alicante, Bouchet, Calmetette) und im Mendrisiotto (Cabernet, Merlot, Malbec Syrah, Gamay). Bei einer jährlichen Veredelungszahl von etwa 500 000 Rebstöcken insgesamt blieb der Merlot mit maximal 44 000 vorläufig relativ unbedeutend. Hinter dem Import der französischen Sorten war noch keine Systematik zu erkennen. Der Tauglichkeitstest fand im Massstab eins zu eins in den Weinbergen statt. Hier entschied sich, welche Sorte eine wirkliche Chance hatte.

Die Gründung der kantonalen landwirtschaftlichen Anstalt in Mezzana 1915 verbesserte die Voraussetzungen für eine raschere Gesundung des Tessiner Weinbaus beträchtlich. Darin aufgehoben sahen sich der «Wanderlehrstuhl» von Alderige Fantuzzi, der bereits im November als Schulleiter in Mezzana vor 43 Schülern seinen ersten Kurs gab, und die alte Rebschule von Mendrisio, deren Leitung ein Jahr später von Giuseppe Paleari übernommen wurde.

Langsam machte die Sortenevaluation Fortschritte. Im Jahresbericht der Rebschule erwähnt Paleari 1917 noch vier rote, im grossen Stil als <u>Pfropfreiser</u> verwendete Sorten: Duriff, Freisa, Coretto und Merlot. Cabernet und Malbec etwa waren inzwischen wegen Ertragsschwankungen und Verrieselungs- sowie Reifeproblemen aus der engeren Wahl gefallen.

GIUSEPPE PALEARI wird heute im Tessin als der Vater des Merlot betrachtet. Zu jenem Zeitpunkt verdiente er diesen Ehrentitel freilich noch nicht. Bis mindestens Mitte der Zwanzigerjahre bevorzugte er den Duriff. Der eigentlicher Förderer des Merlot blieb Alderige Fantuzzi. Ihm vor allem war zu verdanken, dass 1923 von 248 900 Pfropfungen 72 200 und 1924 von 260 600 Pfropfungen gar 146 800 auf den Merlot entfielen. Es zeichnete sich ein Kompromiss ab: Die Zweiteilung der Weinproduktion in Richtung Qualitätswein und Tischwein. Ersterer hiess Merlot. Die besten Lagen sollten ihm vorbehalten sein. Letzterer war eine Art <u>Nostrano</u> aus den ertragsstärkerern und anspruchsloseren Freisa, Coretto und Duriff (und natürlich auch Bondola, die sich im Sopraceneri zäh halten konnte).

Fantuzzi sah sich in dieser Politik bestärkt, als 1925 anlässlich der Landwirtschaftlichen Landesausstellung in Bern erstmals ein Tessiner Wein ausgezeichnet wurde. Die Goldmedaille ging an den Merlot Ronco Mezzana mit den Jahrgängen 1921 bis 1924. Das Preisgericht – an die landesüblichen Nostrani gewöhnt – hielt die Weine zwar anfänglich für ausländisch, liess sich dann aber von ihrer tessinerischen Herkunft überzeugen.

Die Wirtschaftskrise der Dreissigerjahre und der Zweite Weltkrieg verzögerten den Durchbruch des Merlot nochmals um einige Jahre. Doch nach Kriegsende war die ein halbes Jahrhundert dauernde Suche nach der geeignetsten Sorte endlich abgeschlossen. Der Merlot hatte sich gegen

como. Ulteriori tappe di questa via di successo verso il presente furono l'inserimento del Merlot di Mezzana nella carta dei vini della Società svizzera dei vagoni ristorante e l'assegnazione di una medaglia d'oro ciascuno all'Ariete e al Roncobello di Valsangiacomo, al Cresperino della Tenuta Bally e al Montalbano della Cantina Sociale di Mendrisio in occasione dell'«Expo '64» di Losanna.

Della scuola agricola di Mezzana fa oggi parte un'azienda vinicola che produce ogni anno circa 80 000 bottiglie di Merlot. A chi intendesse farsi una panoramica delle singole aziende del Mendrisiotto e delle loro produzioni consigliamo una visita al ristorante Ateneo del Vino, situato in un portico del nucleo storico di Mendrisio, presso il quale produttori e prodotti regionali sono presentati con immagini e testi in vetrine artisticamente allestite. Attraversando una corte interna si raggiunge il ristorante dove, accanto a ottimi piatti, si possono degustare i vari vini anche a bicchiere. Nell'omonima enoteca è poi possibile acquistare le proprie bottiglie preferite.

Con ogni probabilità, nel cesto degli acquisti ci sarà anche il Riserva Montalbano, il migliore vino della CANTINA SOCIALE DI MENDRISIO che, dopo l'assunzione della Cantina Sociale di Giubiasco da parte dell'Associazione ticinese dei produttori di latte, rimane l'unica cooperativa operante del Cantone. E con questo consente di suddividere la produzione vinicola del Mendrisiotto secondo il classico triangolo formato da vinai, cooperative e vitivinicoltori.

Le cooperative sono organizzazioni di autosostegno. I produttori si riuniscono e costituiscono un capitale sociale che consente loro di allestire l'infrastruttura necessaria alla raccolta, allo sfruttamento e alla commercializzazione delle loro vendemmie. Il vantaggio di una cooperativa risiede nel fatto che essa paga ai suoi membri un prezzo corretto per i loro prodotti. Essa è inoltre interessata alla migliore qualità possibile e tenta perciò, nell'ambito delle sue possibilità, di formare i propri membri e assisterli durante tutto l'anno. Il suo svantaggio sta d'altro canto nella garanzia di acquisto: la cooperativa è infatti obbligata a ritirare l'intero raccolto – che non sempre si rivela qualitativamente entusiasmante!

Con questo handicap devono convivere tutte le cooperative del mondo, e quelle che si sono specializzate nella trasformazione dell'uva ne soffrono senza dubbio in modo particolare. Infatti, o si vedono costrette a operare un'impegnativa e costosa selezione – particolarmente pesante a partire da determinate quantità – o accettano di acquistare anche qualche uva marcia e ripiegano sulla produzione di qualità inferiore.

La Cantina Sociale di Mendrisio fu fondata nel 1949, vent'anni dopo quella di Giubiasco, con il sostegno della Confederazione e del Cantone. Allora i vignaioli del Sottoceneri non potevano far altro che riunirsi in un'organizzazione propria, in quanto la pressione sul prezzo dell'uva da parte degli onnipotenti commercianti era diventata insopportabile. Dopo la guerra non esistevano praticamente possibilità di occupazione alternative nell'industria e 187 viticoltori optarono quindi per una maggiore autodeterminazione.

Oggi, la cooperativa conta 450 soci, di cui il 70 percento coltiva meno di 2000 metri quadrati di vigne. Il loro guadagno è determinato dal contenuto zuccherino delle loro uve che, in un'annata mediocre come il 1999 era in media di 19 gradi Brix o 79 Öchsle. Il suo prezzo,

mannigfaltige Widerstände durchgesetzt. Auch Skeptiker wie Giuseppe Paleari zeigten sich nun von seiner Tauglichkeit überzeugt und unterstützten den Wiederaufbau der Tessiner Rebberge. Ein kantonales Gesetz vom 14. Februar 1949 leistete dabei Schützenhilfe. Ein Jahr zuvor war die Qualitätsbezeichnung Viti geschaffen worden, die dem Merlot als Garantiesiegel auf dem Markt nützliche Dienste leistete. Als erste Weine erhielten diese Abzeichen Merlots der Genossenschaft von Giubiasco und der Weinhandlungen Fabbroni und Valsangiacomo. Weitere Stationen auf dem erfolgreichen Weg in die Gegenwart waren die Aufnahme des Merlot von Mezzana in die Weinkarte der Schweizer Speisewagengesellschaft und die Auszeichnung mit je einer Goldmedaille an der «Expo» 1964 in Lausanne für die Gewächse Ariete und Roncobello von Valsangiacomo, Cresperino der Tenuta Bally und des Montalbano der Cantina Sociale Mendrisio.

Zur Landwirtschaftsschule Mezzana gehört ein Kelterbetrieb, in dem jährlich ungefähr 80 000 Flaschen Merlot erzeugt werden. Wer sich einen Überblick über die einzelnen Weingüter des Mendrisiotto und ihre Gewächse verschaffen will, besucht mit Vorteil das Ristorante Ateneo del Vino in Mendrisio. In einem in der Altstadt versteckten Laubengang werden in kunstvoll hergerichteten Schaufenstern die regionalen Produzenten mit Bild und Text vorgestellt. Man durchquert einen Innenhof und betritt das Restaurant. Zu gebietstypischen, schmackhaften Speisen können ihre Weine, auch glasweise, genossen werden. In der gleichnamigen Weinhandlung nebenan kann man ein paar Flaschen seiner Favoriten kaufen.

Möglicherweise befindet sich dann auch der beste Wein der CANTINA SOCIALE MENDRISIO, die Riserva Montalbano, im Einkaufskorb. Die Cantina Sociale Mendrisio ist nach der Übernahme der Cantina Sociale Giubiasco durch den Tessiner Milchverband als einzige Tessiner Genossenschaft übrig geblieben. Im Mendrisiotto lässt sich damit die Weinproduktion in der klassischen Dreiteilung Genossenschaften–Weinhändler–Selbstkelterer darstellen.

Genossenschaften sind Selbsthilfeorganisationen. Produzenten schliessen sich zusammen, zeichnen ein Genossenschaftskapital, das ihnen erlaubt, die notwendige Infrastruktur zur Abnahme, Verwertung und Vermarktung der Ernte bereitzustellen. Der Vorteil einer Genossenschaft besteht darin, dass sie ihren Mitgliedern einen gerechten Preis für ihr Produkt entrichtet. Sie ist an grösstmöglicher Qualität interessiert und versucht deshalb im Rahmen ihrer Möglichkeiten, die Mitglieder zu schulen und ihnen das Jahr über beratend zur Seite zu stehen. Der Nachteil einer Genossenschaft liegt in der Abnahmegarantie begründet: Sie ist zur Übernahme der ganzen Ernte verpflichtet – und die vermag qualitativ nicht immer zu begeistern!

Mit diesem Handicap haben alle Genossenschaften der Welt zu leben. Diejenigen, die sich auf die Traubenverwertung spezialisiert haben, leiden zweifellos besonders darunter. Sie sind entweder zur aufwendigen und teuren Selektion gezwungen (was ab einer bestimmten Grösse äusserst schwer ist) – oder sie nehmen ein paar faule Trauben in Kauf und verlegen sich auf die Produktion von geringer Qualität.

Die Cantina Sociale Mendrisio wurde 1949, 20 Jahre nach Giubiasco, unter Mithilfe von Bund und Kanton gegründet. Die Winzer des Sottoceneri hatten damals gar keine andere Wahl als den Zusammenschluss in einer eigenen Organisation. Der Druck auf die Traubenpreise durch die allmächtigen Weinhändler war unerträglich geworden. Alternative Beschäf-

stabilito da una commissione paritetica, ammontava a quattro franchi e sei centesimi il chilo.

Ogni anno, a Mendrisio si consegna all'incirca un milione di chilogrammi d'uva, il che pone la Cantina Sociale assieme a Matasci al vertice quantitativo del Cantone. Il massimo imperativo dell'ora è ogni volta quello di una selezione e una lavorazione il più rapide possibile – cosa di certo non semplice quando tutti arrivano assieme e i trattori fanno la coda davanti alla stazione di Mendrisio. L'investimento fatto in un sistema di accettazione computerizzato delle uve, in grado di tassare e avviare alla vasca di fermentazione corrispondente anche le quantità più piccole in un batter d'occhio si è rivelato pagante. Durante gli anni Novanta, i vini di Mendrisio sono sensibilmente migliorati.

Ci sono almeno tre nomi legati allo sviluppo della Cantina Sociale: SANDRO GUARNERI, FRANCESCO TETTAMANTI e PIER CARLO SAGLINI. Sandro Guarneri passò nel 1989 dalla direzione di Mezzana a quella di Mendrisio e, con una sapiente miscela di tradizione, fede nella ragione e scetticismo, improntata al filosofo francese Michel de Montaigne, ristrutturò e diversificò l'assortimento. Accanto al Merlot Viti e a quello della Tenuta Montalbano furono prodotti cinque vini con un chiaro concetto d'origine: uno Chardonnay e il Merlot Riserva di Montalbano e tre Merlot: La Trosa Vigne Vecchie (di uve del Mendrisiotto), il Castel San Pietro (dall'omonimo comune che sovrasta Mendrisio e Chiasso) e lo Stario Viti della Valle di Blenio, dove la cooperativa pure annovera alcuni membri.

Guarneri trova un importante sostegno nel competente e impegnato enologo Francesco Tettamanti, che vinificò per la prima volta il Riserva Montalbano nel 1995. Dal 1996, questo vino denso di vecchi ceppi di Merlot viene affinato esclusivamente in carati nuovi e di uno o due anni. Pier Carlo Saglini, infine, è il responsabile delle vigne della cooperativa. Il suo primo compito è la gestione della Tenuta Montalbano, donata alla Cantina Sociale di Mendrisio nel 1962. Con una superficie di 20 ettari e circa 100 000 ceppi di vite non è soltanto la maggiore vigna del Ticino, ma anche il più grande vigneto continuo coltivato a uva rossa della Svizzera. A seguito della privatizzazione di incarichi già di competenza dello stato – il Cantone Ticino esercita qui una politica particolarmente rigorosa rispetto al resto della Confederazione – Saglini si è però visto affidare un secondo compito: dal 1 gennaio 2000 non esiste più consulenza statale in materia di viticoltura. L'ufficio cantonale di consulenza viticola è stato soppresso e il controllo della vendemmia parzialmente privatizzato: i produttori devono pensare da sé tanto alla legittimità che alla legalità. Da allora, Saglini offre i suoi consigli in materia di coltivazione della vigna ai soci della cooperativa, un'attività che – considerata la struttura ampiamente spezzettata della produzione e l'elevata quota di viticoltori dilettanti – assume sotto l'aspetto qualitativo un'importanza decisiva!

Una cantina che seguita a dimostrarsi orgogliosa della propria data di fondazione deve probabilmente attingere dal passato il lustro che oggi le manca. Ma se si tratta dei Valsangiacomo di Chiasso e la data di fondazione risale a quasi 170 anni or sono, una simile conclusione è tutt'altro che esatta. L'azienda si annovera tra le più importanti del Cantone e ogni anno vinifica circa 4000 quintali di uve coltivate su 60

tigungsmöglichkeiten in der Industrie existierten nach dem Krieg praktisch keine. 187 Rebbauern wagten schliesslich den Schritt zu mehr Selbstbestimmung.

Heute besitzt die Genossenschaft 450 «soci». 70 Prozent der Mitglieder bewirtschaften weniger als 2000 Quadratmeter Rebland. Ihr Verdienst bemisst sich nach dem Zuckergehalt ihrer Trauben. Im mittelmässigen Jahr 1999 betrug beim Merlot der durchschnittliche Zuckergehalt 19 Brix oder 79 Grad Öchsle. Der von einer paritätischen Kommission dafür ausgehandelte Preis pro Kilo Trauben betrug vier Franken und sechs Rappen.

Rund eine Million Kilogramm Trauben werden jeden Herbst in Mendrisio angeliefert. Die Cantina steht damit mengenmässig zusammen mit Matasci an der Spitze des Kantons. Höchstes Gebot der Stunde ist jeweils die möglichst schnelle, effiziente Selektionierung und Verarbeitung – sicherlich keine einfache Sache, wenn alles auf einmal eintrifft und die Traktoren sich die Bahnhofstrasse von Mendrisio hinunter stauen. Die Investition in eine computergesteuerte Traubenannahme, die auch Kleinstmengen in Windeseile taxiert und in den entsprechenden Gärtank befördert, hat sich ausbezahlt. Die Weine von Mendrisio haben sich in den Neunzigerjahren spürbar verbessert.

Mindestens drei Namen stehen für den Aufschwung der Cantina Sociale: SANDRO GUARNERI, FRANCESCO TETTAMANTI und PIER-CARLO SAGLINI. Sandro Guarneri tauschte 1989 den Direktionsposten von Mezzana mit jenem von Mendrisio. Mit einer am französischen Philosophen Michel de Montaigne geschulten Mischung von Traditionsverbundenheit, Glauben an die Vernunft und Skeptizismus restrukturierte und diversifizierte er das Sortiment. Fünf Weine mit einem klaren Herkunftskonzept wurden dem Viti-Merlot und jenem der Tenuta Montalbano zur Seite gestellt: ein Chardonnay und ein Merlot Riserva aus Montalbano sowie die drei Merlots La Trosa Vigne Vecchie (von Trauben des Mendrisiotto), Castel San Pietro (aus der gleichnamigen Gemeinde oberhalb Mendrisio und Chiasso) und Stario Viti (aus dem Bleniotal, wo die Genossenschaft stets einige Mitglieder hatte).

Unterstützt wird Guarneri massgeblich vom kompetenten, engagierten Önologen Francesco Tettamanti. 1995 kelterte dieser erstmals die Riserva Montalbano. Seit 1996 wird der dichte Wein aus alten Merlotstöcken ausschliesslich in neuen, jährigen und einjährigen Barriques ausgebaut. Pier-Carlo Saglini schliesslich ist der Rebbauverantwortliche der Genossenschaft. Seine erste Pflicht ist die Bewirtschaftung der Tenuta Montalbano, die 1962 durch eine Schenkung in Besitz von Mendrisio kam. Mit einer Fläche von 20 Hektar und mit rund 100 000 Rebstöcken ist das Weingut nicht nur der wichtigste Tessiner Rebberg, sondern auch der grösste zusammenhängende Rotweinberg der Schweiz. Als Folge der Privatisierung früherer Staatsaufgaben – der Kanton Tessin betreibt hier eine im gesamteidgenössischen Vergleich besonders rigorose Politik – kommt Saglini eine zweite Aufgabe zu: Seit dem 1. Januar 2000 gibt es in Fragen des Rebbaus keine staatliche Beratung mehr. Das Amt des Rebbaukommissärs wurde abgeschafft, die Erntekontrolle teilweise privatisiert. Die Weinproduzenten haben selbst für Rechtmässigkeit und Gesetzlichkeit zu sorgen. Saglini berät seither die Genossenschafter bei allen Fragen der Rebenpflege, was angesichts der kleinteiligen Produzentenstruktur mit dem hohen Anteil an Hobbywinzern für die Qualität der Genossenschaftsweine entscheidend ist!

ettari di terreni a vigna. Di questi, 17 ettari sono di proprietà dell'azienda e nove sono affittati. E con il suo modo di presentarsi il patron, Cesare Valsangiacomo, fa onore al suo nome.

La cantina vinicola VALSANGIACOMO venne fondata nel 1831 e tratta vini ticinesi sin dai suoi inizi. Il suo volume d'affari deriva tuttavia dai vini italiani, che ancora oggi contribuiscono al finanziamento dell'ambiziosa produzione propria. Nei Merlot, questa si suddivide in diverse classi: cru, selezioni speciali, vini Viti e da litro. Con questi ultimi – così si dice – i commercianti farebbero sempre ancora ottimi guadagni, e forse per questo danno malvolentieri delle informazioni in merito. Si può tuttavia assumere che, nelle annate medie, la parte di vini da litro ammonti al 30–40 percento, con aumenti o riduzioni nel caso di anni rispettivamente migliori o peggiori.

CESARE VALSANGIACOMO va annoverato tra i pionieri ticinesi dei cru, cioè di quei vini che provengono sempre da uno stesso vigneto esattamente circoscritto. Dal 1957, infatti, vinifica il Roncobello, dell'omonimo vigneto di Morbio Inferiore, che con la sua indole vegetale e corposa si inserisce tra i migliori vini tradizionali, maturati in grandi botti, del Cantone. Con il suo carattere robusto e connotato da accenti tannici, il cru resta fedele anche alla riflessione di tipo economico che spinse molti produttori a realizzare dei Merlot nello stile dei vini leggeri della Svizzera orientale.

Un'altra impresa pionieristica di Valsangiacomo è stata la produzione di uno spumante di uve Merlot fermentate in bottiglia realizzato per la prima volta nel 1983. Con la sua versione extra brut, caratterizzata da un bouquet di ribes nero, può essere fonte di piacevoli sorprese in occasione di degustazioni alla cieca.

Attualmente, anche presso Valsangiacomo è in atto un cambiamento generazionale. Cesare, che ha compiuto settant'anni nel '99, si è ritirato in secondo piano, sostituito in prima linea dal figlio UBERTO VALSANGIACOMO, ingegnere agronomo diplomato presso il Politecnico di Zurigo. Rimane inteso che, anche in futuro, il filius potrà beneficiare della vasta esperienza paterna. L'altra figura chiave di questo cambiamento è il 32enne MATTEO RIGATTI, enologo e diplomato a Changins. Il suo compito non è certamente quello di inventare da zero un'azienda tanto ricca di tradizione e meriti: tuttavia, con slancio, ambizione e delle conoscenze aggiornatissime egli ha saputo conferire ai vini Valsangiacomo maggiore freschezza e spessore.

Chi intendesse esplorare la diversità di terreni e situazioni del Mendrisiotto troverà utili oggetti di studio tra i migliori vini della cantina anche nel regime di Uberto. Il Merlot Piccolo Ronco, ad esempio, proviene da un piccolo vigneto di Pedrinate, il comune viticolo più meridionale del Cantone. Qui, su un deposito morenico, Valsangiacomo possiede la sua parcella unica più grande, i sette ettari del Ronco Grande, da cui provengono anche le uve dello Chardonnay affinato in carati della casa. Il Cuvée Speciale è ricavato da uve di Arzo e Besazio, mentre quelle di Castel San Pietro danno quell'esemplare ambasciatore del Mendrisiotto, affinato in barrique e sempre commercializzato con un certo ritardo legato alla maturazione, che è il Merlot Rubro. Inoltre, questo pregiato assortimento è stato completato con il 1831 e il Don Giovanni. Il primo è un curato parente del Roncobello, il secondo il fratellino precocemente maturato del Rubro, affinato in carati usati. «In questo modo abbiamo realizzato la terza dimensione del Merlot ticine-

Eine Weinkellerei, die immer wieder stolz auf ihr Gründungsdatum verweist, muss vielleicht den heute fehlenden Glanz aus der Vergangenheit beziehen. Handelt es sich dabei aber um VALSANGIACOMO in Chiasso und liegt die Gründerzeit fast 170 Jahre zurück, ist ein derartiger Schluss falsch. Der Betrieb zählt zu den gewichtigen im Kanton. Es werden jährlich rund 400 000 Kilogramm Trauben aus 60 Hektar Rebfläche vinifiziert. 17 Hektar davon sind Eigenbesitz, neun Hektar gepachtet. Der Patron der Kellerei, CESARE VALSANGIACOMO, trägt seinen Vornamen nicht von ungefähr. Er macht ihm mit seinem Auftreten Ehre.

Die Weinkellerei Valsangiacomo wurde 1831 gegründet und handelte von Anfang an mit Tessiner Weinen. Den Umsatz machte sie freilich mit italienischen Gewächsen, die auch heute noch einen Teil der ehrgeizigen Eigenproduktion mitfinanzieren. Diese verteilt sich beim Merlot auf verschiedene Klassen: Crus, Spezialselektionen, Viti- und Literweine. Mit Letzteren würden die Weinhändler noch immer gutes Geld verdienen, erzählt man sich in der Szene. Darum wohl geben sie bei dieser Kategorie nur ungerne Auskunft. Man kann davon ausgehen, dass der Anteil an Literweinen in durchschnittlichen Jahren bei 30 bis 40 Prozent, bei Überproduktion indes höher und bei Mangel tiefer liegt.

Bei den Crus, den Weinen, die immer aus der gleichen, genau umschriebenen Lage kommen, zählt Cesare Valsangiacomo zu den Pionieren im Tessin. Seit 1957 keltert er aus dem gleichnamigen Rebberg in Morbio Inferiore den Roncobello, der in seiner etwas vegetabilen, kräftigen Art zu den besten traditionell im grossen Holzfass gereiften Weinen des Kantons gehört. Der Cru blieb sich in seiner robusten, gerbstoffbetonten Art auch treu, als wirtschaftliche Überlegungen viele Produzenten dazu bewog, Merlots im Stil von Ostschweizer Landweinen zu erzeugen.

Eine weitere Pioniertat Valsangiacomos war die Erzeugung eines flaschenvergorenen Spumante aus der Merlottraube. 1983 wurde er erstmals erzeugt und sorgte in der Extra-brut-Version mit seinem feinen Cassisbouquet schon in mancher Blinddegustation für eine positive Überraschung.

Zurzeit vollzieht sich bei Valsangiacomo ein Generationenwechsel. Cesare, im Jahr 1999 70-jährig geworden, trat in die zweite Reihe zurück. Ins vordere Glied rückte Sohn Uberto, ein Agraringenieur mit ETH-Abschluss. Selbstverständlich wird der Filius auch in Zukunft auf die reiche Erfahrung des Vaters zurückgreifen. Schlüsselfigur bei diesem Wechsel ist neben UBERTO VALSANGIACOMO der 32-jährige Weintechniker und Changins-Absolvent MATTEO RIGATTI. Natürlich muss er in einem solch verdienstvollen Traditionsbetrieb das Weinmachen nicht neu erfinden. Doch mit Elan, Ehrgeiz und aktuellstem Fachwissen vermag er den Valsangiacomo-Weinen grössere Frische und Dichte zu verleihen.

Wer die Boden- und Lagenvielfalt des Mendrisiotto erkunden möchte, findet in den Topweinen der Kellerei auch unter Ubertos Regime dankbare Studienobjekte. Der Merlot Piccolo Ronco etwa stammt aus einem kleinen Rebberg in Pedrinate, der südlichsten Rebbaugemeinde des Tessins. Valsangiacomo besitzt dort auf einer Gletschermoränenablagerung seine grösste Einzellage, den sieben Hektar grossen Ronco Grande, woher auch die Trauben für den barriquevinifizierten Chardonnay des Hauses stammen. Der Wein Cuvée Speciale enthält Merlottrauben aus Arzo und Besazio. Der stets mit reifebedingter Verspätung kommerzialisierte Barriquemerlot Rubro aus Castel San Pietro ist ein glänzender Botschafter des Mendrisiotto. Zudem wurde das höherwertige Sortiment mit den beiden

se», è il commento non proprio modesto di Uberto Valsangiacomo su questo vino morbido e attraente. Con questo intende però probabilmente riferirsi a un Merlot che si situa tra il sistema di vinificazione tradizionale e quello bordolese.

Anche a GUIDO BRIVIO non fa difetto l'orgoglio, che però non affonda le radici in una tradizione vinicola di grande fama. La cantina non vanta storia. La sua abile entrata in scena collega autocontrollo e maniere perfette con l'eleganza dei migliori tessuti e l'arte della conversazione. È difficile immaginare Brivio nella vigna: con le sue scarpe fatte a mano apparirebbe decisamente fuori luogo. Perfettamente a suo agio figurerebbe però nell'aristocratico ambiente Le Bernadin a Manhattan dove – con lo stupore e una punta d'invidia dei suoi concorrenti – il suo Merlot Bianco Rovere viene mesciuto a 15 dollari il bicchiere.

Guido Brivio discende da una famiglia benestante del Mendrisiotto. Suo zio, il cavaliere Alfredo Botta, era proprietario della Cinzano-Cynar e i genitori di Guido ricavarono quest'ultimo per trent'anni dai carciofi dell'Italia meridionale. In seguito, la ditta fu venduta alla Bols e la produzione trasferita in Sud America. Nel 1988, dopo dei corsi di enologia a Bordeaux e presso l'università vinicola californiana Davis, l'allora 23enne Guido ebbe la possibilità di passare dal Cynar al vino. La sua famiglia acquistò la cantina Fratelli Valli: un passo assolutamente conseguente nella sua logica commerciale, dal momento che anche la moda dell'aperitivo aveva abbandonato il carciofo per dedicarsi all'uva. All'inizio, l'azienda si chiamò Vineria Fratelli Valli. Poi, nel 1992 anche il nome si adeguò al nuovo indirizzo e divenne I VINI DI GUIDO BRIVIO.

E i vini di Guido Brivio si presentano in maniera analoga al loro abile produttore: sono moderni, levigati, dotati di quello stile elegante che tradisce mondanità, ma che al tempo stesso non è del tutto tangibile. L'azienda vinifica le vendemmie di 70 viticoltori professionisti con i quali intrattiene stretti rapporti di consulenza. La collaborazione può essere stretta al punto di impiantare assieme un nuovo vigneto di tre ettari, come è stato il caso del 1998 a Pedrinate. Sino al 1999, la vinificazione aveva luogo presso la cantina di Feliciano Gialdi a Bodio, da dove i giovani vini tornavano a Mendrisio per esservi affinati.

Dall'autunno 2000, sulla proprietà mendrisiense della ditta sorge una cantina nuovissima che risparmia il faticoso trasporto delle uve verso la Leventina e il ritorno del mosto fermentato nel Sottoceneri. Affinamento e maturazione rimangono invariati. In via Vignoo, Guido Brivio dispone di possibilità notevoli. Ben 500 carati sono impilati in 12 piccole camere scavate nella roccia del Monte Generoso che, analogamente ad altre cantine di Mendrisio, sono costantemente rifornite di fresca aria montana attraverso dei canali formatisi sotto del vecchio materiale da riporto. Un tempo, vi si conservavano salumi, formaggi e vino. Con sviluppato senso degli affari, Brivio ha aperto questi spazi tanto utili quanto pittoreschi a una specie di agriturismo e ogni anno 1200 visitatori passeggiano tra le file di barrique, respirano fresca aria di rovere, degustano i vini con un piccolo spuntino e acquistano infine le loro bottiglie.

Elevata è la componente di legno nuovo, e avvertibile è pure l'influsso della quercia nei vini. Il percorso in cresta non è sempre riuscito altrettanto bene. In passato, alcuni vini hanno rivelato eccessi di legno.

Gewächsen 1831 und Don Giovanni ergänzt. Ersterer ist ein gepflegter Verwandter des Roncobello. Letzterer der kleine, frühreife Bruder des Rubro. Er wird in gebrauchten Barriques ausgebaut. «Damit haben wir die dritte Dimension des Tessiner Merlots geschaffen», kommentiert Uberto Valsangiacomo nicht ganz bescheiden den weichen, attraktiven Wein. Er meint damit wohl einen Merlot, der sich zwischen der traditionellen Machart und einem à la Bordelaise vinifizierten Wein bewegt.

Auch GUIDO BRIVIO mangelt es nicht an Selbstbewusstein. Doch dieses fusst nicht in ruhmreicher Weintradition. Die Kellerei kann sich mit keiner Geschichte brüsten. Sein gewandtes Auftreten verbindet Selbstbeherrschung und perfekte Manieren mit der Eleganz des feinen Tuchs und der Kunst der Konversation. Man kann sich Brivio schlecht im Rebberg vorstellen. Mit seinen handgefertigten, rahmengenähten Schuhen wirkt er dort reichlich steif. Vollkommen passt er aber ins noble Restaurant Le Bernadin in Manhattan, wo sein weisser Merlot Bianco Rovere zum Erstaunen und wohl auch zum Neid vieler Tessiner Konkurrenten für 15 Dollar das Glas ausgeschenkt wird.

Guido Brivio stammt aus wohlhabendem Mendrisiotter Geschlecht. Sein Onkel, Cavaliere Alfredo Botta, war Inhaber der Firma Cinzano-Cynar. Drei Jahrzente lang stellten Brivios Eltern in Mendrisio aus süditalienischen Artischocken Cynar her. Dann wurde die Firma an Bols verkauft und die Produktion nach Südamerika verlegt. Der damals 23-jährige Guido erhielt 1988 nach Önologiekursen in Bordeaux und an der kalifornischen Weinuniversität Davis die Chance, vom Cynar zum Wein zu wechseln. Seine Familie kaufte die Weinkellerei Fratelli Valli – ein in der Geschäftslogik der Familie folgerichtiger Schritt, hatte sich doch auch die Aperitifmode von der Artischocke verabschiedet und der Traube zugewandt. Anfänglich nannte sich die Firma Vineria Fratelli Valli bis schliesslich 1992 auch der Name ausdrückte, auf wessen Repräsentationstalent die Firma zugeschnitten war: I VINI DI GUIDO BRIVIO.

So wie der smarte Firmenbesitzer Guido Brivio auftritt, so präsentieren sich auch seine Weine: modisch, geschliffen, mit jenem eleganten Stil, der Weltgewandtheit verrät, der aber auch nicht ganz fassbar ist. Der Betrieb vinifiziert die Ernte von 70 Vertragswinzern, zu denen ein enges, beratendes Verhältnis gepflegt wird. Die Zusammenarbeit kann sogar derart eng sein, dass gemeinsam ein neuer, drei Hektar grosser Rebberg angelegt wird wie 1998 in Pedrinate. Die Kelterung fand bis 1999 in Bodio in den Kellern von Feliciano Gialdi statt. Die Jungweine kamen erst nach der Kelterung für den Ausbau nach Mendrisio.

Seit Herbst 2000 steht auf dem betriebseigenen Grundstück in Mendrisio ein brandneuer Gärkeller. Das erspart den mühsamen Traubentransport in die Leventina und den Rücktransport des vergorenen Mosts ins Sottoceneri. Unverändert bleiben Ausbau und Reifung. Guido Brivio besitzt an der via Vignoo tolle Möglichkeiten. 500 Barriques stapeln sich nämlich in zwölf kleinen, in den Fels des Monte Generoso gehauenen Kammern. Diese werden wie auch an anderen Kellergassen Mendrisios über Kanäle, die sich unter alten Hangschuttmassen gebildet hatten, ständig mit kühler Bergluft versorgt und dienten früher den Familien von Mendrisio zur Lagerung ihrer Salami, Käse und Weine. Brivio ist Geschäftsmann genug, um die ebenso nützlichen wie pittoresken Räume für eine Art Agrotourismus zu öffnen. 1200 Besucher schlendern jährlich durch die Barriquereihen, atmen frischen Eichenduft ein, kosten zu ei-

Tuttavia, lentamente, sembra che Beppe Rattazzo – che lavora come enologo tanto per Gialdi che per Brivio – e lo stesso Brivio abbiano preso in pugno l'approccio al rovere. Dal 1997 i vini da parata di Brivio – il Merlot in purezza Riflessi d'Epoca, il Vigna d'Antan con il 70 percento di Merlot e il 30 di Cabernet Franc, il Bianco Rovere dal carattere sorprendente e il bianco Donnay, 70 percento di Chardonnay e 30 percento di Pinot nero – si caratterizzano come chiaramente più armoniosi. E con il Platinum, prodotto per la prima volta pure nel 1997 con una vendemmia tardiva di uve Merlot appassite, ai due è riuscito un bel colpo. Questo vino concentrato dimostra un'eleganza italiana e in Italia avrebbe conquistato con facilità i tre bicchieri richiesti. Purtroppo ce n'erano solo 1640 bottiglie: troppo poche perché facesse furore al di fuori di una piccola cerchia di conoscitori.

Ma la figura in qualche modo più cangiante del Mendrisiotto non si chiama Brivio, bensì Zanini. Nell'arco di 15 anni, LUIGI ZANINI, domiciliato a Ligornetto, si è costruito un autentico impero vinicolo, composto dalla ditta ZANINI & SULMONI, dalla cantina VINATTIERI TICINESI e dall'AZIENDA AGRICOLA BELVEDERE. La Zanini & Sulmoni commercia soprattutto in vini italiani di spicco, ma distribuisce anche quei Merlot che non meritano l'etichetta dei «Vinattieri». La Vinattieri Ticinesi produce vini ticinesi di punta, primo fra i quali il Merlot in purezza Vinattieri Rosso. Infine, dagli 11 ettari della tenuta Belvedere di Besazio – sette dei quali sono attualmente a vigna – si ricavano due vini d'eccezione: il Castello Luigi Rosso, un Merlot assemblato a una piccola percentuale di Cabernet Sauvignon, e il Bianco, uno Chardonnay altamente sostanzioso, fermentato in barrique. Nel frattempo, i dipendenti di Zanini – tre vignaioli per il Belvedere e nove per i vigneti dei Vinattieri – amministrano 48 ettari di vigne. Di questi, 28 sono di sua proprietà. Luigi Zanini sottolinea che, con questa superficie coltivata in proprio, è diventato il maggior viticoltore del Cantone.

Grandezza e generosità, ma anche lungimiranza, sono caratteristiche di questo Napoleone del vino. La sua ambizione e il suo desiderio di conferma – nell'approccio personale è di modi riservati, se non addirittura timidi – e la sua necessità di misurarsi con i nomi di vini più altisonanti superano largamente lo standard ticinese. Negli scorsi anni Luigi Zanini ha investito somme enormi in quella che potrebbe essere definita l'opera di una vita. Al suo personale paga stipendi superiori a quelli normali per un'azienda vinicola. Lo scorso inverno ha riunito i nove viticoltori dai quali acquista le uve per i Vinattieri per spingerli a una produzione di 500 grammi al metro quadrato. Se soddisfacessero questo suo desiderio, li ripagherebbe con un prezzo al chilo pari a nove franchi, cioè al doppio del consueto. Per i Vinattieri ha costruito a Ligornetto una cantina gigantesca, che non teme il confronto neppure con quella di Gaja nel Barbaresco. E nel bel mezzo dei vigneti del Belvedere ha fatto costruire, su suo progetto, il Castello Luigi. Dall'autunno 2000 Zanini è il signore di questo castello vinicolo ispirato agli château bordolesi e dotato di cantina e chais come una tenuta dei Rotschild. Chi lo visita, di fronte all'ecletticità dell'opera non sa se provare stupore o compiacimento.

Anche la preparazione del vino non è meno sorprendente: una parte delle uve destinate al rosso vengono pigiate con i piedi e il mosto fermenta in vasche di legno aperte. I carati sono opera di Taransaud, il bot-

nem kleinen Imbiss den Wein und kaufen wohl schliesslich auch ein paar Flaschen.

Hoch ist der Neuholzanteil, und spürbar ist auch der Einfluss neuer Eiche auf die Weine. Die Gratwanderung gelingt nicht immer gleich gut. Etliche Weine wirkten in der Vergangenheit überholt. Doch langsam scheinen Beppe Rattazzo, der als Önologe für Gialdi wie für Brivio arbeitet, und Brivio selbst den Umgang mit der Eiche im Griff zu haben. Brivios Paradeweine – der reinsortige Merlot Riflessi d'Epoca, Vigna d'Antan aus 70 Prozent Merlot und 30 Prozent Cabernet Franc, der erstaunlich charaktervolle Bianco Rovere und der weisse Donnay aus 70 Prozent Chardonnay und 30 Prozent Pinot noir – zeigten sich ab Jahrgang 1997 deutlich harmonischer. Und mit dem 1997 erstmals erzeugten Platinum, einer Spätlese aus angetrockneten Merlottrauben, gelang den beiden ein Wurf. Das konzentrierte Gewächs zeigt italienische Eleganz und hätte dort die begehrten drei Gläser spielend geholt. Leider gab es bloss 1640 Flaschen davon – zu wenig, um über einen kleinen Kennerkreis hinaus Furore zu machen.

Die vielleicht schillerndste Figur des Mendrisiotto heisst allerdings nicht Brivio, sondern Zanini. Innerhalb von 15 Jahren hat LUIGI ZANINI sich mit Domizil in Ligornetto ein Weinimperium – bestehend aus der Weinhandlung ZANINI & SULMONI, der Kellerei VINATTIERI TICINESI und der AZIENDA AGRICOLA BELVEDERE – geschaffen. Zanini & Sulmoni handeln hauptsächlich mit italienischen Topweinen, vertreiben aber auch Merlotqualitäten, die des Etiketts «Vinattieri» nicht würdig sind. Vinattieri Ticinesi erzeugen Tessiner Spitzengewächse, allen voran den reinsortigen Merlot Vinattieri Rosso. Auf dem elf Hektar grossen Weingut Belvedere in Besazio schliesslich – sieben Hektar stehen zurzeit unter Reben – wachsen zwei herausragende Gewächse: der Castello Luigi Rosso – ein Merlot, gemischt mit ein paar wenigen Prozenten Cabernet Sauvignon – und der Bianco, ein barriquevergorener, enorm stoffiger Chardonnay. 48 Hektar Reben bewirtschaften, nach eigenen Angaben, unterdessen Zaninis Angestellte – drei Winzer sind für Belvedere, neun für die Weinberge von Vinattieri zuständig. Von den 48 Hektar sind 28 in seinem Besitz. Luigi Zanini betont, dass er mit dieser in Eigenregie kultivierten Rebfläche zum grössten Winzer des Kantons avanciert ist.

Grösse, Grosszügigkeit, aber auch Weitsicht sind für diesen Napoleon des Weins charakteristische Begriffe. Sein Bestätigungs- und Geltungsdrang – im persönlichen Umgang ist er von einnehmender, ja fast scheuen Art – und sein Bedürfnis, sich mit den klingendsten Weinnamen der Welt zu messen, übersteigen das fürs Tessin Gewohnte massiv. Luigi Zanini hat in den vergangenen Jahren enorme Summen in das investiert, was man als Lebenswerk bezeichnen muss. Seinem Personal zahle er höhere Löhne, als in einer Weinkellerei üblich sei. Die neun Winzer, die ihm noch für Vinattieri Trauben verkaufen, hat er letzten Winter zu sich gerufen und sie auf einen Ertrag von 500 Gramm pro Quadratmeter eingeschworen. Erfüllen sie ihm den Wunsch, will er das mit einem Kilopreis von neun Franken, dem Doppelten des Üblichen, honorieren. Er hat für die Vinattieri in Ligornetto einen gigantischen Keller gebaut, den auch Gaja in Barbaresco nicht eindrücklicher hinkriegen würde. Und er hat sich inmitten der Rebberge von Belvedere nach eigenen Plänen das Castello Luigi errichten lassen. In dem einem Bordeaux-Château nachempfundenen Weinschloss mit Kelterraum und Chais wie auf einem Rothschild-Anwesen, residiert Zanini seit Herbst 2000 als Schlossherr. Man weiss bei einer Besichtigung nicht,

taio migliore e più caro di Francia, e hanno capacità insolite comprese tra i 150 e i 300 litri. Zanini rifiuta la concentrazione artificiale del mosto mediante l'evaporatore sotto vuoto. La ritiene contro natura, e non usa neppure il salasso. Senza concentrazione alcuna, tuttavia, neppure lui andrebbe lontano: perciò, negli autunni di bel tempo, taglia in due i tralci a frutto e lascia appassire l'uva sulla pianta. Quindi pratica l'appassimento: gli acini vengono concentrati in un ambiente chiuso e ventilato con aria calda in una specie di post-maturazione artificiale. I rossi di punta di Luigi Zanini non dissimulano i loro tipo di produzione: sono vini concentrati, fortemente alcolici, dall'aroma di rovere, potenti. Impressionano notevolmente, ma all'autore ricordano generalmente meno il Bordolese – Zanini vorrebbe qui emulare lo Château Pétrus e il suo produttore, Christian Moueix – della Napa Valley californiana. Altrettanto impressionanti sono infine anche i prezzi: anche in questo campo, Zanini esce dagli schemi e per un Vinattieri Rosso o un Castello Luigi chiede sino a 80 franchi!

Luigi Zanini venne alla luce nel 1939 a Couzon Montdor, nei pressi di Lione, figlio di una famiglia di emigranti bergamaschi, che tornarono in patria quando lui aveva cinque anni. Nel 1957 emigrò a sua volta in cerca di lavoro assieme alla sorella e giunse a Cureglia. In Ticino cercò a più riprese di inserirsi nel commercio dei vini. Tra il 1971 e il 1973 vinificò le sue prime tre annate di Merlot presso la Zanini & Sulmoni di Capolago, ma non riuscì a profilarsi. Nel 1985 fece un nuovo tentativo con il primo rosso Vinattieri, affinato in barrique sin dall'inizio. Gradualmente raggiunse il successo, e l'iniziale diffidenza con la quale concorrenti e colleghi guardavano l'emigrante finì per lasciare spazio all'accettazione e a una riservata ammirazione.

Raggiunti i sessant'anni, Zanini si è adeguato alla regola della successione. Suo figlio Luigi, detto LUIGINO ZANINI, nato nel 1972, ha assunto, in qualità di delegato del consiglio di amministrazione, la direzione della Zanini & Sulmoni e della Vinattieri Ticinesi, e assieme all'eccellente enologo DANIELE MAFFEI è oggi responsabile della produzione. Luigi senior si è comunque ritirato nel suo Castello Luigi dove continua l'attività di vitivinicoltore e, con i suoi due nuovi vini, intende surclassare quelli del figlio.

Dopo la cooperativa e i vinai, la terza forza del Mendrisiotto è costituita dai vitivinicoltori. Volendoli elencare secondo i meriti, si dovrebbe iniziare con MAURO ORTELLI. Nel Mendrisiotto, infatti, solo pochi altri vitivinicoltori possono vantare una fedeltà al Merlot e al suo territorio pari alla sua.

Mauro Ortelli non mischia nulla. Il riserbo è la sua indole e la modestia il suo ornamento. Mettersi in mostra non gli conviene e preferisce ritirarsi dietro i suoi vini che cantarne le lodi. Con queste caratteristiche e un fascino di stampo romando – Ortelli ha studiato a Changins – nel Mendrisiotto è diventato una quieta autorità. Una stima naturalmente rafforzata dalla qualità discreta e solida dei suoi vini. Contabile di prima formazione, proviene da una famiglia nella quale la coltivazione della vite è da sempre un fatto naturale. Suo nonno, morto nel 1997 all'età di 96 anni, ancora narrava dei tempi in cui 21 diverse varietà d'uva crescevano in colture miste assieme al granturco e al tabacco. Ortelli ha strutturato passo dopo passo l'abbandono della sua prima professione, e dal 1994 dedica tutte le sue forze alla produzione vinicola nel sereno

ob man angesichts des eklektizistischen Bauwerks nun staunen oder schmunzeln soll.

Geklotzt wird auch bei der Weinbereitung: Ein Teil der Trauben für den Rotwein wird mit den Füssen gestampft. Die Maische vergärt in offenen Holzcuves. Die Barriques stammen von Taransaud – der feinsten und teuersten Küferei Frankreichs. Ihr Volumen umfasst ungewöhnliche 150 bis 300 Liter. Zanini lehnt die maschinelle Mostkonzentration mittels Vakuumverdampfer ab. Das sei für ihn widernatürlich, er wende auch kein «saignée» an. Ganz ohne Konzentrationsmethode kommt er allerdings auch nicht aus: Er durchtrennt bei gutem Herbstwetter noch am Stock die Fruchtrute und lässt die Trauben antrocknen. Dann praktiziert er das «appassimento»: Die Trauben werden in einem geschlossenen, ventilierten Raum mittels Warmluft eine Zeit lang konzentriert, was eine künstliche Nachreife erzeugt. Luigi Zaninis rote Spitzengewächse verbergen ihre Herstellungsart nicht: Es sind konzentrierte, alkoholreiche, eichenwürzige, potente Weine. Sie beeindrucken mächtig, erinnern mich allerdings weniger ans Bordelais – Zanini möchte da Château Pétrus und seinem Produzenten Christian Moueix nacheifern – als ans kalifornische Napa Valley. Eindrücklich sind schliesslich ihre Preise: Zanini sprengt auch da den gewohnten Rahmen und fordert rund 80 Franken für einen Vinattieri Rosso oder einen Castello Luigi!

Luigi Zanini kam 1939 in Couzon-Mont d'or in der Nähe von Lyon als Kind einer bergamaskischen Fremdarbeiterfamilie zur Welt. Als er fünf Jahre alt war, kehrte die Familie nach Bergamo zurück. 1957 zog er mit seiner Schwester auf Arbeitssuche nach Cureglia ins Tessin. Dort versuchte er in mehreren Anläufen, im Weinhandel Fuss zu fassen. Von 1971 bis 1973 kelterte er unter Zanini & Sulmoni in Capolago seine ersten drei Merlotjahrgänge, vermochte sich damit aber nicht zu profilieren. 1985 wagte er den nächsten Versuch mit dem ersten roten Vinattieri, der von Anfang an in Barriques ausgebaut wurde. Allmählich stellte sich der Erfolg ein, und das Misstrauen, das dem Einwanderer anfänglich entgegengebracht wurde, machte unter seinen Konkurrenten und Weinhändlerkollegen der Akzeptanz und einer reservierten Bewunderung Platz.

Sechzig geworden, machte sich Zanini an die Nachfolgeregelung. Sein 1972 geborener Sohn Luigi, Luigino gerufen, übernahm als Verwaltungsratsdelegierter die Verantwortung in den Firmen Zanini & Sulmoni und Vinattieri Ticinesi. Zusammen mit dem erstklassigen Önologen DANIELE MAFFEI ist der fleissige LUIGINO ZANINI heute für die Weinerzeugung von Vinattieri zuständig. Luigi senior hingegen wechselte aufs Altenteil. Auf Castello Luigi wirkt er fortan als Selbstkelterer und will mit seinen zwei Gewächsen die Vinattieri-Weine des Sohns ausstechen.

Nach der Genossenschaft und den Weinhändlern sind die Selbstkelterer die dritte Kraft im Mendrisiotto. Nach ihrem Verdienst aufgeführt, beginnt man am besten bei MAURO ORTELLI. Nur wenig andere Selbstkeltererbetriebe können sich im Mendrisiotto einer längeren Treue zum Merlot und zu seinem Terroir rühmen.

Mauro Ortelli ist kein Blender. Zurückhaltung ist seine Art und Bescheidenheit seine Zier. Selbstdarstellung liegt ihm nicht. Lieber tritt er hinter seine Weine zurück, als ihr Loblied zu singen. Mit diesen Eigenschaften und einem Charme welscher Prägung – Ortelli studierte in Changins – hat er sich im Mendrisiotto stille Autorität verschafft. Eine Wertschätzung, die natürlich durch die unspektakuläre, solide Qualität seiner Gewächse noch

paesaggio di Corteglia, dove una cantina nuova e funzionale gli facilita il lavoro.

Le parcelle a vigna di Ortelli sono sparse in tutto il Mendrisiotto. Con l'aiuto del padre, coltiva in totale 3,5 ettari, dai quali ricava due rossi: il morbido e pienamente fruttato Merlot Trii Pin, vinificato in vasca d'acciaio, e il Novi dal Drunpa, (in puro larpaiudre...), affinato incaráti. Sino ad ora, l'approccio di Mauro Ortelli alla vinificazione è stato specificamente ticinese. Egli cercava infatti più l'eleganza, la morbidezza, la pronta bevibilità che non la forza, la struttura e il massimo contenuto tannico. Perciò, anche nei confronti dell'affinamento in legno è rimasto piuttosto riservato. Ma non a scapito del vino, come dimostra una degustazione di annate più vecchie: il Trii Pin del 1985, il vino del debutto di Mauro, si è dimostrato nel pieno possesso delle sue forze, mentre dal modesto 1992 Mauro ha ricavato un Trii Pin dall'aroma erbaceo, ma comunque molto fresco. Dal millesimo 1996 sta raccogliendo esperienze anche nel campo della fermentazione in barrique. Il primo risultato molto promettente e incoraggiante è un meraviglioso e assolutamente tipico Sauvignon. La sola nota dolente è la limitatissima quantità. Tuttavia, anche il Novi dal Drunpa dovrebbe poter beneficiare a medio termine delle nuove conoscenze e della freschezza degli inizi. Le uve adatte alla produzione di un rosso fortemente espressivo sono senza dubbio a disposizione.

Diversamente da Mauro Ortelli, la VINI ROVIO RONCO SA, un'associazione tra il finanziere RUDOLF MEIER e l'enologo GIANFRANCO CHIESA, fece parlare di sé prima che per i suoi vini per l'architettura della sua cantina, nascosta sulla collina sovrastante Maroggia e inaugurata nel 1995. A Rovio, ai piedi del Monte Generoso, Meier e Chiesa non hanno semplicemente voluto una cantina funzionale nell'avvallamento tra bosco e vigneti, ma hanno fatto edificare all'architetto Luigia Cairoli-Carloni, moglie del decano degli architetti ticinesi Tita Carloni, un edificio severamente simmetrico che trasuda volontà creativa e, accanto all'utilità e alla solidità, chiama in causa anche la bellezza. I suoi materiali sono il calcestruzzo e i mattoni di cemento, il ferro e il vetro, la ceramica e l'acciaio inossidabile, che si fondono in un insieme del tutto coerente con il ciclo della produzione del vino.

Nessuna meraviglia se anche i vini nati in questi spazi piastrellati e attrezzati di vasche in acciaio non possono sottrarsi al soffio fresco: che si tratti di quelli dei vigneti di Rovio, di Pugerna o di Ligornetto, tutti si presentano con toni assolutamente puri e levigati, economici ed eleganti, freschi e non focosi. Sino a uno Chardonnay e al Merlot Riserva di Rovio – entrambi da barrique – sono vinificati in vasche d'acciaio. Questo perché i ceppi dei 5,5 ettari di vigneti sono ancora giovani e Gianfranco Chiesa ritiene che i loro frutti non siano ancora adatti all'affinamento nel legno.

La grande cantina di Rovio permette di vinificare anche a terzi. E ANDREA FERRARI non se l'è fatto dire due volte. Sotto la sorveglianza di Gianfranco Chiesa, questo studente di Changins produce una quantità anno per anno crescente di uve dell'azienda viticola del padre, Roberto. ROBERTO FERRARI, ingegnere agrario del Politecnico di Zurigo, dal 1977 coltiva a Stabio cinque ettari a vigna. Sebbene abbiano iniziato a vinificare in proprio solo nel 1994, i Ferrari vantano già un vasto assortimento, nel quale spiccano un Viognier bianco dal legno

verstärkt wird. Der gelernte Buchhalter kommt aus einer Familie, in der der Anbau von Trauben stets eine Selbstverständlichkeit war. Sein 1997 im Alter von 96 Jahren verstorbener Grossvater erzählte noch von den Zeiten, als in Mischkulturen mit Mais und Tabak 21 verschiedene Rebsorten angebaut wurden. Schritt für Schritt gestaltete Ortelli den Ausstieg aus seinem Beruf. Seit Ende 1994 widmet er in der heiteren Landschaft von Corteglia seine volle Kraft der Weinproduktion. Ein neuer, funktioneller Keller erleichtert ihm dabei die Arbeit.

Ortellis Rebparzellen liegen verstreut im ganzen Mendrisiotto. 3,5 Hektar bewirtschaftet er mit Hilfe seines Vaters. Zwei Rotweine bereitet er daraus: den weichen, vollfruchtigen, im Stahltank ausgebauten Merlot Trii Pin und den barriquegereiften Novi dal Drunpa. Mauro Ortelli ging bei der Vinifikation bisher einen spezifisch tessinerischen Weg. Er suchte mehr die Eleganz, die Geschmeidigkeit, die Trinkfreundlichkeit als Kraft, Struktur und übermässigen Gerbstoffgehalt. Deshalb blieb er auch dem Holzausbau gegenüber eher reserviert. Zu Ungunsten des Weins muss sich das nicht auswirken, wie eine Degustation älterer Jahrgänge beweist: Der 1985er-Trii-Pin, Mauros Debütwein, zeigte sich in Vollbesitz seiner Kräfte, und aus dem bescheidenen Jahrgang 1992 kelterte Mauro einen kräuterwürzigen, aber noch sehr frischen Trii Pin. Seit dem Jahrgang 1996 sammelt er nun auch bei der Barriquevergärung Erfahrungen. Viel versprechendes und ermutigendes erstes Resultat ist ein wunderschöner, sehr sortentypischer Sauvignon. Einziger Wermutstropfen dabei ist die limitierte Menge. Doch auch der Novi dal Drunpa dürfte mittelfristig von den neuen Kenntnissen und dem frischen Mut profitieren. Über die geeigneten Trauben für einen entsprechend ausdrucksstarken Rotwein verfügt er zweifellos.

Die VINI ROVIO RONCO AG, eine Partnerschaft zwischen dem Financier RUDOLF MEIER und dem Önologen GIANFRANCO CHIESA, machten, anders als bei Mauro Ortelli, zunächst weniger mit ihren Weinen als mit der Architektur der 1995 eingeweihten, in versteckter Hügellage oberhalb Maroggia liegenden Kellerei von sich reden. Meier und Chiesa stellten in Rovio am Fusse des Monte Generoso nicht einfach ein funktionelles Gebäude in die Senke zwischen Waldrand und Rebberge, sondern liessen von der Tessiner Architektin Luigia Cairoli-Carloni, der Frau des Doyens der Tessiner Architekten Tita Carloni, einen streng symmetrischen Bau erstellen, der Gestaltungswillen verrät und neben Brauchbarkeit und Festigkeit auch die Schönheit zum Zuge kommen lässt. Beton und Zementsteinmauerwerk, Stahl und Glas, Keramikplatten und rostfreier Stahl sind die vorherrschenden Materialien. Sie fügen sich zu einem konsequent dem Arbeitsablauf der Weinproduktion dienenden Ganzen.

Kein Wunder, dass sich auch die in den gekachelten, mit Stahltanks ausgestatteten Räumen entstehenden Weine dem kühlen Sog nicht entziehen können: Seien es die Gewächse aus Rovio, aus Pugarna oder aus Ligornetto: Sie wirken ausgeprägt reintönig und geschliffen, ökonomisch und elegant, kühl und nicht hitzig. Bis auf einen Chardonnay und den Merlot Riserva aus Rovio – beides Barriqueweine – werden sie im rostfreien Stahltank ausgebaut. Denn die Rebstöcke auf der ingesamt 5,5 Hektar grossen Rebfläche sind noch jung, und Gianfranco Chiesa glaubt, dass ihre Früchte dem Holzausbau nicht gewachsen sind.

Die Grösse der Kellerei in Rovio erlaubt auch Fremdkelterung. ANDREA FERRARI liess sich das nicht zweimal sagen: Angeleitet von Gianfranco

forte, con tipiche note di pesca, e un Sauvignon bianco dai toni di sambuco e dalla ridotta acidità.

Di tutte le zone viticole del Ticino, il Mendrisiotto è forse quella maggiormente in fermento. Lo dimostra il sempre maggior numero di colture di varietà non indigene, la quantità crescente di vini bianchi e il tasso di crescita superiore alla media delle superfici coltivate. Questa dinamica chiarisce però anche il numero, insolitamente grande per il Cantone, di nuove aziende, quali ad esempio l'AZIENDA AGRICOLA CORMANO, i terreni a vigna della famiglia KOPP-VON DER CRONE e il TENIMENTO DELL'ÖR.

All'inizio c'erano GIULIANO CORMANO e suo padre PASQUALE CORMANO, che nel 1996 tentarono il salto nella vitivinicoltura. Prima, l'emigrante campano Pasquale vendeva le sue uve a vinai locali, mentre Giuliano studiava economia a Pavia. Nel '96 costruirono a Morbio Inferiore una pratica cantina e iniziarono a vinificare in proprio. I primi vini non riuscirono del tutto perfetti. Ma il millesimo 1999 del Merlot Caronte, battezzato come il traghettatore della Commedia dantesca, ha tutte le carte in regola per essere un vino… divino. E chi conosce l'originale e spiritoso Giuliano Cormano, che dal 1997 è l'esemplare presidente della Proviti, l'organo di propaganda dell'economia vitivinicola ticinese, non se ne stupisce. L'azienda farà sicuramente ancora parlare di sé.

In UELI KOPP e sua moglie, ANNA BARBARA VON DER CRONE, la forte fazione dei produttori vinicoli svizzero tedeschi ha trovato un sostegno. A oltre un decennio dall'arrivo degli Stucky, dei Kaufmann e compagni, la coppia ha spiccato il balzo verso il Mendrisiotto nel 1994 con un folto stuolo di bambini e già nel 1995 produceva il suo primo millesimo. Come bagaglio avevano una solida formazione – entrambi hanno studiato con successo agronomia al Politecnico di Zurigo – e la ferma volontà di produrre vini di qualità. A loro pieno vantaggio vi fu anche il fatto di poter iniziare con già tre ettari di vigne proprie. Di questi, un ettaro è piantato con vecchi ceppi di Merlot sui pendii di Sementina, mentre gli altri due sono situati a Gorla, una frazione di Castel San Pietro a due passi da casa loro. La loro cantina, invece, ha sede a Melide.

Dopo due vendemmie riuscite, che hanno dato come frutto il Merlot Ronco Balino dalla forte impronta di barrique, nell'aprile 1997 il vigneto di Sementina fu distrutto da un incendio. In seguito a questo, i Kopp si sono visti costretti a lavorare solo con le uve del Sottoceneri e a ripiantare a nuovo il pendio sopracenerino. Nel 1999 sono inoltre riusciti ad affittare un vecchio e malandato vigneto a Barbengo, in una posizione mozzafiato sopra il lago di Lugano. Attualmente, stanno terrazzando a nuovo e ripiantando la collina: la famiglia non ha quindi nulla da temere. Ueli Kopp – un appassionato alpinista – è ambizioso, tenace e sa affrontare le difficoltà. E Anna Barbara von der Crone possiede, oltre alle sue qualità di vignaiola, la pazienza necessaria e il talento organizzativo di una madre più volte messa alla prova. Con le annate future, i loro vini guadagneranno certamente ancora in profondità, e l'accento di legno forse un po' troppo dominante dovrebbe passare in secondo piano.

Durante gli ultimi dieci anni MEINRAD C. PERLER si è costruito una solida impresa sottovento ad altri produttori. Nel 1981, l'ex banchiere e

Chiesa vinifiziert der Changins-Student eine Jahr für Jahr wachsende Menge aus dem Rebbaubetrieb seines Vaters Roberto. ROBERTO FERRARI, Agraringenieur ETH, kultiviert in Stabio seit 1977 fünf Hektar Reben. Obwohl erst 1994 mit der Eigenkelterung begonnen wurde, verfügen die Ferraris schon über ein breites Sortiment. Daraus ragen ein holzgeprägter weisser Viognier mit sortentypischer Pfirsichnote und ein holunderbetonter, ebenfalls eher säurearmer Sauvignon blanc hervor.

Das Mendrisiotto ist vielleicht von allen Tessiner Weingebieten am meisten in Bewegung. Das zeigen der vermehrte Anbau von gebietsfremden Sorten, der wachsende Anteil an Weissweinen, die überdurchschnittlich hohe Zuwachsrate der Anbaufläche. Die Dynamik verdeutlicht aber auch eine für den Kanton ungewohnt grosse Zahl von neuen Betrieben wie etwa die AZIENDA AGRICOLA CORMANO, das Weingut der Familie KOPP-VON DER CRONE, der TENIMENTO DELL'ÖR.

Am Anfang erst stehen GIULIANO CORMANO und sein Vater PASQUALE CORMANO. 1996 wagten sie den Sprung in die Selbstkelterung. Vorher verkaufte der aus Kampanien eingewanderte Rebbauer Pasquale seine Trauben an lokale Weinhändler, und Giuliano studierte in Pavia Ökonomie. 1996 wurde in Morbio Inferiore ein sehr praktischer Keller gebaut und mit der Vinifizierung begonnen. Die ersten Weine gerieten noch nicht perfekt. Doch der 1999er-Merlot-Caronte – getauft nach dem Fährmann, der in Dantes Göttlicher Komödie die Seelen in die Hölle begleitet – hat tatsächlich alle Anlagen zu einem höllisch guten Wein. Wer den originellen, gewitzten Giuliano Cormano kennt, der nebenbei seit 1997 als Präsident der Proviti, der Propagandastelle der Tessiner Weinwirtschaft, vorbildliche Arbeit leistet, wundert sich darüber nicht. Der Betrieb wird gewiss noch von sich reden machen.

Mit UELI KOPP und seiner Frau ANNA BARBARA VON DER CRONE hat die starke Fraktion der Deutschschweizer Weinproduzenten im Tessin Unterstützung erhalten. Mehr als ein Jahrzehnt nach der Übersiedlung der Stuckys, Kaufmanns und Co. wagte 1994 das Paar mit einer reichen Kinderschar den Sprung ins Mendrisiotto und erzeugte 1995 gleich den ersten Jahrgang. Im Gepäck hatten sie eine solide Ausbildung – beide studierten an der ETH erfolgreich Agronomie – und den unbedingten Willen, Qualitätsweine zu erzeugen. Zupass kam ihnen, dass sie gleich mit drei Hektar eigenen Reben einsteigen konnten. Ein Hektar bestand aus einem mit alten Merlotpflanzen bestockten Steilhang in Sementina, zwei Hektar liegen in Gorla, einem Weiler von Castel San Pietro, direkt vor ihrer Haustür. Der Keller befindet sich in Melide, gleichsam in der Mitte.

Nach zwei gelungenen Ernten, die im stark barriquegeprägten Merlot Ronco Balino fruchtbaren Niederschlag fanden, fiel der Rebberg in Sementina im April 1997 einem Waldbrand zum Opfer. Die Kopps sahen sich danach gezwungen, allein mit den Trauben aus dem Sottoceneri zu wirtschaften und den Hang im Sopraceneri neu zu bepflanzen. 1999 konnten sie zudem in Barbengo, in atemberaubender Lage über dem Luganer See, einen alten, vergandeten, 2,5 Hektar grossen Rebberg pachten. Der Hügel wird zurzeit neu terrassiert und bepflanzt. Bange muss es einem also um die Familie nicht werden. Ueli Kopp – ein passionierter Bergsteiger – ist ehrgeizig, zäh und weiss mit Schwierigkeiten umzugehen. Und Anna Barbara von der Crone besitzt neben ihren Fähigkeiten als Winzerin die Geduld und das Organisationstalent einer vierfach auf die Probe gestellten Mutter. Mit den kommenden Jahrgängen werden ihre Weine bestimmt

ora fiduciario friborghese acquistò in comproprietà ad Arzo un'azienda agricola abbandonata di dieci ettari, le cui radici risalgono al XVII secolo e che ancora cent'anni fa dava da vivere a 11 famiglie. Invece di edificare su questo altopiano meravigliosamente situato, privilegiato da una vista unica dei monti San Giorgio, Generoso e Bisbino, le tre montagne che delimitano il Mendrisiotto, questo figlio di contadini optò per la viticoltura, già tradizionale nella zona dell'Ör. I suoi compagni non ne vollero sapere e, da quel momento, Perler dovette andare avanti da solo.

Fece piantare sette ettari con 13 diverse varietà rosse e bianche, alle quali aggiunse un vigneto ampelografico con in totale 600 varietà e cloni di uve, un esempio sorprendente e unico al mondo. Sino ad oggi, Perler ha continuato a vendere parte della sua vendemmia all'azienda Vinattieri, della vicina Ligornetto. Già nel 1994, con l'aiuto del discusso professore di enologia Rainer Zierock, iniziò a occuparsi di vinificazione in proprio. Dopo l'uscita di scena di Zierock, dal 1996 a produrre il vino è SACHA PELOSSI, formatosi come enologo a Changins.

Con il 40 percento, la parte dedicata ai vini bianchi è insolitamente elevata. In futuro, tuttavia, essa dovrebbe venir ridotta al 30 percento, e questo perché, a dispetto della molteplicità delle varietà, Perler intende dedicarsi al Merlot e ai suoi assemblaggi. Chi abbia assaggiato il denso, sostanzioso e ligneo Merlot Riserva capisce perché. Pelossi lo vinifica con molta empatia e successo sul filo del frutto, della tipicità, della forza e dell'eleganza. Tutti i tentativi di coltura e microvinificazione hanno però rivelato le possibilità di altre varietà rosse ancora sconosciute in Ticino. La Tannat, della Francia sud-occidentale, sembra trovarsi bene ad Arzo e sarà più ampiamente coltivata nel Tenimento dell'Ör. E anche il Petit Verdot ha superato bene i primi test.

noch an Tiefgang gewinnen, und die vielleicht etwas zu dominante Holz-prägung dürfte in den Hintergrund treten.

Im Windschatten anderer Weinerzeuger hat sich der Fribourger MEINRAD C. PERLER im Mendrisiotto in den letzten zehn Jahren ein solides Unternehmen geschaffen. 1981 kaufte der Banker und jetzige Treuhänder mit Partnern zusammen in Arzo ein verlassenes, zehn Hektar grosses Bauerngut, dessen Wurzeln ins 17. Jahrhundert zurückreichen und das noch vor 100 Jahren elf Familien ein Auskommen bot. Statt das prächtig gelegene kleine Plateau, das das Privileg einer exklusiven Sicht auf die drei das Mendrisiotto begrenzenden Berge San Giorgio, Generoso und Bisbino besitzt, zu überbauen, votierte Bauernsohn Perler für den gerade im Gebiet l'Ör traditionsreichen Rebbau. Seine Compagnons wollten davon nichts wissen – Perler musste daraufhin alleine weitermachen.

Sieben Hektar liess er mit 13 verschiedenen weissen und roten Sorten bepflanzen, dazu errichtete er einen ampelografischen Weingarten mit insgesamt 600 Rebsorten und Klonen, weltweit ein bestaunenswertes Unikum. Bis heute verkauft Perler einen Teil der Ernte an die Firma Vinattieri im benachbarten Ligornetto. 1994 erst begann er mit Hilfe des umstrittenen Önologieprofessors Rainer Zierock sachte mit der Eigenkelterung. Seit Zierocks Ausscheiden erzeugt ab Jahrgang 1996 SACHA PELOSSI, der sich in Changins zum Önologen ausbilden liess, den Wein.

Mit 40 Prozent ist der Anteil an weissen Weinen ungewöhnlich hoch. In Zukunft soll er allerdings auf 30 Prozent gedrückt werden. Denn trotz Sortenvielfalt will Perler vor allem auf den Merlot und auf merlotdominante Assemblagen setzen. Wer den dichten, stoffigen, holzgepägten Merlot Riserva probiert, versteht warum. Pelossi keltert ihn sehr einfühlsam und erfolgreich auf dem schmalen Grat von Frucht, Typizität, Kraft und Eleganz. All die Anbauversuche und Mikrovinifikationen haben aber auch andere, im Tessin noch unbekannte rote Sorten empfohlen: Die südwestfranzösische Tannat scheint sich in Arzo wohl zu fühlen und soll auf der Tenimento dell'Ör künftig vermehrt angebaut werden. Und auch der Petit Verdot hat die ersten Tests gut bestanden.

Il fulmineo sviluppo del Ticino come Cantone vinicolo è senza dubbio gradito e testimonia come, malgrado le bizzarrie climatiche, le colture ripaghino i viticoltori in solida valuta. Questo è un fatto costantemente confermato anche da degustazioni alla cieca di tipo neutrale. Grazie ai millesimi 1996, 1997 e 1998 abbiamo potuto godere un numero sinora mai raggiunto di vini di pregio. La competenza è ulteriormente aumentata e la gamma dei prodotti di punta si è ampliata. I migliori tra loro si fanno sentire anche nel concerto dei vini d'élite internazionali. Ma come si comportano sotto l'aspetto dell'invecchiamento? Una risposta in tal senso è fornita da una degustazione rappresentativa della rivista vinicola «Vinum», cui l'autore ha avuto l'opportunità di partecipare: dieci vini del millesimo 1990, famoso anche in Ticino, sono stati assaggiati alla cieca a dieci anni dalla loro produzione allo scopo di valutarne le condizioni. Tra questi, anche l'eminente Pomerol Vieux Château Certan. Nove vini hanno rivelato una forma ancora del tutto rispettabile. Ma il quotatissimo Bordeaux si è visto addirittura superare da alcuni ticinesi – il Sassi Grossi di Gialdi, il Pio della Rocca di Kaufmann e il Conte di Luna di Stucky!

Nessuna domanda, nessuna obiezione, nessuna preoccupazione, neppure più alcun obiettivo? Per quanto lo specchio rimandi l'immagine di un mondo ticinese raggiante, di ragioni per credere nell'autosufficienza non ve ne sono. Vi sarebbe la questione del carattere territoriale, di terroir, del Merlot del Ticino. I diversi paesaggi descritti in questo libro danno origine anche a vini diversi? Le loro caratteristiche sono rilevabili e descrivibili? Senza conoscerne il nome, un vino della Leventina può essere distinto da uno della Sponda destra, del Malcantone o del Mendrisiotto? Ognuna di queste regioni dà un tipo di vino a sé stante? È addirittura possibile sviluppare una vera e propria tipologia vinicola, come ad esempio nella regione d'origine del Merlot – il Bordolese – dove i frutti del Médoc, del Graves, del St.-Emilion o del Pomerol possono essere distinti gli uni dagli altri e la loro diversità può essere anche descritta? Sarebbe quantomeno desiderabile – e nobiliterebbe in qualche modo la vitivinicoltura ticinese.

Per rispondere alle domande sul territorio è stata organizzata una degustazione di tipo sperimentale. A questo scopo, il 23 maggio 2000, nove professionisti – FABIO ARNABOLDI, BRUNO BERNASCONI, DANIEL HUBER, ADRIANO KAUFMANN, CHRISTIAN KREBS, MAURO ORTELLI, SACHA PELOSSI, WERNER STUCKY E CHRISTIAN ZÜNDEL – e l'autore si sono riuniti presso la Tenuta Bally per procedere al test del terroir. Bicchiere dopo bicchiere, sono stati loro sottoposti 20 Merlot ticinesi del millesimo 1997 e dieci vini del 1996, i cui nomi e produttori sono rimasti celati sino al termine dell'esame. Con poche eccezioni, si trattava di prodotti vinificati in modo tradizionale e non di vini affinati in barrique, in cui l'aroma di legno più o meno intenso avrebbero potuto occultare il carattere fondamentale del vino. Mediante un modulo a scelta multipla, il gruppo doveva determinare la regione d'origine dei singoli vini, stabilirne proprietà olfattive e gustative caratteristiche e formulare un'impressione generale.

I risultati sono stati deludenti. L'origine esatta è stata centrata 85 volte su 300. Ciò significa che per 215 volte un vino è stato assegnato alla regione sbagliata. Dei vini del Mendrisiotto sono stati trapiantati in Leventina, mentre quelli della Valle di Blenio attribuiti al Luganese. Ad essere riconosciuti con maggiore frequenza sono stati in vini del Malcantone, ma occorre far notare che tre degustatori su dieci provenivano da quella regione. Riguardo alle caratteristiche tipologie organolettiche regionali non si è giunti ad alcun risultato. Qui la confusione impera, e il tentativo di definire un vocabolario adatto alla descrizione dei vini di sette regioni – valli Leventina e Blenio, Bellinzonese, Sponda destra/Locarnese, valle e delta della Maggia, Luganese, Malcantone/valle della Tresa, Mendrisiotto – è miseramente naufragato.

Quali sono le cause possibili di questo fallimento? Forse il puzzle territoriale ticinese, la sua inquieta e frammentata situazione, male si adattano alle finezze del terroir. Forse – anche – la storia della viticoltura ticinese è troppo breve per permettere giudizi affidabili in tal senso: non bisogna dimenticare che la classificazione dei Médoc oggi ancora valida risale all'anno 1855! Forse il tentativo di

Die fulminante Entwicklung des Weinkantons Tessin ist natürlich überaus erfreulich. Sie beweist, dass das Anbaugebiet dem Winzer ein Engagement trotz Klimakapriolen mit solider Währung zurückzahlt. Das verdeutlichen auch immer wieder neutrale Blindverkostungen. Mit den Jahrgängen 1996, 1997 und 1998 erfreuten uns eine vorher nie erreichte Zahl von vorzüglichen Weinen. Das Können ist nochmals gewachsen; die Spitze hat sich verbreitert. Die besten Gewächse werden auch im Konzert der internationalen Topweine gehört. Und wie verhält es sich mit ihrer Lagerfähigkeit? Darauf gab eine repräsentative Degustation der Weinzeitschrift «Vinum» Antwort, an der der Autor teilnehmen konnte: Zehn Weine des auch im Tessin famosen Jahrgangs 1990 wurden zehn Jahre später in Unkenntnis des Etiketts auf ihre Verfassung hin getestet – darunter auch der begehrte Pomerol Vieux Château Certan. Neun Weine befanden sich noch in respektabler Form. Der hoch kotierte Bordeaux sah sich von einigen Ticinesi – Gialdis Sassi Grossi etwa, Kaufmanns Pio della Rocca, Stuckys Conte di Luna – gar überflügelt!

Keine Fragen, keine Einwände, keine Sorgen und auch kein Ziel mehr? So strahlend sich die Tessiner Welt auch im Glas zeigt, Grund zur Selbstzufriedenheit gibt es nicht. Da wäre die Frage nach dem Terroircharakter des Merlot del Ticino. Bringen die in diesem Buch beschriebenen unterschiedlichen Landschaften auch unterschiedliche Weine hervor? Sind deren Eigenschaften fass- und beschreibbar? Ist ein Wein der Leventina ohne Kenntnis seines Namens von einem der Sponda destra, des Malcantone oder des Mendrisiotto unterscheidbar? Bringt jedes dieser Gebiete einen eigenständigen Weintypus hervor? Kann sogar eine eigentliche Weintypologie entwickelt werden – wie etwa im Ursprungsgebiet des Merlot, im Bordelais, wo sich die Gewächse aus dem Médoc, dem Graves, St-Emilion oder Pomerol voneinander unterscheiden und dieser Unterschied sprachlich auch bezeichnet werden kann? Zu wünschen wäre es – es würde den Tessiner Weinbau sozusagen adeln.

Antwort auf die Terroirfrage sollte eine versuchsartig angelegte Degustation geben. Neun Profis – FABIO ARNABOLDI, BRUNO BERNASCONI, DANIEL HUBER, ADRIANO KAUFMANN, CHRISTIAN KREBS, MAURO ORTELLI, SACHA PELOSSI, WERNER STUCKY UND CHRISTIAN ZÜNDEL – sowie der Autor versammelten sich am 23. Mai 2000 auf der Tenuta Bally zum Terroirtest. Glas für Glas wurden ihnen 20 Tessiner Merlots des Jahrgangs 1997 und zehn Weine von 1996 gereicht. Weinname und Produzent blieben bis zur Flaschenenthüllung unbekannt. Bis auf wenige Ausnahmen handelte es sich um traditionell ausgebaute Gewächse und nicht um Barriqueweine, deren mehr oder weniger starke Eichennote den Grundcharakter des Weins verdecken kann. Mit Hilfe des Multiple-Choice-Verfahrens hatte die Runde zu jedem Wein die Gebietsherkunft zu ergründen, charakteristische Geruchs- und Geschmackseigenarten zu bestimmen sowie einen allgemeinen Gesamteindruck zu formulieren.

Das Resultat sorgte für Ernüchterung. 85-mal wurde auf die richtige Herkunft getippt. 300-mal wären möglich gewesen. 215-mal also wurde der Wein einer falschen Region zugeordnet. Weine aus dem Mendrisiotto wurden in die Leventina verpflanzt, solche aus dem Bleniotal ins Luganese versetzt. Am häufigsten wurden die Gewächse aus dem Malcantone erkannt – aber das vielleicht auch nur, weil drei von zehn Degustatoren aus diesem Gebiet stammten. Zu gar keinem Ergebnis kam man bei den gebietstypischen geruchlichen oder geschmacklichen Eigenschaften. Hier herrschte reine Wirrnis. Der Versuch, ein taugliches Vokabular zur Beschreibung der Weine aus den sieben Gebieten – Leventina/Bleniotal, Bellinzonese, Sponda destra/Locarnese, Valle Maggia/Maggiadelta, Luganese, Malcantone/Tresatal und Mendrisiotto – zu finden, scheiterte grandios.

Was sind die möglichen Gründe für das Scheitern? Vielleicht eignet sich dieses Tessiner Terroirpuzzle, die unruhige, kleinteilige Standortsituation schlecht für Terroirfinessen. Vielleicht ist die Geschichte des Tessiner Qualitätsweinbaus auch zu kurz, um diesbezüglich verlässliche Aussagen machen zu können. Zur Erinnerung: Die heute immer noch gültige Klassifizierung der Médoc-Weine stammt aus dem Jahre 1855! Vielleicht war die Versuchsanordnung zu kompliziert, oder die Teilnehmer befanden sich in Unterform. Vielleicht wirkte sich aus, dass sich bei der internationa-

classificazione era troppo complicato, oppure i partecipanti erano giù di forma. Forse è successo che, sul piano internazionale, può profilarsi nella varietà Merlot solo chi impiega raffinate tecniche di vinificazione. Tecniche che recano comunque in sé il rischio del livellamento.

Il tema non è specificatamente ticinese. In tutto il mondo vinicolo la discussione che vede opposti i vini «di territorio» a quelli «internazionali» suscita grande agitazione. La disponibilità globale di materiale vegetale e delle conoscenze, una tecnica enologica sempre più virtuosa ed elaborata combinata all'inaudita influenza della critica vinicola pubblicistica che giudica i prodotti secondo criteri da concorso di bellezza hanno fatto sì che, su scala mondiale, i vini tendano ad assomigliarsi l'un l'altro.

Il Ticino non costituisce alcuna eccezione in questo fatale processo. Le sue cantine sono colme di carati il cui uso inesperto e non ponderato ha solo effetti standardizzanti. Già la forte maturazione dell'annata 1997 aveva indotto a un massiccio impiego delle barrique, dando origine a tutta una serie di vini dal legno eccessivo. Quindi, come altrove, il carattere specifico dell'annata subisce un altro piccolo colpo da parte dei diversi metodi di concentrazione: alcuni produttori impiegano l'evaporatore sotto vuoto che concentra il vino, mentre altri si rifanno alle pratiche più tradizionali del cosiddetto appassimento – sia sulla pianta, mediante il taglio dei tralci a frutto, che artificiale, in celle climatizzate. Le ultime conquiste sono infine la macerazione a freddo e la cosiddetta microossigenazione, in cui il mosto e il vino giovane vengono arricchiti durante la fermentazione da piccoli getti di ossigeno iniettato a intervalli irregolari. Questo procedimento –diffuso nel Bordolese – sostiene la maturazione ossidativa e sembra essere efficace soprattutto nelle annate modeste, connotate da cattiva maturazione, come ad esempio il 1999. Esso consente anche di trasferire con minor frequenza il vino da carato a carato. Inoltre – ma questa è musica del futuro – spingerà anche a un rinnovato maggiore impiego di grandi botti che diffondono meno aromi di legno: forse un'opportunità di meglio precisare il frutto e, con esso, anche il territorio.

Ma tutte queste affascinanti possibilità dimostrano soltanto che il nostro mondo di reti e tecnologie non si ferma in alcun modo davanti alla porta della cantina, né che il varcarne la soglia ci riporta al buon vecchio tempo. In questo anno 2000 siamo un po' tutti apprendisti stregoni, e non deve preoccuparci che anche i produttori di vini incontrino, con ogni nuova tecnica, nuovi problemi – almeno finché tutto questo produrrà diversità, non mero livellamento.

E proprio nel futuro risiede il compito primo del viticoltore ticinese: quello di mettere la tecnica al servizio dell'originalità. Di non realizzare copie di Bordeaux, dell'Italia o d'oltre oceano, bensì dei vini in grado di dichiarare la propria origine sud alpina con il loro gusto e il loro aroma. Dei Merlot che ci parlano del Ticino, delle sue montagne, valli e laghi, del rigoglio della sua vegetazione, ma anche delle particolarità del clima tra il dolce e il severo. Dei vini – inoltre – che rechino la firma dei loro produttori. Avremmo così dei vini realmente eleganti, raffinati, ricchi di finezza – e non delle confezioni di potenza. Vini tutti d'un pezzo, semplici ma non facili, profilati senza essere soltanto ambiziosi. Ma la strada della ricerca del carattere originale è comunque ancora lunga.

len Sorte Merlot nur profilieren kann, wer auf raffinierte Kellertechnik setzt. Eine Technik, die letztlich immer die Gefahr der Nivellierung in sich birgt.

Das Thema ist kein spezifisch tessinerisches. In der ganzen Weinwelt wirft zurzeit die Diskussion «Terroirweine» versus «internationale Weine» hohe Wellen. Global verfügbares Pflanzenmaterial, global verfügbare Kenntnisse und eine immer virtuoser und elaborierter gewordene Kellertechnik, kombiniert mit dem unerhörten Einfluss der publizistischen Weinkritik, die Gewächse nach den Kriterien einer Schönheitskonkurrenz beurteilt, haben dazu geführt, dass die Weine sich weltweit einander angeglichen haben.

Das Tessin ist von diesem fatalen Prozess nicht ausgenommen. In seinen Kellern stehen die bei ungeübtem und unüberlegtem Gebrauch standardisierend wirkenden Barriques stapelhoch. Gerade der Jahrgang 1997 mit seiner hohen Reife verleitete zum massiven Barriqueeinsatz und führte zu einer ganzen Reihe überholzter Weine. Dann wird dem spezifischen Jahrgangscharakter durch verschiedene Methoden der Konzentration wie anderswo auch ein Schnippchen geschlagen: Einzelne Weingüter arbeiten mit Vakuumverdampfern, die den Wein verdichten. Andere wiederum greifen zu der traditionellen Praxis der Traubenkonzentration durch Trocknung – entweder mit noch am Stock durchtrennter Fruchtrute oder maschinell nach der Ernte in einer Trockenzelle. Die letzten Errungenschaften schliesslich sind Kaltmazeration und die so genannte Mikrooxygenation, wo dem Most und Jungwein während der Gärung und des Ausbaus in unregelmässigen Abständen eine Sauerstoffspritze verabreicht wird. Das Prozedere – im Bordelais durchaus üblich – unterstützt die oxydative Reifung. Es scheint sich vor allem in bescheideneren Jahren mit schlechterer Reife, wie zum Beispiel 1999, zu bewähren. Es erlaubt auch, den Wein weniger oft von Barrique zu Barrique umzuziehen. Und – das ist Zukunftsmusik – es verlockt vielleicht dazu, wieder vermehrt grössere Fässer zu verwenden, die weniger Holzaromen absondern – eine Chance vielleicht, die Frucht und damit auch das Terroir präziser herauszuschaffen.

All diese faszinierenden Möglichkeiten zeigen eigentlich nur, dass unsere vernetzte und technisierte Welt keineswegs vor des Winzers Kellertür Halt macht und der Schritt über die Schwelle nicht in die gute alte Zeit zurückführt. Zauberlehrlinge sind wir im Jahr 2000 alle ein bisschen. Es braucht uns nicht zu kümmern, dass sich auch ein Weinerzeuger mit jeder neuen Technik wieder neue Probleme schafft – solange diese Errungenschaften auch differenzieren und nicht bloss nivellieren.

Und genau da liegt wohl in Zukunft die Hauptaufgabe der Tessiner Winzer: Die Technik in den Dienst des Originals zu stellen. Keine Bordeaux-, Italien- oder Überseekopien zu liefern, sondern Weine, die in Geruch und Geschmack ihre südalpine Herkunft offenlegen. Merlots, die uns vom Tessin erzählen, von seinen Bergen, Tälern und Seen, von der üppigen Vegetation, aber auch vom besonderen Klima zwischen Milde und Härte. Weine zudem, die die Handschrift ihres Winzers tragen. So wären dann wohl elegante, feine, finessenreiche Gewächse zu erwarten – und keine Kraftpakete. Weine aus einem Guss, einfach, aber nicht simpel, profiliert, aber nicht geltungssüchtig. Das Tessin des Weins kann mit Stolz auf die jüngste Vergangenheit zurückblicken. Auf der Suche nach dem Ursprungscharakter hat es allerdings noch eine lange Wegstrecke vor sich.

192 I produttori di Merlot del Ticino al Castel Grande

193 Tessiner Merloterzeuger auf dem Castel Grande

| | Leventina/Bleniotal | Bellinzonese | |

Vendemmia:
Ernte:

▮
4000–20 000 kg

▮▮
20 000–50 000 kg

▮▮▮
50 000–100 000 kg

▮▮▮▮
più di 100 000 kg
mehr als 100 000 kg

Fonte/Quelle: PROVITI

🍷
Commercio di vini
Weinhandlung

✖
Ristorante
Restaurant

Leventina/Bleniotal

Airolo

Ristorante Forni
✖
via Stazione
6780 Airolo
T 091 869 12 70
F 091 869 15 23
Chiuso mercoledì
Cucina regionale e
italiana; prezzi medi
Mittwoch geschlossen
Regionale und italienische
Küche; mittlere Preise

Bedretto

Locanda Orelli
✖
6781 Bedretto
T 091 869 11 40
F 091 869 24 12
Chiuso dal 1 novembre
al 1 maggio
Cucina tipica ticinese;
prezzi medi
1. November bis 1. Mai
geschlossen
Rustikale Tessiner Küche;
mittlere Preise

Bodio

Casa Vinicola Gialdi SA
▮▮▮▮
Feliciano Gialdi
6743 Bodio
T 091 864 16 55

Dongio

**Peduzzi Successori
di Giuseppe Vini**
▮▮
Giuseppe Peduzzi
6715 Dongio
T 091 871 11 56

Giornico

Corrado Bettoni
▮
via Fond da Tera
6745 Giornico
T 091 864 19 57

Grotto dei due Ponti
✖
6745 Giornico
T 091 864 20 30
Chiuso mercoledì
Cucina tipica ticinese;
conveniente
Mittwoch geschlossen
Rustikale Tessiner Küche;
günstig

Bellinzonese

Arbedo

Lorenzo Ostini
▮
via alla Ganna
6517 Arbedo
T 091 829 17 75

Vinicola Carlevaro SA
▮▮▮▮
Gian Piero Carlevaro
Molinazzo di Bellinzona
6517 Arbedo
T 091 829 10 44
F 091 829 14 56
carlevaro@unitbox.ch

Bellinzona

Chiericati Vini SA
▮▮▮▮
Angelo Cavalli
via Al convento 10
6500 Bellinzona
T 091 825 13 07
F 091 826 40 07
chiericati@freesurf.ch

Città di Bellinzona
▮
Sebastiano Ponzio
Ufficio Tecnico Comunale
6500 Bellinzona
T 091 821 85 20

**DFE Dipartimento
Finanze e Economia**
▮
Isidoro Marcionetti
Palazzo Amministrativo 2
6501 Bellinzona
T 091 858 12 42

Locanda Orico
✖
via Orico 10
6500 Bellinzona
T 091 825 15 18
F 091 825 15 19
Chiuso domenica
Cucina raffinata;
piuttosto caro
Sonntag geschlossen
Raffinierte Feinschmecker-
küche; eher teuer

Osteria Nord
✖
via alle Torri
6500 Bellinzona-Carasso
T 091 826 20 95
Chiuso martedì a
mezzogiorno
Cucina ticinese gustosa;
prezzi medi
Dienstagmittag geschlossen
Schmackhafte Tessiner
Küche; mittlere Preise

Bellinzona

Grotto Malakoff
✖
Carrale Bacilieri 10
6500 Bellinzona-Ravecchia
T/F 091 825 49 40
Chiuso domenica
Cucina ticinese con
pasta fresca; piuttosto
conveniente
Sonntag geschlossen
Tessiner Küche mit fri-
scher Pasta; eher günstig

Camorino

La Minerva
▮▮
Lorenzo Mina
Tallio SA
6528 Camorino
T 091 857 16 04
F 091 825 61 30

Giubiasco

**CAGI
Cantina Giubiasco SA**
▮▮▮▮
Petralli Adriano
via Linoleum 11
6512 Giubiasco
T 091 857 25 31
F 091 857 79 12
cagi@ticino.com

Pianezzo

Cantina Nevio Cremetti
▮
6582 Pianezzo
T 091 857 12 52
F 041 610 40 58

Bedretto

Airolo

Leventina/Bleniotal

Dongio

Ludiano
Semione
Giornico   Malvaglia

Bodio

Biasca

Gerra

Lavertezzo

Valle Maggia

Verscio   Ponte Brolla   Locarnese   Arbedo
Cavigliano   Bellinzona
               Minusio   Gordola
Losone   Locarno   Tenero   Sementina
Arcegno   Ascona Cugnasco   Gudo   Giubiasco
                                  Cadenazzo   Pianezzo
                                  Contone   Camorino

                                                 Bellinzonese

                         Mezzovico

                         Taverne   Luganese
Malcantone   Manno   Lamone
                         Comano
              Cademario   Porza
         Bedigliora   Crocifisso di Savosa
Monteggio   Beride   Agno   Lugano
         Castelrotto   Sorengo
              Magliaso   Pazzallo
         Ponte Tresa   Caslano

                              Rovio

                    Morcote
              Riva S.Vitale   Capolago
              Meride   Cabbio
         Tremona
         Arzo
Mendrisiotto   Besazio   Mendrisio
         Ligornetto   Castel S.Pietro
         Genestrerio   Coldrerio
         Stabio   Morbio
              Novazzano   Balerna
                              Chiasso

Locarnese

Contone
Cantina il Cavaliere
🍷
Roberto Belossi
via Cantonale
6594 Contone
T 091 858 32 67
F 091 858 17 67

Gerra Piano
Cantina Böscior
🍷
Gabriela Vosti
via Monte Ceneri 11
6516 Gerra Piano
T 091 859 25 37

Gordola
Cantina del Nonno
🍷🍷
Piffero & Jola
via Riaa Bollone 19
6596 Gordola
T 091 745 38 78
F 091 745 68 76
cantinadelnonno@
ticino.com

Gudo
Cantina Pian Marnino
🍷
Ferretti & Tettamanti
6515 Gudo
T 091 859 22 23
F 091 826 41 46

Flavio Ramelli
🍷
6515 Gudo
T 091 859 27 45

Werner Stucky
🍷
Casa del Portico
6802 Rivera
T 091 946 12 82

Lavertezzo
Alfredo Fantoni
🍷
6633 Lavertezzo
T 091 746 12 77

Locarno
In Vino Veritas – Canetti SA
🍷
Piazza Grande 20 a
6600 Locarno
T 091 751 61 22

Ristorante Cittadella
✕
via Cittadella 18
6600 Locarno
T 091 751 58 85
F 091 751 77 59
Chiuso domenica
(solo in giugno e luglio)
Pesce di mare fresco;
prezzi medi
Sonntag geschlossen
(nur im Juni und Juli)
Frische Meerfisch-
küche; mittlere Preise

Ristorante Centenario
✕
Lungo-Lago 17
6600 Locarno-Muralto
T 091 743 82 22
Chiuso domenica e lunedì
Cucina raffinata; caro
Sonntag und Montag
geschlossen
Raffinierte Feinschmecker-
küche; teuer

Ristorante Il Paradiso
✕
via al Parco
6644 Locarno-Orselina
T 091 743 46 45
F 091 743 87 58
Chiuso martedì e
mercoledì
Cucina stagionale sud
alpina; prezzi medi
Dienstag und Mittwoch
geschlossen
Saisonale Südalpenküche;
mittlere Preise

Minusio
Stefano Haldemann
🍷
via dei Colli 26
6648 Minusio
T 091 743 05 53
F 091 743 05 53
haldemann.vini@
bluewin.ch

Pierluigi Scalmazzi
🍷
via Solaria 12
6648 Minusio
T 091 743 90 83

San Antonino
Pini SA «La Botte»
🍷
Centro MMM
6592 San Antonino
T 091 858 21 49

Sementina
Azienda Mondò
🍷
Giorgio Rossi
via alla Roggia 1
6514 Sementina
T 091 857 45 58

Peter Gauch
🍷
al Mondò
6514 Sementina
T 091 857 23 21
F 091 857 03 21

Tenero
**Balemi Sorelle
fu Francesco**
🍷
Livia Balemi
Contra
6598 Tenero
T 091 745 29 81

Matasci Fratelli SA
🍷🍷🍷🍷
Claudio Matasci
via Verbano
6598 Tenero
T 091 735 60 11
F 091 735 60 19
info@matasci-vini.ch

Filippo Tognetti
🍷
via Muraccio 105
6598 Tenero
T 091 745 11 42

Valle Maggia

Arcegno
Cantina Poroli Daniele
🍷
Daniele Poroli
via Cantonale 1
6618 Arcegno
T 091 792 12 59

Ascona
Chiodi SA
🍷
Fabio Arnaboldi
via Delta 24
6612 Ascona
T 091 791 16 82
F 091 791 03 93
info@chiodi.ch

Terreni alla Maggia SA
🍷🍷🍷
Markus von Dach
via Muraccio 105
6612 Ascona
T 091 791 24 52
F 091 791 06 54
terreniallamaggia@
swissonline.ch

**Bottega del Vino –
Naretto Antonio**
🍷
via Borgo 33
6612 Ascona
T 091 791 30 81

Cantina dell'Orso Sagl
🍷
via Orelli 10
6612 Ascona
T 091 785 80 20

Locanda Barbarossa
✕
Castello del Sole
Ascona
T 091 791 02 02
F 091 792 11 18
Chiuso dal 1 novembre
al 15 marzo. Cucina medi-
terranea raffinata; caro
1. November bis 15. März
geschlossen. Raffinierte
mediterrane Küche; teuer

Cavigliano

Ponte dei Cavalli
✗
Vecchio Pastificio
6654 Cavigliano
T 091 796 27 05
Chiuso a mezzogiorno
(tranne domenica),
lunedì e martedì
Cucina integrale fresca
con proposte vegetariane;
prezzi medi
Mittags (ausser sonntags),
Montag, Dienstag ge-
schlossen
Marktfrische Vollwert-
küche mit vegetarischem
Einschlag; mittlere Preise

Losone

Vini & Distillati
Delea Angelo SA
🍶🍶🍶🍶
Angelo Delea
via Zandone 11
6616 Losone
T 091 791 08 17
F 091 791 59 08
vini@delea.ch

Osteria dell'Enoteca
✗
Contrada Maggiore 24
6616 Losone
T/F 091 791 78 17
Chiuso lunedì e martedì
Cucina sud alpina fresca,
buona scelta di vini
ticinesi; piuttosto caro
Montag und Dienstag
geschlossen
Marktfrische Südalpen-
küche, gute Auswahl an
Tessiner Weinen; eher teuer

Ponte Brolla

Da Enzo
✗
6652 Ponte Brolla
T 091 796 14 75
F 091 796 13 92
Chiuso mercoledì e giovedì
a mezzogiorno
Gustosa cucina regionale
e italiana; piuttosto caro
Mittwoch und Donnerstag-
mittag geschlossen.
Schmackhafte regionale
und italienische Küche;
eher teuer

Verscio

Caverzasio Giovanni
🍶🍶
Giovanni Caverzasio jun.
via Cantonale
6653 Verscio
T 091 796 28 43

**Galgiani Cecilia
e Cavalli Romualdo**
🍶
Cecilia Galgiani
Piazza
6653 Verscio
T 091 796 23 65

Luganese

Breganzona

**Tenuta Bally &
von Teufenstein**
🍶🍶🍶
Hans Imhof
via Crespera 55
6932 Breganzona
T 091 966 28 08
F 091 967 53 71

Crocifisso di Savosa

Daldini Figli fu Alberto
🍶🍶🍶
Leandro Daldini
via San Gottardo 153
6942 Crocifisso di Savosa
T 091 966 30 56
F 091 966 30 57
inofo@daldini-vini.ch

Tenuta Larosa SA
🍶🍶
Alfio Daldini
via San Gottardo 153
6942 Crocifisso di Savosa
T 091 966 30 56
F 091 966 30 57

Lamone

Francesco Franchini
🍶
via Girella
6814 Lamone-Cadempino
T 091 966 53 53

**Tamborini
Carlo Eredi SA**
🍶🍶🍶🍶
Claudio Tamborini
Strada Cantonale
6814 Lamone
T 091 935 75 45
F 091 935 75 49
info@tamborini-vini.ch

Lugano

Convento Cappuccini
🍶
Fra Bernardo Masnada
Salita dei Frati 4
6900 Lugano
T 091 923 51 22

Fabbroni SA
🍶🍶🍶
Carlo Fabbroni
via Maderno 16
6900 Lugano
T 091 923 52 05
F 091 923 20 09

Lugano

Fattoria Moncucchetto
🍶
Niccolò Lucchini
via Crivelli 29
6900 Lugano
T 091 966 73 63
F 091 922 71 77
niluc@bluewin.ch

Bottega del Vino - Gabbani
🍷
via Pessina 13
6900 Lugano
T 091 911 30 82

Fiaschetteria Italiana
🍷
Corso Pestalozzi 21a
6900 Lugano
T 091 922 80 26

Ristorante Al Portone
✗
via Cassarate 3
6900 Lugano
T 091 923 55 11
   091 923 59 88
F 091 971 65 05
Chiuso domenica e lunedì
Cucina mediterranea
fresca e raffinata; caro
Sonntag und Montag
geschlossen
Raffinierte, marktfrische
mediterrane Küche; teuer

**Ristorante
Bottegone del Vino**
✗
via Magatti 3
6900 Lugano
T 091 922 76 89
Chiuso domenica
Enoteca vivace; piuttosto
conveniente
Sonntag geschlossen
Lebhaftes Wein-Bistrot;
eher günstig

Mezzovico

Matteo Canepa
🍶
via Morengo
6805 Mezzovico
T 091 946 20 31
F 091 946 20 58

Pazzallo

Pazzallo Pelossi & Co.
🍶
Sacha Pelossi
via Carona
6912 Pazzallo
T 091 994 56 77
F 091 994 56 77

Luganese

Porza
Klausener E. + F.
🍾
Eric Klausener
via Cantonale
6989 Purasca
T 091 606 35 22
F 091 606 35 22
klausener@bluewin.ch

Pregassona
Lucchini Giovanni SA
🍾🍾🍾
Mario Sansone
via Cantonale 27
6963 Pregassona
T 091 942 13 33
F 091 941 32 93

Sorengo
Ristorante
Sant'Abbondio
✕
via Formelino 10
6924 Sorengo
T 091 993 23 88
F 091 994 32 37
Chiuso sabato a
mezzogiorno, domenica
sera, lunedì
Cucina sud alpina creati-
va ed elegante; caro
Samstagmittag, Sonntag-
abend, Montag geschlossen
Kreative, elegante
Südalpenküche; teuer

Taverne
Ristorante
Motto del Gallo
✕
via al Motto
6807 Taverne
T 091 945 28 71
F 091 945 27 23
Chiuso domenica
Cucina stagionale creati-
va, di ispirazione medi-
terranea, buona scelta di
vini ticinesi; caro
Sonntag geschlossen
Kreative, mediterran an-
gehauchte Saisonküche,
gute Auswahl an Tessiner
Weinen; teuer

Malcantone

Agno
Marco Cavagna
🍾
via Fontanone
6982 Agno
T 091 605 44 81

Beride
Adriano Kaufmann
🍾🍾
via Vallombrosa 1
6981 Beride
T 091 608 13 71
F 091 608 15 90
adokauf.vini@bluewin.ch

Christian Zündel
🍾
Vitivinicoltore
6981 Beride
T 091 608 24 40
F 091 608 24 40

Cademario
Cantina Monti Sagl
🍾🍾
Sergio Monti
Ronchi Bogno
6936 Cademario
T 91 605 34 75

Caslano
Locanda Esterel
✕
Strada Cantonale
6987 Caslano
T 091 611 21 20
F 091 606 62 02
Chiuso lunedì
(solo d'inverno)
Cucina mediterranea
creativa; piuttosto caro
Montag geschlossen
(nur im Winter)
Kreative mediterrane
Küche; eher teuer

Castelrotto
Cantina di Ronco
🍾
Josef Pfister
6981 Castelrotto
T 091 608 22 91

Magliaso
Tenuta del Torchio Sagl
🍾
Silvio Signorini
via Cantonale 73
6983 Magliaso
T 091 606 83 58
F 091 606 83 58

Manno
La Cappellaccia SA
🍾🍾
Gian Carlo Muschi
Strada Regina
6928 Manno
T 091 605 44 76
F 091 604 64 71

Grotto dell'Ortiga
✕
Strada Regina 35
6928 Manno
T 091 605 16 13
F 091 605 37 04
Chiuso domenica e lunedì
Cucina tipica ticinese;
piuttosto conveniente
Sonntag und Montag
geschlossen
Rustikale Tessiner Küche;
günstig

Monteggio
Hostettler Azienda Vinicola
🍾🍾
Massimo Hostettler
6998 Monteggio
T 091 608 11 78
F 091 608 11 78

Daniel Huber
🍾🍾
Termine
6998 Monteggio
T 091 608 17 54
F 091 608 33 53

Neggio
Suore Domenicane
🍾
Antonio Fonzasin
Casa San Domenico
6991 Neggio
T 091 611 24 40
F 091 606 24 04

Pura
Ristorante San Martino
✕
6984 Pura
T 091 606 33 33
F 091 606 32 32
Chiuso martedì
Cucina di ispirazione
francese; prezzi medi
Dienstag geschlossen
Französisch angehauchte
Bistrotküche; mittlere
Preise

Mendrisiotto

Arzo
Agriloro SA
🍾🍾
Meinrad Perler
Tenimento dell'Or
6864 Arzo
T 091 646 74 03
F 091 640 54 55

Della Casa Fratelli
🍾🍾
Meinrad Perler
6864 Arzo
T 091 646 74 03
F 091 640 54 55

Balerna
Corti Fratelli SA
🍾🍾
Nicola Corti
via Sottobisio 15a
6828 Balerna
T 091 683 37 02
F 091 683 17 85
corti.balerna@freesurf.ch

Fumagalli Fratelli
🍾🍾🍾
Giuseppe Fumagalli
viale Corti 30
6828 Balerna
T 091 683 36 68
F 091 683 36 05
fumagallivini@freesurf.ch

Istituto Agrario
Cantonale di Mezzana
🍾🍾
Franco Matasci
via San Gottardo 1
6828 Balerna
T 091 683 21 21
F 091 682 26 21

Besazio
Castello Luigi – Azienda
Agricola Belvedere
🍾
Luigi Zanini
Casella Postale
6863 Besazio
T 091 630 08 08
F 091 630 08 08

Cabbio
Cantina Cavallini
🍾
Luciano e Grazia Cavallini
6838 Cabbio
T 091 684 15 79
F 091 684 15 79

Capolago
Vecchia Masseria
Azienda Agricola
▲▲▲
Luisoni Eridano
via Cantine
6825 Capolago
T 091 648 11 75
F 091 648 14 44
luisoni@unibox.ch

Castel San Pietro
Avra – Caspiera Sagl
▲
Rubro Domingo
via Azienda Avra
6874 Castel San Pietro
T 091 646 92 73
F 091 646 84 33
info@colledavra.com

Cristoforo Capoferri
▲
Tenuta Vernora
6874 Castel San Pietro
T 091 646 67 43

Kopp Ueli &
A. B. von der Crone
▲
Ueli Kopp
via Gorla
6874 Castel San Pietro
T 091 682 96 16
F 091 682 96 16
kvdc@active.ch

Chiasso
Valsangiacomo SA F.lli
▲▲▲▲
Uberto Valsangiacomo
Corso San Gottardo 107
6830 Chiasso
T 091 683 60 53
F 091 683 70 77
valswine@valswine.ch

Ristorante Conca Bella
✗
via Concabella 2
6833 Chiasso-Vacallo
T 091 697 50 40
F 091 683 74 29
Chiuso domenica e lunedì
Cucina italiana classica
con carta dei vini
immensa; caro
Sonntag und Montag
geschlossen
Klassische italienische
Küche mit immenser
Weinkarte; teuer

Coldrerio
Tenuta Trapletti
▲
Lorenzo Trapletti
via Mola 34
6877 Coldrerio
T 091 646 45 08
F 091 646 45 08

Corteglia
Mauro Ortelli
▲▲
via alle Selve
6873 Corteglia
T 091 646 05 04

Parravicini Luca e Antonio
▲
Luca Parravicini
via alle Corti
6873 Corteglia
T 091 646 50 13
F 091 646 50 13

Ligornetto
Vinattieri Ticinesi SA
▲▲▲▲
Luigi Zanini jr.
c/o Zanini e Sulmoni
6853 Ligornetto
T 091 647 33 33
F 091 647 34 32

Mendrisio
Cantina Sociale
Mendrisio
▲▲▲▲
Sandro Guarnieri
via Giorgio Bernasconi 22
6850 Mendrisio
T 091 646 46 21
F 091 646 43 64

I vini di Guido Brivio SA
▲▲▲
Guido Brivio
via Vignoo 8
6850 Mendrisio
T 091 646 07 57
F 091 646 08 05
brivio@brivio.ch

Casa Vinicola Gialdi SA
▲▲▲▲
Feliciano Gialdi
via Vignoo 3
6850 Mendrisio
T 091 646 40 21
F 091 646 67 06

Mendrisio
Ateneo del Vino
🍾
via Portico Virunio 1
6850 Mendrisio
T 091 630 06 36

Ristorante
Ateneo del Vino
✗
Antica Osteria del Leone
via Portico Virunio 1
6850 Mendrisio
T 091 630 06 36
F 091 630 06 38
Chiuso domenica e lunedì
a mezzogiorno
Cucina ticinese fresca,
buona offerta di vini del
Mendrisiotto; prezzi medi
Sonntag und Montag-
mittag geschlossen
Marktfrische Tessiner
Küche, gutes Weinangebot
aus dem Mendrisiotto;
mittlere Preise

Meride
Luca Della Casa
▲
6866 Meride

Ristorante Antico Grotto
Fossati
✗
6866 Meride
T 091 946 56 06
Chiuso lunedì
Cucina tipica ticinese con
sorprendente offerta di
vini; piuttosto conveniente
Montag geschlossen
Rustikale Tessiner Küche
mit überraschendem
Weinangebot; eher günstig

Morbio Inferiore
Cormano
▲▲
Giuliano Cormano
via Vincenzo Vela 15
6834 Morbio Inferiore
T 091 683 15 65
F 091 683 15 65
gcormano@tinet.ch

Franco Lurati
▲
6835 Morbio Superiore
T 091 683 18 46

Morbio Inferiore
Locanda del Ghitello
✗
Parco della Breggia
6834 Morbio Inferiore
T/F 091 682 20 61
Chiuso mercoledì e sabato
a mezzogiorno
Cucina mediterranea
creativa; prezzi medi.
Mittwoch und Samstag-
mittag geschlossen
Kreative, mediterrane
Küche; mittlere Preise

Rancate
Eliano Meroni
▲
via Prati Maggi
6862 Rancate
T 091 646 65 85

Rovio
Vini Rovio Ronco SA
▲▲
Gianfranco Chiesa
Imbasso
6821 Rovio
T 091 649 58 31
F 091 649 78 12

San Pietro di Stabio
Ristorante Montalbano
✗
6845 San Pietro di Stabio
T 091 647 12 06
F 091 647 40 25
Chiuso sabato a mezzo-
giorno, domenica e lunedì
Cucina stagionale italiana;
piuttosto caro
Samstagmittag, Sonntag-
abend und Montag
geschlossen
Saisonale italienische
Küche; eher teuer

Stabio
Ferrari Roberto
▲▲
Roberto o Andrea Ferrari
via Mulino 6
6855 Stabio
T 091 647 12 34
F 091 647 12 51

Tremona
Edoardo Latini
▲
6865 Tremona
T 091 646 33 17

Americana

Vino di varietà americane (Isabella, Catauba, York-Madeira) meno sensibili alle malattie crittogamiche. Queste uve crescono principalmente nel Luganese e in Valle Maggia. A causa del loro invadente gusto volpino, poco si adattano alla produzione di vino. Da esse si ricava per contro una grappa eccellente.

Barrique

Piccola botte in legno di rovere da 225 litri nella quale viene affinato il vino giovane, che ottiene così una struttura tannica più consistente e si adatta meglio all'invecchiamento. Nel Bordolese e nella Borgogna (dove le botticelle sono dette pièce) il metodo vanta una lunga tradizione. In altre regioni vinicole – compreso il Ticino – si è fatto vieppiù popolare nel corso degli ultimi dieci anni.

Bondola

Un'antica varietà ticinese, ancora oggi singolarmente coltivata nel Sopraceneri, dalla quale si ricava un vino rosso autonomo, rustico, ricco di acidità e di basso tenore alcolico.

Botrite
(botrytis cinerea)

Fungo che provoca la muffa grigia. Il suo insorgere è favorito da un fogliame troppo denso e da estati piovose. Più presto colpisce gli acini, più devastante si rivela la sua opera distruttrice. Se invece li infetta allo stato maturo, ha la particolarità di concentrarne il contenuto. Le uve bianche, destinate alla torchiatura immediata, possono beneficiare degli effetti di questa pourriture noble e danno i ben noti vini da dessert. Al contrario, nel caso dei rossi la muffa rimane più a lungo a contatto con il vino durante la macerazione e può alterarne il colore e il gusto. Mentre solo ancora vent'anni fa la muffa grigia ben poco poteva contro il Merlot, oggi, in condizioni climatiche adatte, la sua insorgenza si fa vieppiù frequente.

Cabernet Sauvignon

Varietà a maturazione tardiva originaria del Bordolese. Assemblato ad essa, il Merlot acquista struttura, forza e profondità.

Carato

Vedi Barrique.

Chardonnay

Varietà bianca a maturazione precoce. In Ticino, se adeguatamente coltivata e vinificata dà vini interessanti. Quale seconda varietà per importanza ricopre attualmente 26 ettari.

Chasselas

Varietà di uva bianca ufficialmente ammessa, coltivata in taluni terreni calcarei del Sottoceneri, da cui si ricavano vini neutri e poco eccitanti.

Clone

Dal greco klōn, «germoglio». Discendenza ereditaria uguale di un ceppo di vite ottenuta per riproduzione asessuata mediante talea.

Colatura

Morte delle infiorescenze non fertilizzate e caduta delle appendici fruttifere a seguito di disturbi fisiologici. Il suo insorgere può essere provocato da freddo e precipitazioni durante la gemmazione. In Ticino, dove in primavera piove spesso, il problema si pone con regolarità soprattutto per l'uva Merlot, senza dubbio molto predisposta a questo pericolo.

Commercianti di vini

Vedi vinai.

x) Ein Tessiner Wein-Abc

Americana

Wein aus einer amerikanischen Rebsorte (Isabella, Catauba, York-Madeira), die gegen Pilzkrankheiten weniger empfindlich ist. Seine Trauben, auch Direktträger genannt, wachsen im Tessin hauptsächlich noch im Luganese und in der Valle Maggia. Sie eignen sich ihres aufdringlichen Foxtons («Chatzeseicher») wegen weniger zur Weinbereitung, ergeben aber einen ausgezeichneten Grappa.

Barrique

Kleines, 225 Liter fassendes Eichenholzfass, in dem der junge Wein ausgebaut wird. Er erhält dadurch eine kräftigere Gerbstoffstruktur und vermag besser zu altern. Die Methode blickt im Bordelais und im Burgund (wo sich das Fässchen «pièce» nennt) auf eine lange Tradition zurück. In anderen Weinbauregionen – so auch im Tessin – wurde sie in den letzten zehn Jahren zunehmend populärer.

Bondola

Alte Tessiner Rebsorte, die heute noch vereinzelt im Sopraceneri angebaut wird und einen eigenständigen, rustikalen, säurereichen, alkoholärmeren Rotwein ergibt.

Botrytis cinerea

Schimmelpilz, der die Graufäule verursacht. Zu dichtes Laubwerk und regnerische Sommer begünstigen sein Aufkommen. Je früher er die Beeren befällt, desto verheerender ist sein Zerstörungswerk. Infiziert er sie im reifen Zustand, besitzt er die Eigenschaft, ihren Inhalt zu konzentrieren. Weisse Trauben, die gleich gepresst werden, vermögen von dieser «Edelfäule» zu profitieren. Sie ergeben die berühmten edelsüssen Dessertweine. Bei roten Trauben bleibt der Pilz hingegen in der Maischegärung mit dem entstehenden Wein länger in Kontakt und kann Farbton und Geschmack beeinträchtigen. Während noch vor 20 Jahren die Graufäule dem Merlot kaum etwas anzuhaben vermochte, zeigt er heute bei entsprechenden klimatischen Bedingungen eine starke Anfälligkeit.

Cabernet Sauvignon

Spät reifende Traubensorten aus dem Bordelais. Der Merlot gewinnt durch ihren Zusatz Struktur, Härte und Tiefe.

Chardonnay

Früh reifende weisse Traubensorte. Bei entsprechender Anbaulage und Vinifikation liefert sie auch im Tessin interessante Weine. Bedeckt zurzeit als zweitwichtigste Sorte nach dem Merlot 26 Hektar.

Chasselas

Offiziell zugelassene Weissweinsorte, die auf kalkhaltigen Böden des Sottoceneri wächst und neutrale, wenig aufregende Weine ergibt.

Cru

Wein, der aus einem einzigen, begrenzten Rebberg kommt und dank der Klasse seines Terroirs und seines Produzenten spezielle, organoleptisch feststellbare Eigenschaften entwickelt.

Diolinoir

Kreuzung der Sorte Rouge de Diolly mit Pinot noir. Ergibt einen farbintensiven, tanninreichen Rotwein ohne ausgeprägte Typizität, der sich ausgezeichnet als Verschnittwein eignet. Die Rebsorte ist sehr fruchtbar. Wird sie im Ertrag nicht begrenzt und reift sie nicht gut aus, erhält man grasig-grüne Weine.

Direktträger

Siehe Americana.

Cooperative	Il secondo gruppo per importanza nelle tre componenti dell'economia vitivinicola ticinese. In Ticino ne rimane una sola, la Cantina Sociale di Mendrisio.
Cru	Vino ricavato da un unico vigneto delimitato che, grazie alla classe del suo terroir e del suo produttore, sviluppa delle caratteristiche particolari e determinabili mediante un esame organolettico.
Diolinoir	Incrocio tra le varietà Rouge de Diolly e Pinot noir. Dà un rosso di colore intenso e ricco di tannini, ma esente da tipicità specifiche, eccellente come vino da taglio. Trattandosi di una varietà estremamente fruttifera è necessario limitarne il prodotto. In caso contrario, non raggiunge la piena maturazione e dà vini erbacei.
DOC	Denominazione di Origine Controllata. Dall'estate 1997 il Ticino dispone di un regolamento DOC. I vini della prima categoria recano la denominazione di origine «Ticino» più l'indicazione dell'uva se sono ricavati per almeno il 90 percento da un'unica varietà rossa o bianca tra quelle raccomandate. Si chiamano invece «Rosso, Bianco o Rosato del Ticino (o ticinese)» se sono frutto di assemblaggi: la varietà dominante deve essere indicata, mentre le altre lo possono essere se il loro apporto è superiore al dieci percento.
Fillossera	Importante parassita della vite importato dall'America a metà del secolo scorso le cui larve danneggiano soprattutto le radici e provocano la morte del ceppo. La sola protezione consiste nell'innesto di marze europee su radici americane, resistenti al parassita.
Francese	Uva frutto di incroci tra varietà europee e americane resistenti alla fillossera, dette anche ibride. In parte sono dette anche Seibel, dal nome del loro creatore. Condividono proprietà e regioni di coltura con le Americane.
Gamaret	Incrocio tra la varietà rossa Gamay e quella bianca Reichensteiner, negli ultimi tempi sempre più coltivata in Ticino. Se ne ricava un vino di un rosso profondo, piuttosto rustico, che alcune grandi cantine sperimentano come possibile vino da taglio indigeno per il 2004, anno in cui verrà vietata l'aggiunta pari al dieci percento di vini da taglio esteri al Merlot.
Ibridi	Vedi Francese.
Macerazione	Fase di estrazione del colore, dei tannini e degli aromi durante ed eventualmente anche dopo la fermentazione del mosto.
Marza d'innesto	Gemma d'innesto di varietà europea, ad esempio Merlot o Pinot nero, innestata su portainnesti di varietà americane resistenti alla fillossera.
Merlot	Varietà d'uva originaria del Bordolese diventata domestica in Ticino nella prima metà del XX secolo. È la varietà principale del Cantone e oggi copre con l'83 percento una superficie coltivata di 960 ettari. Il vino da essa ricavato è proposto nelle forme più diverse: come rosso leggero possente, rosato, bianco e spumante.

Denominazione di Origine Controllata. Seit Sommer 1997 verfügt das Tessin über ein DOC-Reglement. Weine der ersten Kategorie tragen die Ursprungsbezeichnung «Ticino» plus Rebsorte, wenn sie zu mindestens 90 Prozent aus einer einzigen roten oder weissen empfohlenen Sorte bestehen. «Rosso – Bianco – Rosato del Ticino o Ticinesi» heissen sie, wenn sie aus einem Sortenmischsatz stammen, wobei die dominierende Sorte indiziert werden muss. Die Angabe der weiteren Sorten ist erlaubt, sofern ihr Anteil grösser als zehn Prozent ist.

DOC

Rebkrankheit, die von einem aus Amerika importierten schmarotzenden Pilz verursacht wird. Beeren, die einmal restlos von ihm befallen sind, sind nicht mehr verwendbar. Im Tessin hat man das Problem inzwischen im Griff.

Echter Mehltau

Wichtigste und gefährlichste Rebkrankheit im Tessin. Blätter und Blütenstände sind sehr anfällig auf diesen Pilz amerikanischer Herkunft. Nur früh einsetzendes, konsequentes und flexibel gehandhabtes Spritzen schützt davor.

Falscher Mehltau

Traubensorten aus einer Kreuzung von europäischen mit reblausresistenten amerikanischen Sorten, auch Hybriden genannt. Teilweise heissen sie auch nach dem Namen ihres Züchters Seibel. Sie besitzen ähnliche Eigenschaften und Anbaugebiete wie die Americane.

Francese

Kreuzung aus der roten Sorte Gamay mit der weissen Sorte Reichensteiner. Wird in letzter Zeit im Tessin zunehmend angebaut. Ergibt einen tiefroten, eher rustikalen Wein, der von einigen grösseren Kellereien als möglicher einheimischer Verschnittwein für die Zeit nach 2004 geprüft wird, wenn der heute für den Merlot noch erlaubte Zusatz von zehn Prozent ausländischen Verschnittweins unterbunden wird.

Gamaret

Zweitgrösste Gruppe in der dreigeteilten Tessiner Weinwirtschaft. Das Tessin besitzt noch eine einzige Genossenschaft: die Cantina Sociale in Mendrisio.

Genossenschaften

Siehe Botrytis cinera.

Graufäule

Siehe Francese.

Hybriden

Anbaumethode. Der Einsatz von Dünger, Schädlingbekämpfungsmittteln und Herbiziden wird überlegt eingeschränkt. Findet im Tessin zunehmend Verbreitung.

Integrierte Produktion (IP)

Griechisch, «Schössling». Durch ungeschlechtliche Vermehrung mittels Steckling aus einem Rebstock entstandene erbgleiche Nachkommenschaft.

Klon

Extraktionsphase von Farbe, Gerbsäuren und Aromastoffen während und eventuell auch nach der Maischegärung.

Mazeration

Aus dem Bordelais stammende, in der ersten Hälfte des 20. Jahrhunderts im Tessin heimisch gewordene Hauptrebensorte des Kantons. Sie bedeckt heute 83 Prozent einer Anbaufläche von 960 Hektar. Der daraus gekelterte Wein wird in verschiedensten Ausformungen angeboten: als milder oder kräftiger Rotwein, Rosato, Weisser, Schaumwein.

Merlot

Mezzana	Istituto agrario cantonale. Si tratta di una scuola di orticoltura, frutticoltura e viticoltura con azienda agricola a Mezzana (Balerna) e produzione propria, tra l'altro di Merlot. All'Istituto è pure annesso un vivaio.
Muffa grigia	Vedi botrite.
Nostrano	Vino di vecchie varietà ticinesi, come la Bondola e la Freisa, prodotto in maniera artigianale e casalinga. Sebbene ciò non sia corretto, oggi con «nostrano» si intende praticamente qualsiasi rosso ticinese ad eccezione del Merlot, cioè vini di uve americane, Francese, Merlot declassate o altri residui di un antico caos di varietà.
Oidio	Malattia della vite causata da un fungo parassita importato dall'America. Gli acini che ne vengono colpiti diventano inutilizzabili. In Ticino, nel frattempo, il problema è stato messo sotto controllo.
Peronospora	Si tratta della più importante e pericolosa malattia della vite in Ticino. Particolarmente soggette a questo fungo di origine americana sono le foglie e le infiorescenze. La sua insorgenza è precoce e solo dei trattamenti conseguenti e applicati in maniera flessibile offrono buona protezione.
Pinot nero	Varietà rossa della Borgogna la cui coltivazione è ammessa in Ticino ed è soprattutto praticata in quota, dove la più tardiva Merlot non raggiunge la piena maturazione. Solo poco Pinot nero è proposto sotto il nome della varietà che finisce in gran parte nel nostrano.
Portainnesto	Ceppo di vite di varietà americana resistente alla fillossera su cui si innestano le marze. In Ticino si tratta perlopiù di Riparia x Rupestris 3309.
Produzione integrata (PI)	Metodo di coltura che limita in maniera ragionata l'impiego di concimi, antiparassitari ed erbicidi. Sempre più diffusa in Ticino.
Proviti	Promozione vitivinicola ticinese. Organismo promozionale dell'economia vitivinicola ticinese.
Rosato	Generalmente di Merlot. Le uve vengono torchiate dopo una breve macerazione e danno un vino estivo fruttato, di facile comprensione.
Salasso (saignée)	Intervento sulla vinificazione del vino rosso. Ancora prima dell'inizio della fermentazione, dalla vasca piena si lascia fuoriuscire una parte del succo allo scopo di modificare il rapporto tra succo, bucce e chicchi e di conseguire così un maggior ricavo di tannini e pigmenti nella fase di macerazione.
Sauvignon	Varietà bianca bordolese coltivabile in Ticino. Quest'uva dalla maturazione tardiva occupa pochi ettari e, in anni climaticamente difficili, matura in maniera problematica. A maturazione completa se ne ricavano vini dal frutto fresco, leggermente acerbi.
Semillon	Varietà bordolese bianca coltivata in Ticino su superfici minuscole. Dà vendemmie irregolari e non matura pienamente tutti gli anni. Assemblata al Sauvignon dà un interessante vino bianco ticinese.

Istituto agrario cantonale. Schule für Gemüsebau, Obstbau und Weinbau in Mezzana-Balerna mit eigenen Landwirtschaftsbetrieben und eigener Produktion, u. a. Merlot. Dem Institut ist auch eine Rebschule angegliedert. — **Mezzana**

Wein aus alten Tessiner Sorten wie Bondola und Freisa. Wörtlich heisst es «der Unsrige» und bezeichnet bäuerlich-handwerklich Hergestelltes. Obwohl es eigentlich nicht korrekt ist, bezeichnet ein Vino Nostrano heute praktisch alle Tessiner Rotweine ausser Merlot: Solche aus Americane, Francese, deklassiertem Merlot oder anderen Überresten eines einstigen Sortenchaos. — **Nostrano**

Siehe Echter Mehltau. — **Oidium**

Siehe Falscher Mehltau. — **Peronospora**

Reblaus. In der Mitte des vorigen Jahrhunderts aus Amerika eingeschleppter Schädling der Rebe, deren Larven die Wurzeln schädigen und den Rebstock zum Absterben bringen. Schutz davor bietet nur die Pfropfung europäischer Edelreiser auf amerikanische, reblausresistente Wurzeln. — **Phylloxera**

Rotweinsorte aus dem Burgund, deren Anbau im Tessin zugelassen ist und die vor allem in einzelnen höheren Lagen gepflanzt wird, wo der später reifende Merlot nicht auszureifen vermag. Nur wenig Pinot noir wird unter dem eigenen Sortennamen angeboten, der meiste wandert in den Nostrano. — **Pinot noir**

Knospen von europäischem Rebholz wie beispielsweise Merlot oder Pinot noir, die auf die reblausresistente Unterlage aus amerikanischen Sorten aufgepfropft werden. — **Pfropfreiser**

Promozione vitivinicola ticinese. Werbeorganisation der Tessiner Weinwirtschaft. — **Proviti**

Siehe Phylloxera. — **Reblaus**

Rosé aus dem Merlot. Die Trauben werden nach kurzem Maischekontakt abgepresst und ergeben einen fruchtigen, leicht verständlichen Sommerwein. — **Rosato**

Massnahme bei der Rotweinvinifizierung. Vom gefüllten Tank wird noch vor Gärbeginn ein Teil des Safts abgelassen, um das Verhältnis zwischen Saft sowie Häuten und Kernen zu verändern und damit in der Mazerationsphase eine grössere Gerb- und Farbstoffausbeute zu erzielen. — **saignée**

Weissweinsorte aus dem Bordelais, im Tessin zum Anbau erlaubt. Die spät reifende Sorte steht auf wenigen Hektar und hat in klimatisch schwierigen Jahren Reifeprobleme. Ausgereift ergibt sie frischfruchtige, leicht stielige Weine. — **Sauvignon**

Die dritte und kleinste Gruppe im Tessin. Weinerzeuger, die nur Trauben aus eigener Produktion keltern, ausbauen und vermarkten. Qualitätsstimulierende Impulse gehen dabei besonders von der Associazione svizzera viticoltori vinificatori privati aus. — **Selbstkelterer**

Sopraceneri	Parte del Cantone Ticino a nord del Monte Ceneri.
Sottoceneri	Parte del Cantone Ticino a sud del Monte Ceneri.
Vinai	Il più potente gruppo di produttori ticinesi. Si tratta di cantine che acquistano le uve per i loro vini e generalmente esercitano anche il commercio di vini esteri. Una fetta importante di essi possiede anche vigneti propri o ne ha piantati in anni più o meno recenti.
Vinatura	Marchio indicante una viticoltura praticata in base ai criteri della produzione integrata. È assegnato da «Vitiswiss», l'associazione svizzera per la produzione nel rispetto della natura.
Viti	«Vini ticinesi». Marchio di qualità introdotto nel 1948 dal Governo ticinese per la promozione degli allora ancora poco conosciuti vini Merlot e nel frattempo privatizzato. Una commissione di degustazione lo assegna di bel nuovo ad ogni annata, prendendo soprattutto in considerazione i Merlot del tipo piuttosto leggero.
Vitivinicoltori	Il terzo e più piccolo gruppo di produttori in Ticino. Vinificano, affinano e commercializzano solo vini ricavati da uve coltivate in proprio. Importanti impulsi qualitativi provengono in particolare dall'Associazione svizzera viticoltori vinificatori privati.

Weisse Bordeauxsorte, die im Tessin auf winzigen Flächen angebaut wird, unregelmässigen Ertrag gibt und nicht in allen Jahren ausreift. Im Mischsatz mit dem Sauvignon ergibt sie einen interessanten Tessiner Weisswein.

Semillon

Tessiner Kantonsteil nördlich des Monte Ceneri.

Sopraceneri

Tessiner Kantonsteil südlich des Monte Ceneri.

Sottoceneri

Rebholz von reblausresistenten amerikanischen Rebsorten, das man mit Pfropfreisern veredelt. Im Tessin ist es mehrheitlich Riparia x Rupestris 3309.

Unterlagsreben

Absterben nicht befruchteter Blüten und Abfallen der Fruchtansätze infolge physiologischer Störungen. Kälte und Niederschlag während der Blütezeit können dazu führen. Im Tessin, wo es im Frühling häufig regnet, besteht regelmässig diese Gefahr für den diesbezüglich ohnehin empfindlichen Merlot.

Verrieseln

Flaschenabzeichen, das für einen Rebbau nach den Kriterien der Integrierten Produktion (IP) steht. Wird von Vitiswiss, dem Schweizerischen Verband für naturnahe Produktion im Weinbau, vergeben.

Vinatura

Vini Ticinesi. Qualitätssiegel, das 1948 von der Tessiner Regierung zur Förderung der damals noch weniger bekannten Merlotweine geschaffen und inzwischen privatisiert wurde. Eine Degustationskommission vergibt für jeden Jahrgang die Marke von neuem. Berücksichtigt wird dabei der eher leichte Merlottyp.

Viti

Mächtigste Gruppe unter den Tessiner Produzenten. Weinkellereien, welche die Trauben für ihre Weine kaufen und daneben zumeist auch noch einen Handel mit ausländischen Weinen betreiben. Ein wichtiger Teil von ihnen besitzt auch eigene Rebberge oder hat in den vergangenen Jahren solche angelegt.

Weinhändler

Martin Kilchmann

Laureato in germanistica, ha lavorato come redattore per la rivista specializzata «Vinum». Dal 1991 è attivo come giornalista vitivinicolo indipendente. È autore di diversi libri sui vini del Piemonte, dell'Alto Adige e del Ticino. Vive a Hergiswil e a Pura, Ticino.

Studium der Germanistik, hat als Redaktor bei der Fachzeitschrift «Vinum» gearbeitet. Seit 1991 ist er als freier Weinjournalist tätig. Autor verschiedener Bücher über die Weine des Piemonts, des Südtirols und des Tessins. Er lebt in Hergiswil und in Pura, Tessin.

Jörg Wilczek

Dopo gli anni dell'apprendistato professionale presso diversi studi fotografici di Zurigo è stato assistente di numerosi fotografi, tra i quali anche Michel Comte. È diventato fotografo indipendente nel 1990. Vive a Flüh, presso Basilea. Sue sono l'idea e l'iniziativa per la realizzazione del presente volume.

Lehrjahre als Fotograf in verschiendenen Fotostudios in Zürich und Jahre als Assistent, unter anderem bei Michel Comte. Seit 1990 arbeitet er als freier Fotograf. Er lebt in Flüh bei Basel. Von ihm stammen Idee und Initiative zum vorliegenden Band.

Alberto Nessi

È scrittore e vive a Bruzzella, in Ticino

Schriftsteller, lebt in Bruzzella, Tessin

© 2000 by Verlag KONTRAST AG, Hardstrasse 219, CH-8005 Zürich
verlag@kontrast.ch
www.kontrast.ch

Composizione e impaginazione/Gestaltung und Satz: Alberto Vieceli
Redazione/Redaktion: Ursi Schachenmann
Allestimento/Herstellung: Koni Nordmann
Traduzione/Übersetzung: Waldo Morandi
Revisione delle bozze/Korrektorat: Ivana Fabbro, Andrea Leuthold
Stampa/Druck: Fotorotar AG, Egg/ZH
Litografia/Lithografie: Litho Studio, Wetzikon AG
Legatoria/Einband: Buchbinderei Burkhardt AG, Mönchaltorf/ZH

ISBN 3-906729-02-8
ISBN 88-7713-324-4 (per l'Italia)